中国旅游好案例

A GOOD CASE OF TOURISM IN CHINA

主　编◎张北英　魏小安

副主编◎魏诗华　杨宏伟

中国旅游出版社

《中国旅游好案例》编委会

作者简介

张北英，现任中国亚洲休闲产业促进会副会长，曾任中国中旅集团公司、中国国旅集团公司副董事长和党委副书记，参与负责众多中国旅游业建设性工作，期间参与领导了中国国旅集团公司作为国有独资公司建立董事会制度试点和中国国旅股份公司的筹组和上市工作，成功地将“中国国旅”打造成为中国最具价值的旅游服务业品牌之一。

魏小安，著名旅游经济和管理专家，现任世界旅游城市联合会首席专家、全国休闲标准化技术委员会副主任、中国旅游协会休闲度假分会会长，曾任原国家旅游局规划发展与财务司司长、政策法规司司长等职，主持、负责、参与改革开放以来中国旅游发展历程中众多重要国家级政策、标准、规划、课题，出版、发表专著和论文等2000余万字，指导各地区域旅游发展、旅游休闲项目多年，享誉全国旅游界。

魏诗华，北京制源江山咨询有限责任公司董事长、中国轻工企业投资发展协会旅游产业融合投资委员会主任、中国合作经济学会旅游合作专业委员会副秘书长、海南热带海洋学院客座教授、国内多个地方政府旅游产业研究基地负责人、国内多个旅游休闲行业组织顾问。主持或参与各类重大旅游休闲课题、规划、策划、设计项目300余个，合著有《全产业链视阀下的旅游发展》《中国海洋旅游发展》，公开发表学术论文和报刊评论文章数十篇，提出多个有较大影响力的旅游发展理论模型，发起和组织中国旅游好资源发现活动、中国文化和旅游好资源发现活动、中国旅游好案例征集活动等有影响力的文化和旅游活动。

杨宏伟，硕士研究生导师、副教授，山西大学商务学院科研处处长。先后在德国、澳大利亚、香港等国家和地区访问学习，发表学术论文20余篇，主持省级以上科研项目10多项，出版著作10多部，连续多年主持《山西省宏观质量分析报告》的编写工作，编写《山西省质量奖评选办法》等10多项地方标准。

序一

第十二届全国政协常务委员兼副秘书长、民革中央原副主席　何丕洁

2018年秋，中国旅游报社原社长高舜礼先生和北京制源江山咨询有限责任公司董事长魏诗华先生邀请我参加在西藏自治区波密县举办的“中国旅游好资源”发现大会，该大会以“全面发现好资源，深度建设好产品，大力创造好品牌，有效总结好模式”为宗旨，开得很成功，当时因时间不巧未能前往。随后，魏诗华先生又请我为他们的新书《中国旅游好案例》作序。一方面，因为他诚恳殷切，盛情难却；另一方面，因为我虽然不是旅游专业人员，但多年在祖国西南参与开发扶贫工作，看到旅游产业对经济社会发展的巨大推动作用，也看到一些地方急功近利搞旅游开发带来的问题，认为出版《中国旅游好案例》这本书很有必要。于是欣然应允，写一点儿感想。

旅游业是我国对外开放最早、国际化程度最高的经济领域之一，经过40年的发展，旅游业已经成为现代服务业中非常活跃的重要组成部分，在我国业已形成的以服务业为主导的经济体系中，发挥着重要作用。我们国家拉动经济增长的“三驾马车”是出口、投资、消费。过去很多年主要依靠的出口、投资这两驾“马车”，如今已风光不再。唯有消费拉动国民经济增长的潜力巨大。而在消费中，旅游消费、休闲娱乐的消费，是增长速度最快的。数据显示，2017年国内旅游市场接待游客突破50亿人次，旅游已成为人民对美好生活的热切向往。

在这样的新形势下，张北英、魏小安两位老旅游专家和魏诗华、杨宏伟两位中青年旅游专家，以及数十位全国各地的旅游专家齐心协力研究编写出了这本《中国旅游好案例》，展示了80个“中国旅游好案例”的背景、做法、成效和启示，供全国旅游业发展参考，具有积极的意义！

我了解到，当前旅游界的一批新老专家正在推动一个“中国旅游好”系列工作，以“促中国旅游向好，为中国旅游叫好”为宗旨，已经开展了“中国旅游好资源”“中国旅游好案例”两项活动。相信借鉴这些“中国旅游好案例”，会促进更多的旅游好资源（自然

的、人文的、原有品牌提升的好资源）被发现，会促进更高品质的旅游规划设计、更好的旅游资源保护性开发利用得到实施，会促进旅游发展机构与地方政府及当地百姓融洽合作、和谐相处，会促进加强旅游管理、提升旅游服务等方面更多的好经验、好做法不断涌现。希望本书的编辑团队能及时发现和总结，继续出版《中国旅游好案例》的第二版、第三版……

旅游是一个快乐的产业、快乐的事业，但“看似寻常最奇崛，成如容易却艰辛”。我国旅游业的发展，需要更多像《中国旅游好案例》这样的积极探索和有益总结。目前，中国特色社会主义进入新时代，我国经济已由高速增长阶段转向高质量发展阶段。推动高质量经济发展，推动优质旅游发展，需要研究“中国旅游好案例”，需要发现“中国旅游好资源”，需要旅游界的朋友们创造中国旅游发展的新局面。

是为序。

2019 年 1 月

序二

原国家旅游局副局长　杜一力

我和张北英、魏小安是多年的朋友，两位都是旅游界的老人了，魏诗华、杨宏伟是中青年旅游专家，都在行业里努力了20年左右。北英和小安退休后都不辞辛苦，继续为旅游发展做贡献。北英担任主任委员的中国合作经济学会旅游合作专业委员会，搞了一个"中国旅游好案例"活动，经各地推荐、征集，由小安领衔的专家委员会评议，推出了80个"中国旅游好案例"。之后，基于那个活动，中国合作经济学会旅游合作专业委员会和魏诗华任主任委员的中国轻工企业投资发展协会旅游产业融合投资委员会一起组织全国各地旅游专家，研究编写了这本《中国旅游好案例》，花了不少时间，下了不少功夫。

显而易见，这本书展现80个"中国旅游好案例"的背景、做法、成效和启示，目的并不是表彰，也不是示范，而是希望为行业提供启示，这种态度是好的。客观而言，这80个"中国旅游好案例"在代表性和优秀度上，不能说是一个最值得表彰和示范的名单，但这本书确实能给旅游行业的读者带来不少启示，并且，全书是围绕"好"这个导向生成的。

看到书稿时，恰逢改革开放四十周年。从产业角度，我把旅游四十年发展分为"激情的十年""等待的十年""重构的十年""融合的十年"四个阶段。

在20世纪70年代末到80年代末"激情的十年"，旅游是国家打开大门的先导，旅游行业上上下下都有满满的报国热情。那一代旅游开拓者是时代的弄潮儿，那个时代有一批旅游产品是比较"好"的，有的很经得起历史的检验，因为旅游要代表国家形象、服务改革开放。

在80年代末到90年代末"等待的十年"，或者叫"转折的十年"，随着"社会主义市场化"道路的确立，旅游业的宗旨和目标越来越从"事业"转为"产业"。市场客源从入境转向国内，服务对象从外事转向大众，主旋律是快速成长的国内旅游需求带来的大众旅游兴起，那十年的旅游消费者是不成熟的，不成熟的市场需求不太可能引导追求"好"

的市场供给，基本上是有客人、有客户就行。

在跨入21世纪“重构的十年”。从企业的角度，旅游国企重组、旅游互联网企业出现并成了气候、旅游企业性质混合重构；从政府的角度，各地政府在各种新型政策载体中，不断以新的方式参与到旅游经济发展中。在机会无限但规范缺失的旅游市场中，除了资本，技术和品牌逐渐浮现为占领市场的决定性因素，大家重新开始追求“好”。

近十年，可以称为“融合的十年”，在“全域旅游”“大旅游”“旅游 +”“+ 旅游”的视阈下，广义的旅游发展观逐步深入人心，各种资源、各种行业、各种领域全方位参与旅游发展，形成了一种大局面，这是政企主动再重构的结果，有积极的意义。但另一面，旅游发展的一些根本追求受到挑战、动摇甚至颠覆，旅游发展本身的产业价值逐渐变成房地产的“配套”，旅游发展本身的品牌价值逐渐变成资本魔棒可以迅速画出也可以迅速抹掉的“幻象”。在大融合伴随着的大裹挟中，在业内融合和跨界融合的旅游融合发展大潮下，有一些旅游人根本不追求“好”了。总体上，这十年是追求“大”的时代，客观地讲，某些“好”的方面有所退步。

未来的中国旅游会怎样？有些方面还不可断言，但有些方面则可以确定，如旅游发展将经历再重构、再融合，尤其是文化和旅游的再融合，再如旅游消费升级的趋势也是必定的；还有，旅游发展从重视“大”转向重视“好”，也是可以预感到的变化趋势。从这个角度看，《中国旅游好案例》这本书的问世，具有较大的积极意义。

《中国旅游好案例》的价值，在于探讨中国旅游向好发展之道，尤其是市场主导的旅游向好发展之道；不足之处也有，比如：80个“中国旅游好案例”主要是景区，其他类型的旅游发展案例少且没有分类；还有，大概是为了每一个省级行政区都至少要有一个“中国旅游好案例”，因此，好案例之间存在差距。这本书的编委会计划不定期地推出新版《中国旅游好案例》，不妨持续期待。

读罢书稿，感觉这本书总体质量较高、参考价值较大，展现出了一批旅游发展成功的内在道理，值得从事旅游工作的人士阅读。

编委会提出了一个说法，叫“中国旅游好人”，他们说就是为中国旅游向好发展而努力开拓的人。这本书的编委，以中青年旅游人为主。我和北英、小安这一代人，看着年青一代为中国旅游向好发展而努力，看着他们做“中国旅游好人”，深感欣慰。

2018年12月

序三

阳光媒体集团董事长　杨澜

文化是诗，旅游是远方。

我在事业起步时，主持中央电视台的《正大综艺》，那就是一档文化旅游的综艺节目，是改革开放不久的中国人看更大世界的窗口。后来，我创立的阳光媒体集团还推出过《一生要去的六十六个地方》《美丽目的地》等文化旅游栏目。在探索文化与旅游结合的同时，逐渐深入实景演出和大型音乐节的领域，成为打造“诗和远方”的人之一。

文化是旅游的灵魂，旅游是文化的载体。或者说，文化落地是旅游，旅游升华是文化。2018 年，出于对阳光媒体集团成功打造并运营张北草原音乐节和“寻梦龙虎山”“寻梦牡丹亭”“寻梦大汉・汉颂”等旅游项目的认可，南昌市委市政府邀请我们参与湾里区音乐旅游目的地的发展。湾里区梅岭景区内的洪崖丹井，被誉为中国古典音律发源地，相传中国音乐鼻祖伶伦受黄帝之命，游历至此，为天然泉音和百鸟鸣唱所感，断竹奏乐、创制音律。在对“乐湾里”规划中，我们有幸邀请到著名旅游专家魏小安老师、魏诗华先生予以指导，他们深厚的学养和功底、开阔的视野、务实的精神让我们收获良多。

中国各地的旅游资源，从自然造化到人文景观，丰富多彩。如何把这些丰厚的资源转化为旅游产品，创立旅游品牌，还要有一套可持续发展的运营模式。各地可以说是八仙过海，各显神通。魏小安老师和张北英老师、魏诗华老师等，发起了一个“中国旅游好”的系列活动，为时代旅游发展存照，促中国旅游向好，为中国旅游叫好，获得业内高度认同。承蒙魏诗华先生的邀请，阳光媒体集团参与了“中国旅游好资源”活动，我本人也荣幸地为《中国旅游好案例》一书作序。

《中国旅游好案例》这本书，发掘、整理出对全国旅游发展有较大启示意义的 80 个优秀旅游实践案例，以旅游区项目为主，也包括其他类型的旅游发展好案例（我们运营的张北草原音乐节也在其中），对各个好案例的背景、做法、成效、启示进行呈现和深入分析，旨在为全国各地旅游发展提供借鉴和灵感。这也从一个侧面记录了中国旅游产业快速成长的时代印迹。

旅游是人为经济，也必须以人为本，任何一个成功的中国旅游好案例背后，都有一个大写的“人”字。我们能深切地感受到旅游的开发者、规划者、运营者的奋斗心路历程，他们的才略挥洒和匠心耕耘、文化传承和模型创新。这些成功的案例也记录着人们开拓的艰辛和失败的苦痛，更有砥砺前行、不断进取的豪情。读着这本书稿，我领略到很多能使旅游向好发展的智慧思路，也产生了很多对旅游发展的新认识、新创意，这也是我将这本书推荐给文化和旅游界朋友们的原因。

我国明确提出“人民对美好生活的向往，就是我们的奋斗目标”，2020 年，将全面建成小康社会。小康，不是小日子，而是好日子，是美好生活。旅游，就是老百姓“美好生活”的重要组成部分。中国旅游，必将进一步蓬勃发展，路会越走越宽。我喜欢《中国旅游好案例》书名中的“好”字，这是一本好书，做了一件好事。

2018 年 12 月

前言：案例是用来启示的

本书定稿交付出版社的日期是2018年12月18日，恰逢改革开放四十周年纪念日，同一天，党中央、国务院授予杜润生同志改革先锋称号，颁授改革先锋奖章。20世纪80年代，后来被誉为“中国农村改革之父”的杜润生杜老，创办了中国合作经济学会并担任首任会长。2016年10月9日，在杜老驾鹤一周年纪念日当天，由中国合作经济学会旅游合作专业委员会主办、北京制源江山咨询有限责任公司承办的“中国旅游好案例”活动启动，活动创意受杜老逝世前为乡村旅游鼓劲而题写的“乡村旅游好”题词中“旅游好”三个字的启示；经过一年的征集、调研和由全国著名旅游专家组成的专家委员会的评议，2017年年底，80个“中国旅游好案例”出炉，又经过约一年时间，中国合作经济学会旅游合作专业委员会会同中国轻工企业投资发展协会旅游产业融合投资委员会一道，邀请全国各地数十位旅游专家，组成《中国旅游好案例》编委会，编写了本书，对“中国旅游好案例”活动入选的80个案例进行简要解说。

在世界各地的历史长河中，总结、研究好的案例，参考、借鉴案例中的经验和教训，都是人类文明进步的重要方法。中国旅游发展40年，涌现出了为数不少好的旅游发展案例，值得总结。

我们希望倡导一种共识：案例是用来启示的。

也就是说：案例不是用来推广的。

本书中的某个成功案例，就曾被人为地在比较大的范围内推广其模式，结果带来很多烂尾工程，这种硬性推广必然以失败而告终。任何一个“中国旅游好案例”，都是在一时一地及某些具体条件下，采取某些具体的做法后，取得某种具体成功的案例。变换了不同的时间、地点和条件，采取同样的做法，就不能成功。

案例的用处是给读者带来启示，以此帮助读者更好地思考新的个性化的问题。在人类社会的各个发展领域，尤其是旅游这个强调个性的领域，绝不能在发展中有好案例、有成功案例就推广，而要重视案例给人带来的启示。

本书中的80个“中国旅游好案例”，源于中国合作经济学会旅游合作专业委员会主办的活动；本书的编写过程，是全国数十位官、产、学、研、媒不同身份的旅游专家分工研究撰写的成果，编委会要求每个案例内容须包括“案例背景”“案例做法”“案例成效”“案例启示”四个部分，落脚在“案例启示”上，虽然如此，各个案例难免语言风格不同、阐述深浅有别，也会有一些认识和表述不当之处，希望广大行家和读者指正。

本书中的80个“中国旅游好案例”，分布在除港澳台之外的全国各个省级行政区，每个省级行政区（包括新疆生产建设兵团）都有至少一个案例入选。各个省份以及同一省份中各个案例的排列顺序，按照国家统计局《中国统计年鉴》中的地区顺序排序。80个“中国旅游好案例”中的大部分是旅游区的案例，也有诺金酒店、万和昊美艺术酒店、张北草原音乐节、阿拉尔的旅游亮相等非旅游区的案例，对旅游发展各方面案例的覆盖不够全，这是本书的一个不足。

习近平总书记曾指出，改革发展的任务越繁重，越要重视基层探索实践，越要鼓励和允许地方进行差别化探索。当前，中国经济从高速发展向高质量发展转型，中国旅游业从高速旅游增长阶段转向优质旅游发展阶段，在这样的大背景下，本书向全国致力于促进中国旅游向好发展的广大同人提供80个“中国旅游好案例”，供大家参考，倡导一种不要盲目求大、求快，而要匠心求好的旅游发展。

在此，向关心、支持、指导、参与本书编著工作的各级领导、企业同人等各方人士表示衷心感谢！向出版方中国旅游出版社表示衷心感谢！向参与本书编写的全国数十位旅游专家表示衷心感谢！向为本书成稿做出大量工作的中国轻工企业投资发展协会旅游产业融合投资委员会、北京制源江山咨询有限责任公司的工作人员表示感谢！

编委会计划将《中国旅游好案例》这本书一版一版地更新下去。希望在未来的工作中，继续得到大家的指导、支持和帮助！

“中国旅游好案例”征集活动的承办单位北京制源江山咨询有限责任公司，后来又发起了“2018中国旅游好资源”发现活动和“2019中国文化和旅游好资源”发现活动，一个“中国文化和旅游好”系列活动端倪初现。

祝福中国好！祝福中国旅游好！祝福中国文化和旅游好！

《中国旅游好案例》编委会

2018年12月

目录
CONTENTS

中国旅游好案例

毛佩琦题

毛佩琦：中国人民大学教授、博导

中国休闲 30 人

献给

中国旅游好人

北京市

BEIJINGSHI

01

中国旅游好案例
A GOOD CASE
OF TOURISM IN CHINA

故宫博物院

一、案例背景

北京故宫是中国明清两代的皇家宫殿，旧称为紫禁城，位于北京中轴线的中心，是中国古代宫廷建筑之精华。北京故宫以三大殿为中心，占地面积72万平方米，建筑面积约15万平方米，有大小宫殿70多座，房屋9000余间，是世界上现存规模最大、保存最为完整的木质结构古建筑之一。

作为中国旅游的代表形象，故宫是世界级的旅游资源。1987年被联合国教科文组织列入《世界遗产名录》。

二、案例做法

（一）积极开发文创产品

故宫的官方定位是博物院，文化基底深厚，是文化观光旅游的经典景区，但容易产生冰冷生硬的印象，普通游客无法深刻理解也不容易亲近。近年，故宫在旅游开发时注重加强对游客市场变化的研究，在如何将观光旅游产品转化为文创旅游产品方面做了很多探索，开发了故宫旅游纪念品系列，文创类商品数量达6000多件，在延伸对故宫文化的相关阐释之外，不仅将“看”故宫深化、细化，更将故宫带到世界各地。

（二）精准创新营销方式

故宫在市场营销方面的创新，体现在利用影视、书籍等媒介营造氛围，突出宣传，例如《我在故宫修文物》之类的出版物对故宫做了多方面的介绍，让人耳目一新，形成一个活生生可触摸的故宫系列。通过《清明上河图》特展引发公众关注的方式，不断推出新的吸引点。通过故宫学院面向行业、全国和全世界开展多层次、多渠道、多形式的培训项目与教育活动，树立故宫品牌，培养中青年专家。

（三）“互联网 +”深度应用

故宫充分利用虚拟现实等现代科学技术，再现历史曾经存在的场景，让每一位游客突破时空限制，穿越到故宫历史文化的旅游情景之中，使每一件文物也置身于历史之中。故宫发挥“互联网 + 旅游”的积极作用，其官网内容丰富，板块设计精巧，界面亲切生动，极强的可读性对加深游客对故宫的认识、增强亲切感具有积极作用。360° 全景导览具有很强的互动性。针对移动互联网开发的 App 更便捷实用，具有非常好的宣传、引导作用。

三、案例成效

2016 年，故宫接待游客约 1600 万人次，比 2015 年增加 6.19%，再次刷新了故宫博物院自 1925 年建院以来接待游客的纪录，社会影响持续扩大。在中国这种以博物馆形式存在的旅游景区里，故宫算是做得最好的。

四、案例启示

（一）顶级化利用资源

故宫的历史价值、科研价值和文物价值都是顶级的，但是故宫并没有因为顶级而成为小众旅游产品，而是积极针对大众需求创造产品，加强引导，在资源的合理保护、有效开发方面也具有顶级视角和开阔思路，在将文化遗产转化为旅游吸引物，甚至转化为游客的旅游空间方面值得借鉴。

（二）顶级化网络宣传

故宫创新形成了有效的 O2O 宣传模式，将“互联网 + 旅游”做到了极致。故宫的官网展示全面、生动、精巧，与移动互联网相得益彰，堪称“互联网 + 旅游”的顶级力作。

什刹海

一、案例背景

北京市有 25 片历史文化保护区，其中人口最多、面积最大的是什刹海，作为北京的历史街区和一个开放型景区，什刹海的旅游发展对北京这座城市的旅游发展和历史文化展现，都具有十分重要的意义。

北京提出了“世界城市”的发展目标，即要发展成为对全球有重要影响力的高端形态国际大都市，然而历史街区较为混乱的发展现状对北京向世界城市迈进有着负面的影响。

什刹海是北京内城唯一一处具有开阔水面的开放型景区，也是北京城内面积最大、风貌保存最完整的一片历史街区，在北京城规划建设史上占有独特的地位。在 2000 年批准的北京 25 片历史文化保护区中，什刹海地区面积是最大的。

全国有很多的历史文化街区，这些街区或是以观光旅游资源为主，或是存在着观光旅游资源，但是对游客的吸引力远远不足，游客在这些地方停留时间有限，并不能发挥它们独特的优势，而什刹海在这方面做了有益的探索。

二、案例做法

（一）军民共建、全面整治

20 世纪 90 年代初，北京市政府以及西城区政府就认识到了什刹海景区的文化地位以及现存问题，认真贯彻落实了中共中央书记处对北京工作的指示，发挥了以军民共建为主体的群众路线精神，迅速推进整治工作，取得了精神文明、物质文明的丰硕成果，并成立了什刹海研究会，专门负责什刹海景区全面整治的研究指挥工作，通过对整体环境、交通、配套设施等进行科学规划管理，完成了什刹海景区的全面整治工作。

（二）编纂海志、影响深远

由什刹海研究会名誉顾问侯仁之先生指导，历经十余年，出版了《什刹海志》，介绍了什刹海的基本情况以及历史由来，反映出了什刹海地区所承载的中华民族历史文化、革命传统和社会主义国家首都的独特风貌。《什刹海志》让什刹海在学术界有了一本权威的史记资料，也让普通百姓可以了解什刹海的前世今生，对什刹海文化的传播具有十分重要的作用，也为什刹海旅游的发展奠定了基础。

（三）智慧景区、体验智慧

针对什刹海地区历史文化多元、人文积淀深厚和旅游资源管理交叉等特点，什刹海通过积极推进智慧旅游形成发展合力，利用信息技术，建立了景区综合数据中心，整合联动什刹海地区其他管理机构的信息化资源，形成了景区综合管理系统，落实“客流管理、景区安防监控、应急管理及紧急救助、物业管理、设施维护、环境保护、后勤管理、停车场管理、文物保护”等方面的信息化综合管理，同时，提升了景区内部办公系统的信息化水平，走出了一条信息化管理复杂的开放式景区发展新路。

三、案例成效

什刹海在北京众多文化旅游项目中，依靠现有资源进行整合，在没有投入过多发展经费的情况下，依靠市场自然发展过程，由非传统旅游资源转换成传统旅游产品，成为北京最为突出的文化旅游产品之一，在全国也有很高的影响力和知名度。

四、案例启示

（一）政府做好公共服务

什刹海的发展是市场选择的一个典型表现，完全是“无心插柳柳成荫”，逐渐发展着，越来越多的游客就过去了，旅游消费价格奇贵，但游客永远很多。在类似什刹海这样的旅游区的发展过程中，政府要做好公共服务，否则，即使旅游资源很好，但基础设施建设、市场秩序、管理规范等方面都不尽如人意，也注定发展不起来。什刹海在这方面做了很好的示范，比如在上下水、通电、道路建设、小品设置、环境营造等方面，政府都做了大量细致的工作，什刹海成为北京城市的客厅、北京城市的名片，政府做的这些工作功不可没。

（二）深化贯彻全域思想

“全域旅游”的思想不仅要在一个县、一个市、一个省的层面体现，在行政区划内部的旅游休闲功能空间更应该体现。像什刹海这样一个小的区域，实际上就是全域旅游的一个典范。什刹海不搞大东西，小广场、小绿地、小餐饮、小文化、小商店等都是小的，但是元素齐备，构造了一个由“小”组成的大街区，室内、室外之间，各个产业业态之间，关系处理得浑然天成，对其他历史街道的建设发展有借鉴意义。

798 艺术区

一、案例背景

798 艺术区位于北京东北部的酒仙桥地区。酒仙桥地区在中华人民共和国成立初期毫无工业基础，中华人民共和国成立后，在周恩来和党及国家的高度重视和德意志民主共和国的援助下，在新中国“一五”期间迅速发展起了电子工业。

中华人民共和国成立初期最早在这里筹建的是 718 联合厂及“北京华北无线电联合器材厂”、774 厂、738 厂，1964 年，718 联合厂的建制被撤销，706 厂、707 厂、718 厂、797 厂、798 厂及 751 厂纷纷成立。

随着国内经济体制改革的不断推进，从 20 世纪 90 年代初至 90 年代末，酒仙桥这一带的 798 厂也开始了从计划经济向市场经济的转变，2000 年 12 月，原 700 厂、706 厂、707 厂、718 厂、797 厂、798 厂六家单位整合重组为北京七星华电科技集团有限责任公司，简称“七星集团”。七星集团将重新整合后的部分厂房陆续出租，这些当年民主德国援建的工厂厂房，具有典型的包豪斯风格，体现了对建筑质量的高标准追求，给人一种不可言喻的视觉美感。

从 2001 年起，这里宽敞的空间和低廉的租金，吸引了越来越多的中外艺术家租下一些厂房作为工作室或展示空间。自此，在位于北京市朝阳区酒仙桥街道大山子地区原国营 798 厂等电子工业老厂区所在地面积约 60 万平方米的地区，逐步发展成为 798 艺术区。

二、案例做法

（一）兼容并蓄的“798”

“798”的发展初始是由当代艺术家做起来的，起初刘索拉等当代艺术家率先进驻，但他们行事低调，无人知晓。标志性的事件是东京画廊的进驻。2002 年，日本人田畑幸人先生在北京 798 艺术区内建立了东京画廊的实验项目，产生了很大的影响，东京画廊成为首家入驻 798 艺术区的境外一级艺术机构。东京画廊进驻“798”，吸引了更多的画廊和当代艺术家进驻。

“798”的各种画廊，体现出了很强的兼容并蓄的特点。任何文化符号、艺术形式在这里都能够得到充分的尊重。同时，它在国际化的外表下也能够反映出独特的中国元素，充分展现出中国文化的包容性。进驻“798”的既有刘索拉（作家、音乐人）、李宗盛（音乐人）等大名鼎鼎的艺术家，也有草根艺术家。开始时，七星集团有些抵触艺术家进驻“798”，后来这个问题被逐渐淡化。2004 年起，“798”开始举办艺术节，影响力越来越大。

“798”是时尚与前卫的集聚，是工业与艺术的并存，是历史与未来的同在，既有中华人民共和国成立初期的烙印，又有建设时期的元素、文化大革命时期的记忆、改革开放时期的风尚。这种混搭，也展现了当代中国文化的兼容并蓄。

（二）跨界融合的“798”

来自北京周边和北京以外的艺术家集聚到“798”，充分利用工厂厂房的包豪斯建筑风格，加以张扬个性、富有特色和标榜创造力的装修和装饰。

随着越来越多的文化艺术机构进入“798”，798 艺术区已经成为当代艺术家，尤其是实验艺术家、前卫艺术家发挥才能的创造空间和表现舞台，也为国内外游客，尤其是对文化艺术有兴趣、享受文化创意空间的游客提供了一处难得的深度体验场所。

后来，甚至空间设计、广告设计、家居家具设计、服装与形象设计、传播发行和书店及餐饮酒吧这些跟艺术创作略微沾边的小门类商业单位也存在于“798”之中，并且已经形成了艺术、设计、时尚、传媒和资本的互动、碰撞的良性互动循环。798艺术区以当代艺术起步，后来发展为包括设计、出版、展示、演出、艺术家工作室等文化行业以及家居、时装、酒吧、餐饮等服务性行业的旅游时尚场所。这些，使“798”有别于中关村，也区别于其他文化创意产业园区，成为一个独特的跨界融合的旅游休闲目的地和艺术家社群。

（三）坚持原创的“798”

原创是“798”的核心竞争力。创造力就是生命。“798”诠释着对原创的尊重和对知识产权的重视，是对“中国智造”“中国品牌”的一种领悟。在这里，展示和交易的是来源于当下中国的原创艺术作品，满足了社会公众希望了解艺术家生活、工作状况的探寻心理，也充满着对现实生活独特、个性的反映。“798”是“中国制造”转向“中国创造”过程中不可缺少的存在。

三、案例成效

如今，“798”不但是全国文化产业园区发展的典型代表、闻名遐迩的创意基地、北京文化生产和消费的重要集散地、时代文化的风向标，而且已经成为游客在北京必去的旅游目的地之一、社会各界广泛关注的北京新地标之一。历届“798”艺术节吸引着无数人前来访问，其中有近半数的境外观众，其中不乏来自巴黎等国际大都会的当代艺术家代表。“798”艺术区的“双年展”，也成了观众云集、艺术品成交量巨大的重大艺术会事。

四、案例启示

（一）一种爆发之天时

很多人都认为“798”的启示是对于艺术区的，其实不然。798艺术区的兴起，是2008年北京奥运会之前的那几年中国艺术市场，尤其是北京艺术市场开始爆发的产物。那么，任何一个领域的爆发式兴起，都可能呼唤类似“798”这样的领域与旅游休闲融合发展的空间出现。

借北京艺术市场开始爆发之天时，“798”艺术区聚合市场力量，借助市场机制培育文创、艺术乃至旅游休闲产业，实现以小聚大的具体实践，完成了电子工厂厂区向文化创意产业集聚区的成功转型。

（二）一种特殊之地利

798 艺术区是中国影响最大的工业建筑变成文化区、艺术区的一个案例，这与北京这座城市的特殊性（政治中心、文化中心）密不可分，有什么样特殊性的地区，就会吸引什么样的社群，孕育什么样的空间。后来，798 艺术区不仅自身实现了发展，而且带动了北京城市东北角的国际化、艺术化以及产业结构和空间结构的优化。798 艺术区的国际对标是美国纽约的苏荷区以及德国的鲁尔工业区。

（三）一种热血之人和

“798”一路走来，九九八十一难，支撑发展、开拓发展的是一小撮艺术家、艺术家兼经营者的热血。

现在我们看到的是一个城市传统文化与工业景观完美结合的城市情调空间，是一个整体规划与开发的艺术区、综合功能区，然而，在“798”的发展历程中，充满了阻挠、误解、纠葛、困境。比如徐勇，身为摄影艺术家，先兼做经营者发展起了北京的胡同游和早期的后海游，之后由于种种原因，自己开拓的事情干不下去，转战“798”，是最早进驻“798”的艺术家，无论遇到什么困难，他都坚持做下来。

在一个地方，如果有一小撮，甚至只有一个热血沸腾想干事的人，那么，给予其机会，往往就能诞生一些成就。旅游是人为经济，在旅游发展领域尤其如此。

奥林匹克公园

一、案例背景

“十二五”期间，奥运功能区进入经济增长提质增效的新阶段，在经济发展、环境建设、城市管理和社会建设等方面取得了突破性进展。奥林匹克公园积极探索赛后运营发展，围绕文化、体育、会展、旅游和商务服务业五大主导产业积极作为，获得多项国家级、市级荣誉，区域辐射影响力显著增强。

“十三五”时期，我国经济发展进入具有转方式、调结构特征的新常态阶段，首都“四个中心”城市战略定位和建设“国际一流和谐宜居之都”目标的确立，为奥运功能区在服务朝阳区、首都及国家的工作中实现升级发展提供了战略契机。奥运功能区“十三五”时期围绕京津冀协同发展的战略要求、首都城市功能新定位和建设和谐宜居之都的目标，明确了新的发展目标、发展任务和保障措施。

二、案例做法

（一）竞赛场馆向旅游休闲目的地转型

奥林匹克公园地处北京城市中轴线北端，位于北四环的边上，总占地面积 1135 公顷，分为 680 公顷的森林公园、291 公顷的中心区（主要场馆和配套设施）、114 公顷的预留地。中华民族园业已纳入奥林匹克公园范围内。

奥林匹克公园依托体育场馆和各项配套设施，以及交通、人口、商业、文化、基础设施等条件，着眼于北京的近期、中期和远期的发展需要，正在发展成为一个环境优美的城市休闲活动中心，集体育、会展、文娱、旅游、购物等多种功能于一身。

北京市及朝阳区，从奥运场馆建设初期开始，统一规划，在空间布局、社区配套、市场营销、运营管理等方面，充分考虑奥林匹克公园的赛后发展。

得益于此，奥林匹克公园在赛后很快就进入了产业培育期，面向外来游客和本地居民的需求，以旅游休闲为先导的高端产业体系快速发展起来，会展、演艺、运动产业陆续蓬勃兴起。

2010 年 3 月，奥林匹克公园成为北京市文化创意产业集聚区，公园管委会发起成立由奥运场馆及周边重点企业组成的“奥运功能区发展联盟”，推动区域内企业间紧密合作，实现资源共享，促进政府与企业沟通交流。为加大园区宣传推介力度，奥林匹克公园还连续举办文化发展论坛，编印《北京奥林匹克公园》杂志和商务招商宣传折页，利用京港洽谈会、北京国际文化创意产业博览会、国际商务节等平台为园区企业招商引资牵线搭桥。

（二）市民休闲与旅游功能合理集聚

奥林匹克公园是包含体育赛事、会展中心、科教文化、休闲购物等多种功能在内的综合性市民公共活动中心。除重大节事时使用，也有很多市民在这里慢跑、滑冰、露营等。奥林匹克公园逐步发展成为一个集精品赛事演出、大量人流、媒体关注、城市地标、完善的商业配套、市民文化中心等多重特质于一身的特殊地区。

奥林匹克公园设施集中，可操作余地大。作为一个与重大节事结合创新的城市空间，不仅可以节省休闲空间的新建成本，也成为多种城市空间的组合，既有开敞的空间，又有微小的设计，比如除了绿地以外，相应的绿道、水面运动设施和家庭运动设施等都配套得十分丰富。此外，市民未来的需求能为奥林匹克公园未来的发展提供支撑，奥林匹克公园自身也在继续成长。公园管委会实行“一企一议”的个性化服务制度，协调解决停车难、售票难等问题。为协助奥运场馆完成赛后改造，做好场馆大型活动的前期协调和外围保障，政府相关部门建立了园区大型活动协调保障工作机制。奥林匹克公园管委会还充分利用庆典广场等公共区域自主策划举办大型活动，逐步形成公园自有品牌，目前举办的活动主要有：奥林匹克公园国际美食大赛、泥浆足球世界杯中国赛、世界超级跑车锦标赛路演、“我是三分王”全民篮球争霸赛等。

（三）文化遗产创造与传统旅游体验融合拓展

奥林匹克公园缔造了自己的文化：一是运动文化，二是户外文化，三是自然文化，四是时尚文化。它把中国的新文化和传统文化紧密联系在一起，变成北京的一个新标志。在奥运场馆游的基础上，奥林匹克公园利用广阔的公共区域，先后推出了环球国际大马戏、冰雪嘉年华、巧克力嘉年华、喜洋洋与灰太狼等热点旅游体验项目和节庆活动。在已建奥运场馆的基础上，聚集了一些“国字号”设施，强化了资源优势，推动奥林匹克公园成为国家文化交流展示中心。

三、案例成效

自 2008 年北京奥运会以来，奥林匹克公园累计实现固定资产投资 200 多亿元，区域累计成功接待中外游客数亿人次。园区先后举办各种大型活动及高端会议展览近万场，逐步形成了品牌化、系列化和产业化发展的良好态势。

2013 年 3 月，北京奥林匹克公园被国家旅游局正式授予“国家 5A 级旅游景区”的称号，北京奥林匹克公园成为北京第八家、朝阳区第一家国家 5A 级旅游景区。北京奥林匹克公园也是首批获得“城市中央休闲区”称号的单位。通过综合发展，这里已经成为集中体现了“科技、绿色、人文”三大理念，发展成为融合了办公、商业、酒店、文化、体育、会议、居住、旅游多种功能的新型城市区域。

四、案例启示

（一）既要“面子”又要“里子”

所谓“面子”，就是奥林匹克公园实际上在某种程度上代表了北京的形象，成为一座“城市客厅”。所谓“里子”，是不仅要满足大型节事，满足奥运会活动的需要，同时也提供旅游休闲活动场所和功能。奥林匹克公园抓住了举办奥运会的机会，创造现代文化遗产，以国际高水准创造了一个“表里兼修”的空间。

（二）既有“功能”又有“特色”

奥林匹克公园，作为一个城市开放空间（公园），必须要有一定的休闲功能，不论作为城市客厅还是作为旅游休闲空间，都必须要有一定的分离休闲或整合休闲功能。而且，奥林匹克公园的特色是奥林匹克文化，是更高、更快、更强的激励文化。奥林匹克公园在聚集国际品牌活动、聚集国家级文化设施、聚集高端企业总部及国际组织，以及强化“文化展示交流平台、国际交往联络窗口、公共文化服务基地、生态文化产业园区”核心功能，不断增强国际影响力的过程中，也在实现着功能与特色的统一。

诺金酒店

一、案例背景

高端酒店品牌，是国家软实力的一种展现。

从历史上看，我国超过百年的酒店有百余个，但真正能做成精品，能给客人流连忘返的中国文化体验，能与国际高端酒店巨头竞争的民族高端酒店品牌，多少年来也没有涌现。

酒店作为中国旅游的重要组成和要素，是我国最早实现全面“入世”的领域之一，几经风雨，大量国际联号酒店、酒店集团进入国内市场，八项规定大幅度压缩传统的泡沫性消费等，使全国酒店行业，尤其是高端酒店陷入了比较惨淡的境地。

艰难的经营环境倒在其次，如何越过实际中的规则性障碍，创造高端酒店的民族品牌，在国际市场站稳，是中国旅游面临的一项挑战。

二、案例做法

（一）算好战略大账

北京市朝阳区的诺金酒店，是首旅集团和德国凯宾斯基饭店集团旗下合资公司凯燕国际饭店管理有限公司合作推出的国内首家超五星级民族品牌酒店。“诺金”是第一个属于中国人自己的奢华酒店品牌。

坐落于北京市朝阳区、毗邻798艺术区的“诺金”第一家旗舰店，采用“现代明”风格设计，439间奢华客房及套房配有行政酒廊、水疗及健身中心，包含酒吧及中式茶亭在内的七间经典美食餐厅、1600平方米无柱式宴会厅、当代艺术家曾梵志为酒店量身定制的四件作品、酒店艺术廊等，打造成了具有中国特色的超五星级艺术型酒店。诺金酒店，加上对谭格美以及写字楼等综合体的相关投资，总投资约30亿元。

诺金酒店的较大投资，算的不是酒店的项目小账，而是“超出酒店做酒店”的战略大账。分为五笔账：

第一笔账，酒店经营。诺金酒店直接经营可以抵消财务成本。

第二笔账，物业增值。诺金酒店不仅仅是酒店，实际上成为坐落在北京市黄金地段的一个高端的景区、艺术区、文化区、奢华旅游休闲区，长期物业增值非常可观。

第三笔账，品牌升值。诺金酒店由首旅集团全权出资，其品牌权益归属首旅集团，作为第一个属于中国人自己的奢华酒店品牌，“诺金”被首旅集团寄予厚望。北京诺金酒店总经理王新公开表示“诺金”的发展战略是做民族品牌，走国际化道路，“希望通过10年的时间，‘诺金’品牌的价值能够达到100亿元”。

第四笔账，集团提升。诺金酒店计划在中国一线、二线城市以及在全球主要城市开设地标性酒店，并且，一店一风格，酒店风格包含“现代清”“现代明”“现代宋”“现代唐”等，着重展现中国文化，将主题酒店和艺术品有机结合。借助“诺金”品牌推出的高端定制化旅行服务品牌“诺金旅行”等延伸品牌已经诞生。诺金酒店带来的国际竞争力，对在中国大企业集团尤其是全国旅游服务企业中位居前列的首旅集团而言，具有全国性、全局性的提升功能。

第五笔账，国企责任。首旅集团以“引领中国服务”为使命，国企责任壮山河。诺金酒店不但是首旅集团的一个新的大品牌，而且也是中国旅游的一个新的大品牌。多少年来，中国旅游的国际分工，一直是垂直分工偏低端旅游、水平分工偏文化旅游。突出中华情韵、奢华感受、现代气质、绿色内涵的奢华民族酒店品牌“诺金”，面向全世界游客，致力于开启全方位的旅行体验，传递真诚的中国传统文化，带来令人流连忘返的现代艺术和为身心保驾护航的低碳智慧之旅，践行始终如一的中华待客之道。同时，诺金旅行首创“NUOLIFE”环球礼宾系统，该系统使用移动互联应用技术，收集全球优质服务资源，为宾客打造一站式、全方位的生活风尚礼宾服务，使诺金酒店的贵宾在世界各地的旅程中享受全方位的奢华服务。此外，诺金旅行与世界各地最优秀的服务团队都有合作，包括厨师、翻译、私人管家、私人保镖、私人飞机和游艇服务等，为见多识广的环球旅行家打造一场全新的旅行体验，从独特的角度重新发现世界。

（二）嫁接先进技术

诺金酒店是首旅集团和德国凯宾斯基饭店集团旗下合资公司凯燕国际饭店管理有限公司合作推出的，北京凯燕公司是由首旅集团和德国凯宾斯基集团合资成立，双方各出资 50%。

有着 100 多年品牌历史的凯宾斯基，其酒店管理和运营经验为诺金酒店大大增色。首旅集团与凯宾斯基从 2001 年开始即牵手合作，双方团队磨合润滑。

嫁接凯宾斯基的先进水平，加之首旅集团的辛勤汗水，使诺金酒店突破了高端品质关，呈现出杰出甚至堪称完美、令人充满敬意的艺术级品质。

（三）盘活自身基础

首旅集团身为国有大型综合性旅游企业，以投资经营管理旅游业及现代服务业为主业，涵盖酒店服务业、旅游商业、餐饮服务业、旅游旅行服务业、汽车服务业、景区服务业和旅游地产等业态。

首旅集团打造高端奢侈酒店品牌诺金酒店，对集团固有的客源渠道、酒店管理、旅游地产等基础是一大盘活和提档。

为了解决集团旅行社的客源承担不起诺金酒店高房价的问题，北京诺金酒店联合首旅集团旗下的神舟国旅共同组建了高端出行的旅行服务公司，以更好地发挥集团旗下业务的协同作用，首旅集团高端旅行社的客源完全可以直接拉到诺金酒店。

盘活首旅集团旗下的另一酒店品牌“谭阁美”，也是诺金酒店的一记妙手，谭阁美酒店与诺金酒店统合分工，将高端、中端的会议和客源一网打尽。

（四）管理逆推设计

按照国内的普遍情况，很多酒店，都是请尽量优秀的专家团队设计，请尽量优秀的施工团队建设，之后投入管理运营。

诺金酒店的设计，不是简单地向设计公司传达指令或要求，而是由酒店管理公司按照自己的设想和理念来完成一系列的动线设计草图，再交由设计师落实到施工图中。

“管理逆推设计”的做法，破除了对设计大师的单向依赖，将生发自优秀管理运营的精致基因落实到酒店的每一个细节。

例如，诺金酒店的后台设计堪称精湛，其核心理念是只有给员工创造了好的环境，员工满意度高了，才能更高效地工作，给客人带来更好的服务。事实证明，这样的设计是对的。

三、案例成效

诺金酒店在北京市朝阳区的第一家旗舰店，开业以来，经营效果令人满意，在国内国际评价良好，塑造中国酒店的民族品牌这个目的基本已经实现，这不仅是中国酒店的民族品牌，而且也是中国旅游的民族品牌。

四、案例启示

诺金酒店给中国旅游带来的总启示：中国旅游有一个独特的现象——突出一位人物，造就一种成功，开创一片发展。

多少年来，中国的民族酒店品牌，尤其是国有旅游集团的酒店品牌，无法与国际品牌竞争，是有深层次原因的。然而，首旅集团的段强董事长，就是在深层次制约之中，十年谋划，数年倾力，在诺金酒店身上打造出了有管理经验的团队、有品质保障的服务、有体验亮点的感受，使之能够与国际品牌进行竞争。

旅游是人为经济，在很大程度上靠的就是关键个人的事业抱负和雄才远略，黎志之于山岳型景区、陈向宏之于古镇旅游、叶文智之于湘西旅游、黄巧灵之于旅游演艺、吴国平之于文化园区、段强之于首旅集团、任克雷之于华侨城集团、陈妙林之于开元集团等，皆是如此。

他们这些人物，都具创造精神，都有鲜明个性，都能长期坚守，都必坚韧不拔，都是披星戴月。江山代有才人出，让更多的这样的人物有更大的机会、舞台和条件施展，中国旅游必将更好！

古北水镇

一、案例背景

古北水镇，位于北京密云的古北口镇，依托古北口历史，背靠司马台长城，坐拥鸳鸯湖水库。2010 年 6 月，密云县政府与中青旅签订战略协议，由中青旅控股股份有限公司领投，IDG 资本、乌镇旅游股份有限公司、北京能源投资（集团）有限公司等战略投资者共同出资，经精心打造，于 2014 年 10 月正式对外营业，展现在世人面前的是一个京郊乃至全国罕见的山水城结合型旅游区。

古北水镇通过对北方传统村落民居的传承与再造，以浓郁的北方建筑风貌、高品质的休闲度假环境异军突起，自正式营业以来，在很短的时间里迅速成为京郊地区休闲度假的新风尚，同时也成为新时期特色民俗度假村落建设的典范。

二、案例做法

（一）人文立身，基建先行

古北水镇作为一个开放小镇，在项目规划阶段时便充分考虑人文关怀和生活需要，在区内布局了一系列满足游客和当地居民生活所需的配套设施，如银行、邮局、菜场、超市、药店、诊所、书店等。

承载生活配套设施的是古北水镇巨大的基础设施建设，在 50 亿元左右的总投资中，近 1/3 用于生态环保和基础设施建设。古北水镇增加了大量绿化面积，将原有的狭窄河道疏浚拓宽，打造生态水域和水岸景观。基建投资建造了高品质自来水厂、污水（中水）处理厂以及应用生物质环保煤的集中供暖中心和液化气站。除此之外，为更好地保存古朴原貌，古北水镇还引入世界领先的配套技术，修建地下综合管廊，分设三级管网，并将各类管线全部隐藏地下，既保证了景区基础设施运行顺畅，又保持了原汁原味的北方聚落建筑风貌。

（二）综合开发，专业运营

古北水镇通过借鉴乌镇经验进行综合开发，并由具有深厚旅游业资源的中青旅操盘，组建专业运营团队，从小事抓起，到训练当地居民待客和经营行为规范的宏观控制，自始至终体现出运营的专业化程度，保证了景区的服务质量。

（三）二次消费，收入多元

在项目规划阶段，古北水镇便将景区业态按“三三制”进行划分，即 1/3 的门票收入、1/3 的酒店收入、1/3 的景区综合收入，从项目根源上减少对景区门票收入的依赖。

除门票收入，古北水镇围绕司马台长城推出“长城脚下的夜游——八大名玩”的主题体验项目，重点打造古北过大年、长城星空下的“圣诞夜”、水镇中秋节、冰雪嘉年华等一系列节事活动，配合主题民宿、温泉、酒店等度假产品，全方位、多体系地开展经营，增加二次消费，丰富收入来源。

三、案例成效

自 2014 年开业以来，在 2014—2016 年的三年时间里，古北水镇分别实现营收 2.77 亿元、4.62 亿元、7.35 亿元，同比增长分别达到 67% 和 59%，分别接待游客 97.6 万人、147.2 万人、243.9 万人，同比增长分别达到 51% 和 66%。古北水镇自开业起，迅速成为北京乃至整个华北地区的“爆款”旅游目的地——小镇的营收能力和游客接待量令业界惊叹，而景区也在游客中逐渐成为一个北京郊游的时尚新地标。

四、案例启示

（一）专业化运营管理

由中青旅、IDG资本、乌镇旅游、京能集团等专业性强、集约化程度高的市场主体共同参与，通过发挥上述主体的资金、技术、开发经验以及市场资源优势，使古北水镇项目具有一个很高的起点，使其具备开发成功的潜力。

（二）多元化收入渠道

古北水镇依托司马台长城打造一系列体验项目，增强吸引力，并由此衍生一批度假产品，建设长城小镇，使小镇具备食、住、行、游、购、娱的旅游六要素，从完整的产业体系中取得收益，打破景区过度依赖门票收入的僵局，并形成“收入增加、后续投入增加”的良性循环。

（三）精准化市场定位

随着国内经济的不断发展，游客对“满足感”的需求和定义正在变化，即从旅游产品的接触认知的满足感转化为个性化的生活文化体验精神满足感。与江浙地区丰富的自然名胜、古镇村落资源不同，京津地区是一个承载数千万人口的城市群，但城市内部和周边近郊的休闲度假空间却非常少，且现有休闲度假区的数量和品质皆难以匹配京津地区作为发达地区的休闲度假需要，因此古北水镇通过打造一个高品质的游憩目的地，结合自身优势条件，从而一举成名。

慕田峪长城

一、案例背景

文化遗产是老祖宗留给后人的巨大财富，是文明的见证，是精神的载体，是不可再生的珍贵资源。在目前文化遗产的旅游发展中，仍然存在很多的“瓶颈”需要突破。慕田峪长城，对保护和传承文化遗产、创造未来文化遗产，承担着重大责任和历史使命，也对高水平的文化旅游发展建设起到了积极的引领示范作用。

1982 年，慕田峪长城经国务院批准开发，于 1988 年正式对外开放。慕田峪长城全长5400米，开放段3000米，敌楼、敌台、墙台、铺房共25座。2011年，慕田峪长城获得“国家 5A 级旅游景区”称号。

二、案例做法

（一）因势利导，灵活管理

在文物古迹类旅游区乱写乱画，长年来是我国文明旅游领域存在的顽疾。为解决游客刻字问题，慕田峪长城推出“专区”。首先是“涂鸦专区”，位置设在景区十四号敌楼西侧；其次是“签名专区”，数个供游客签名留念的专区在适当位置设置。慕田峪长城因成功解决了景区的乱写乱画问题而被评为“首都文明单位”和“北京市文明景区”。

（二）综合发展，景区做大

慕田峪长城是景区做大的典型代表。

慕田峪长城的旅游综合服务区集多种功能于一身，分长城文化展览、仿古商街、现代餐饮街三大功能区域，放大了景区的接待能力与服务能力。

慕田峪长城通过增加两个大型停车场，不但解决了旅游高峰期的停车难问题，而且还促进了景区服务水平的提升。

慕田峪长城调动周边居民投资经营农家乐的积极性，把本地旅游经营者安排到仿古小商品街等商户集聚区发展。

（三）文化立身，生态并行

慕田峪长城的发展重点是文化观光和文化体验，突出慕田峪与其他明长城旅游区的文化差异性，形成了历史文化景观与自然生态景观相结合的旅游核心吸引力。慕田峪通过历史文化展示（面积 400 平方米的长城文化展览中心）、特色文化休闲、民俗文化体验、乡村文化生活，塑造起了全新的文化旅游体系，与山林生态观光、农林生态休闲、自然景观游览等功能相结合，形成了综合性旅游区。

三、案例成效

慕田峪长城作为保护与传承文化遗产的旅游区，突破了文化遗产的空间限制，自开放以来，景区面积由原有的 8 平方千米扩容到 24 平方千米，相应地，日接待能力由 1 万人提升到 3 万人，先后被评为“新北京十六景”“全国风景名胜区先进单位”、国家 5A 级旅游景区等。慕田峪长城已发展为国内最受外国游客青睐的旅游区之一。

四、案例启示

多年来至今，文化文物界、环境保护界对旅游发展大有误解，总是认为旅游发展、对资源的旅游利用，肯定会影响到对文化文物和生态环境的保护，这是错误的认识。后来，又有一种观点，认为要在旅游发展和资源保护两者之间寻求平衡点，这种观点也似是而非。

正确的认识是只有合理利用，才能有效保护，否则，保护就是一句空话！凡是没有合理利用的文化文物和生态环境，各种主体都没有力量、没有积极性去保护；凡是能够合理利用的文化文物和生态环境，各种主体都足具力量、足具积极性去保护。

慕田峪长城是对文物古迹、文化遗产进行旅游合理利用的代表，秉承“今天的精品、明天的文物、后天的遗产”的理念，以利用促保护。慕田峪的政商主体和民间主体，比任何人都更热衷于保护慕田峪长城，因为这里的长城是他们的聚宝盆、摇钱树。同时，相比于其他旅游区，慕田峪在文化文物的保护与利用的结合手段方面更加巧妙，值得借鉴。

天津市

TIANJINSHI

盘山

一、案例背景

京津冀协同发展是一项国家战略。在旅游领域的京津冀协同发展中，唱好“山海经”是重点。天津与海相关的旅游项目不少，与山相关的旅游项目很少。站在京津冀旅游协同发展的战略高度，针对北京游客向东引流和天津海洋旅游腹地的游客引流等重大问题，位于北京东面 90 千米、天津市区西北 110 千米的蓟县盘山，实属“旅游战略要地”。

二、案例做法

（一）战略性实景演出

盘山旅游发展，要跳出盘山，谋划盘山。如果仅仅就盘山论盘山的话，这里并没有很具优势、很震撼的旅游资源。

跳出盘山，谋划盘山，就能看出盘山最大的优势（旅游经济比较优势）在于其在京津冀协同发展国家战略的旅游区位。旅游区位优势明显的地方，可以搞大项目，形成大影响。山水实景演出就是最能形成大影响的大项目之一。当年《印象·刘三姐》的成功，改变了桂林整个城市的旅游格局，原来桂林旅游就是以桂林为中心，这台山水实景演出发展起来之后，阳朔就变成了桂林旅游的副中心。游客因为要看《印象·刘三姐》，就得住宿在阳朔，进而吃喝玩乐消费也在阳朔。

盘山推出的大型实景演出是《天下·情山》，由中国山水实景演出创始人梅帅元担纲。演出依托盘山的乾隆文化（传说乾隆 32 次游历盘山），编演了少年弘历途经盘山，与少女盘儿的爱情故事。

客观而言，在盘山推出山水实景演出的 2014 年，实景演出早已不复当年盛况，处于困境、挑战多的发展阶段，虽然仍能带动旅游、带动地产，但已很难形成“爆款”。同时，盘山搞山水实景演出，条件并不是很优越，存在三大制约：

一是天时制约，北方天津的气候条件比不了南方桂林,《印象 · 刘三姐》几乎可以全年演出，而《天下 · 情山》每年只能演出半年，晚秋、冬季、早春户外太冷。

二是地利制约，桂林山水甲天下，阳朔一带的山水尤其适合作为演出的实景，盘山则明显逊之。

三是人和制约,《印象 · 刘三姐》的南疆群众演员，在艺术素质和劳务成本上，都比《天下 · 情山》的京畿群众演员有优势得多。

然而，盘山的《天下 · 情山》，作为京津首部山水实景演出巨制，还是耗资 2 亿元打造推出了，2 亿元对于每年演出半年的山水实景演出而言，是比较适合的投资额，然而，站在这台实景演出的战略高度上看，为了在盘山形成区域旅游中心，这个数额的投资就稍显不足。

（二）战略性品牌营销

盘山旅游发展的最大优势（旅游经济比较优势）是区位优势，但盘山这样的山岳型旅游资源，在其所在的京津冀大区域中并不稀缺，并不具备区域差异度，因此，盘山的旅游品牌营销也带有战略性，为的不仅仅是盘山这一个旅游景区。

盘山旅游品牌营销，依托乾隆皇帝“早知有盘山，何必下江南”之赞誉，以及龙状山形等特点，开展了比较有特点的品牌营销，如绿皮火车旅游专线（北京至盘山）、国家画院创作基地等，同时，景区投入较多经费，完成了一系列综合建设项目，并申报获评为国家 5A 级旅游景区。

（三）战略性服务追求

盘山景区对服务，尤其是在旅游市场秩序管理上的追求，也蕴含着战略性，为的是在京津冀旅游大局中树立起良好形象。

盘山景区在全部开放景区第一停车场的基础上，启用了能容纳 3000 多个停车位的第二停车场，并租赁 20 多部公交车免费为游客提供摆渡服务；与当地公安、交通、综合执法等部门协调配合，对景区重点路段进行交通疏导，加强车辆指挥和调度；联合武警战士、蓝天救援队员，对山上易拥堵路段和人员密集场所进行有序疏导，及时为意外受伤或突发病情的游客提供有效救助；景区全体员工统一着装、戴牌上岗，大力开展微笑服务活动，赢得了广大游客的一致好评。

2016 年 10 月 9 日，国家旅游局发布“十一”黄金周假日旅游“红黑榜”，盘山风景名胜区上榜综合秩序最佳景区，是天津市唯一一家获此殊荣的景区。

（四）战略性乡村旅游

发展盘山景区周边乡村旅游，目标是将大盘山发展成为京津冀大区域的大花园、大果园、大菜园、大校园和大家园，具有大区域的战略意义。

盘山风景区重视发展乡村旅游，积极采取叫响“魅力名镇”牌，唱活“旅游招商”戏，织好“农家乐旅游”网等措施，取得了明显的成效。

三、案例成效

在盘山的山水实景演出《天下·情山》推出后的当年（2014 年），京津冀平谷、蓟县、兴隆、遵化、三河五个市（区、县）达成共识，联手打造“京东休闲旅游示范区”，五个市（区、县）共同推动旅游休闲发展以及旅游与文化、体育、农业等产业的融合发展。2016年7月20日，在京津冀旅游协同发展第六次工作会议上，天津市宝坻区也被纳入“京东休闲旅游示范区”之中。

盘山是蓟县乃至天津的龙头旅游景区，应该说，旅游发展着力在蓟县盘山布局，已经形成了一定的大区域战略性成效。

四、案例启示

京津冀的基础是京津唐，盘山所在的蓟县，是京津唐三个特大型城市的几何中心，对于京津唐的人们来说，盘山是“身边的盘山”。

在京津冀协同发展的国家战略下，在北京逆城市化、天津旅游“山海经”、河北传统产业转型升级的呼唤中，盘山旅游必须站出来，这绝不仅是为了盘山，为了蓟县，为了天津，更是为了京津冀协同发展，为了国家战略的推进。

未来盘山的发展，要跳出自身旅游资源和旅游发展条件并不很优越的局限，走一条复合型的道路，通过一个个的项目累积构造吸引力、盈利力、文化力，甚至有可能发展成为京津唐城市群的中央休闲区，供京津唐三大城市的居民来此吃喝玩乐、体验文化。

盘山、蓟县，是京津冀的“旅游战略要地”。

全国还有多少“旅游战略要地”，等待着大手笔的发展？

河北省

HEBEISHENG

09
中国旅游好案例
A GOOD CASE OF TOURISM IN CHINA

白石山

一、案例背景

白石山位于河北省涞源县城南 15 千米，雄踞八百里太行山最北端，景区面积 54 平方千米，最高峰佛光顶海拔 2096 米，因其风光酷似安徽黄山而被人们称为“小黄山”，然而，长年来，养在深闺人未识。

近年来，山地旅游投资升温，除了登山观光外，山地运动、山地度假、山地养生等旅游产品也被越来越多的游客所接受，呈现出旺盛的需求。

二、案例做法

（一）牵手白石山

1998 年，那时的白石山基本上还处于荒山状态。河北省涞源县政府请中央电视台《天涯共此时》节目组到涞源拍摄白石山，制作了一个 15 分钟的节目，在央视四套播放，这期电视节目被时任黄山旅游发展股份有限公司办公室副主任的桂林看到。桂林副主任惊叹于电视上的北方“小黄山”，向时任黄山旅游发展股份有限公司总经理黎志汇报，引起了一生爱山如命的黎志的重视。

1998 年，黎志第一次来到白石山，“披荆斩棘”地考察了一遍，当即提出想要开发白石山的想法。

接下来的两年，黎志非常坎坷地找钱开发白石山，先找自己所在的黄山，又找港中旅，再找一系列大陆和香港的民营企业，都因种种原因没有成功。到了 2000 年，黎志与白石山的合作正式搁浅。

“中国山岳旅游第一人”黎志与白石山的第一次牵手失败之后，白石山进入了 21 世纪的第一个十年：2002年申报成功国家地质公园，2004年申报成功国家4A级旅游景区，2006年申报成功世界地质公园，2007年申报成功国家森林公园。多少年来，我国各个县一级地方的旅游部门的主要工作，只能是申报和营销。没有高水平专业运营团队的白石山，也只能如此发展，就像一个天生丽质但青涩的女生，在学校里考了好几个证书，但还没有打扮好，还未能展现出她的风采。

十载倏忽过，几回魂梦旧游。时间到了2010年，黎志已离开体制内，开发恩施大峡谷和腾龙洞。长期担任涞源县旅游局局长，后来担任白石山管委会主任的刘春阳，对黎志一直念念不忘。

2010年，刘春阳借了一个合适的机会，带着县长到湖北恩施考察黎志开发的旅游项目，重请黎志开发白石山。

2010年11月11日，在河北旅游投资集团股份有限责任公司的参与下，涞源县与黎志团队签订协议。黎志终于牵手白石山，白石山终于牵手黎志。

为什么要在11月11日“光棍节”签约？当时的寓意是：

黎志麾下的吴积顺、江静春、蒋少华、侯荣贵“四条光棍”（白石山黎志团队最早的四位高层人物）抛家舍业地从南方来到北方的白石山，一定要把白石山打造出来！

在旅游区开发经营这个行当里，别妻离子、抛家舍业地上山下水之士有很多，现在的“80后”“90后”可能难以接受，而老一代旅游人很多都是这样。

绝壁横陈、险壑纵布、磅礴神异的白石山，后来人称“北方第一奇山”，但以上这段发生在并不久远的过去，那些无论南北，无论在体制内外想做事的人，那些坎坷历尽、热血铸就的事，比这座奇山更奇。

（二）开发白石山

随着以黎志为首的专业管理团队进入，加上之后中信产业基金进入，提供强大资金支持，为白石山插上了腾飞的翅膀。

在专业团队加资本运作的背景下，以投资、开发、运营和管理景区为主的中景信旅游投资开发有限公司成立，白石山景区的成功打造就是这种模式下的成功代表，获得了业内的广泛认可。中景信汇集了一批来自黄山、武夷山、云台山、中青旅、首旅、凤凰古城、乌镇、宋城、福建土楼等全国一流旅游公司的高层精英，还聘请了中国旅游界顶级专家，为公司的顶层设计和未来发展出谋划策。

（三）引爆白石山

中景信黎志团队在景区打造时，坚持“匠心”理念和“天人合一”的宇宙全息思想，在保护自然资源、掌握自然规律的前提下，因境而成、因山就势。

针对白石山的一些缺陷，结合景区旅游功能，对白石山进行了“微整形”，种奇松、引绿水、搭步道、建楼台等，使得美人换仙颜。举几个例子：

解决“有怪石，无奇松”的问题——每年引种奇松，不要笔直的成材树，只要姿态各异的景观树。

解决“有青山，无绿水”的问题——建造了覆盖景区 30 千米的水管网和 20 多个蓄水池，将水抽到山顶，打造了五道水景观；同时建造了 12 个水冲式厕所，基本满足游览中每半小时一个的需求。

解决“有俯视点，无仰视点”的问题——在海拔 1600 米处铺设了一条“仰视环线”游步道，站在游步道仰观巍峨白石山，雄奇险幻尽收眼底。

再加上一座“四方可观，可观四方”的凉亭点缀，白石山“焕然一新”，具备了奇松怪石、青山绿水、仰视俯视、楼台亭阁等各大看点，如同披上了华服，描上了眉黛的美人，光彩四射，一颦一笑皆风情！

最终引爆白石山的是 2014 年的玻璃栈道。

白石山的旅游营销本来水平就高，长期是由从黄山来的徐辉负责。白石山的玻璃栈道营销，要的就是一举成名的效果。白石山景区建造了长 96 米、宽 2 米、海拔 1900 米的玻璃栈道，这条国内最长、最宽、最高的玻璃栈道，通过网络营销迅速扩散，立即引爆了市场，其中的操作细节，难以尽述。

三、案例成效

相较于 2010 年 32 万元的门票收入，2013 年白石山营业收入增长了 40 倍，达到 1300 万元，2014 年收入达到 7500 万元，到 2016 年，白石山年接待游客已突破 100 万人次。

无论是从形象上，还是从收入上，白石山都已从“自然村姑”华丽地变身成为“一线明星”。

2017 年 2 月 27 日，国家旅游局宣布，经全国旅游资源规划开发质量评定委员会评定，白石山风景区新晋成为国家 5A 级旅游景区。

四、案例启示

（一）可持续发展推动旅游发展

在如今的旅游投资环境下，旅游开发已进入白热化阶段，旅游竞争十分激烈，政府已经从“招商引资”转变为“招商选资”，过去是“看广告”，现在是“看疗效”，特别是一些中小型旅游企业，旅游开发不能求大，一定是靠“小而美”“小而特”来取胜。旅游企业也需要有社会责任感，旅游发展还要讲求可持续性，并且旅游投资是有周期的，切不可操之过急。

（二）多模式开发突出产品特色

白石山的旅游开发模式，尤其是在很多细节的设计上，对于当下山地旅游景区的开发具有很大的借鉴意义。特别是体验性项目的设计，如全国最长玻璃栈道、博物馆式的游客服务中心、修建在崖壁上的云端咖啡厅等，不是一味地追求新、奇、特，也不是要多么高大上的项目，而是能够把一些平常的事物和市场已有的产品做出新意、做出特色、做出吸引力，这些值得其他景区借鉴学习。

（三）集团化管理助力快速成长

开放型的政府、一流团队进入、充足资金运作，构造了一个开拓式的发展，使白石山的发展速度迅猛，整体机制更加灵活。强强联合下的白石山正以突发猛进的速度发展，吸引着五湖四海的宾客，成为河北旅游的名片。

10

中国旅游好案例
A GOOD CASE
OF TOURISM IN CHINA

张北草原音乐节

一、案例背景

张北，古称“天闲刍牧之场”，位处蒙古高原最南端坝上地区，闻名世界的“北方丝绸之路”张库大道穿城而过。因地处北京西北 260 千米、张家口以北 70 千米的张北县境内，始名“张北”。张北草原则由中都和安固里两大草原组成。

因缺少矿产资源、工业极不发达等因素，张北县始终处于集体经济薄弱、人均可支配收入低、基础设施和基本公共服务事业发展滞后的状况。截至 2012 年统计数据，张北县 37 万人口中有 10 万人生活在国家贫困线以下，属于燕山—太行山连片特困地区，是国家级深度贫困县，也是河北省攻坚工作的坚中之坚、难中之难。

但同时，张北县历史悠久，文化资源丰富，境内野狐岭军事旅游区、元中都遗址、六代古长城、草原天路、万亩天然草场、200 万千瓦风车等旅游资源交相辉映。其中，张北草原到夏季时，风光秀丽，气候宜人，正是举办大型户外活动的理想之地。这也成为张北县形成特色旅游服务，打造 IP 旅游项目的契机。

二、案例做法

（一）创新“目的地 + 音乐节”营销方式，助力配套旅游产业发展

“到大草原上撒点野！”2009 年夏天，这个国家级贫困县开始“音乐突围”，举办“张北草原音乐节”。正所谓“万事开头难”，起初的效果并不显著，所以到 2013 年，张北县政府通过公告希望商业公司介入，市场化张北草原音乐节。在这种情况下，由杨澜女士创办的阳光媒体集团旗下全资子公司北京阳光新瑞文化发展有限公司通过招标在四家专业化商业公司中脱颖而出拿到承办权。阳光媒体集团为张北草原音乐节赋予了鲜明的音乐风

格，带动了周边百公里草原天路自驾游的热度，以及张北县配套旅游产业的逐渐体系化发展。

“张北草原音乐节”作为阳光媒体集团“阳光音乐”品牌的重要代表作之一，秉持国际化、专业化属性，每年邀约国内外数十组顶尖音乐人登陆张北，同时融美食、露营、草原文化、户外休闲娱乐、旅游度假为一体，为音乐爱好者打造了“专属于乐迷的全新音乐生活方式”。音乐节现场，放眼望去，宽阔的场地与密密麻麻的人群、帐篷……感觉仿佛置身于欧洲大型音乐节。三天的高质量演出，让“张北草原音乐节”成为中国户外音乐节的标杆。

随着品牌影响力的持续扩大，“张北草原音乐节”已成为参加人数最多、整体规模最大、自驾车观众最多的中国最大户外音乐节。而由阳光媒体集团开启的“目的地 + 音乐节”的创新营销方式，也被旅游业内争相效仿，具有标杆性指导意义。

（二）输出定制化文旅演出产品，打造“地标性”文化旅游新业态

作为国内目的地音乐节品牌运营的先驱，“阳光音乐”除了成功打造“张北草原音乐节”，还成功举办了上海滴水湖阳光音乐节、南昌梅岭伶伦音乐节、重庆仙女山露营音乐节、涞源星空音乐节等一系列国家化、专业化的音乐节品牌，为推进东西方文化交流互鉴，贴近市场，满足游客需要，开拓了一条文化旅游演出 IP 的创新之路。

以音乐节为基点，阳光媒体集团通过文化 IP 延展的方式，深度结合当地文化属性和资源特性，采用新场景、新技术、新模式，持续多维度打造定制化的文体旅游的新业态，包括文化旅游产业规划、大型实景演出、特色小镇、节庆演出、文化产业园、阳光体育及文体旅数据产业运营等，创意突出、异彩纷呈，具有“地标性”的独特吸引力和影响力。

三、案例成效

（一）促进本地基础设施建设，带来可持续发展旅游产业效应

自 2009 年创办以来，张北草原音乐节在当地旅游经济中所占比重逐年递增。三天实际到达人数从首届的 10 万人次激增到 2017 年的超 80 万人次，全国各地自驾车辆超 10 万辆来到张北，总体社会影响力超 3 亿人次，实现当期旅游综合收入近 3 亿元。2017 年，张北县全年接待游客 647.32 万人次，同比增长 14.5%，实现旅游收入 59.32 亿元，极大地拉动了县域旅游、餐饮、住宿、交通等服务性产业发展。

而张北草原音乐节作为音乐与时尚、生活、传媒、商业多维跨界的国际音乐节，更重视其自身IP的传播和延展，与新媒体、热门影片等各类流行文化的融合，加以层出不穷、富有创意的特质，不断吸引着新闻、乐迷、游客以及赞助商、合作伙伴的关注。

（二）获得业内及消费者高度认可，吸引众多著名艺人积极参与

张北草原音乐节已成为文化产业市场化运作的成功典范，先后荣获“中国县域十佳节庆之首”、河北省文化发展“五个一”工程奖、“2017第二届博鳌国际旅游传播论坛2017年度旅游营销活动”等荣誉。作为为大众精心准备的一场娱乐盛宴，它持续吸引着热爱音乐、热爱自驾的年轻人到张北参观游览、释放激情。同时，张北草原音乐节依靠自身优势还吸引着国内外众多著名歌手和乐队关注参与。

（三）倡导时尚音乐生活方式，为音乐爱好者提供多样态音乐现场体验

张北草原音乐节与“阳光音乐”品牌相互赋能，倡导了一种时尚的音乐生活方式，成为高品质潮流文化的代名词。张北草原音乐节以音乐现场为核心，为乐迷带来了多样态的音乐生活场景和超一流的音乐现场体验，用跳水和呐喊，分享喜悦，释放压力。而“阳光音乐”品牌业已布局华北、华东、西南等区域，累积历史到达现场人数已超百万人次，品牌综合影响力达5亿元人民币。

四、案例启示

以大众休闲旅游为背景，以产业观光旅游为依托，通过对全区域内经济社会资源进行全方位、系统化的优化提升，实现资源有机整合、文旅产业融合发展，以促进区域经济协调发展的全域旅游模式，以人为本的体验感和文旅产品的品质感是关键。这意味着文旅产品的研发团队，要一切以客户体验为中心，勇于创新并具个性化，才能真正为客户创造惊喜，并成为推动区域经济发展的不竭动力。

作为新一代文化旅游行业的倡导者，阳光媒体集团基于国际化视野、市场化专业团队和对文化产品商业化的独特理解，因地制宜，针对区域文化属性、资源优势及产业特性，深度评估项目的性价比，制定出一整套可持续发展模型，提供区域文旅产业规划—文旅主题公园及驻场演出打造—宣传推广—持续经营的全产业链服务，又进一步跨界合作，为景区提供金融服务，进一步赋能地方文旅事业的发展，先后打造了音乐节、实景演出、特色

小镇、节庆演出、文化产业园、阳光体育等一系列可提升区域品牌和价值，拉动当地旅游消费的双赢文旅产品。如阳光媒体集团从2013年开始打造的实景演出“寻梦”系列演出品牌——《寻梦龙虎山》《寻梦大汉·汉颂》《寻梦牡丹亭》，将文化表演和文化交流等形式融为一体，已成为当地一个有故事、有历史、有文化的旅游城市文化新地标。其中，《寻梦龙虎山》《寻梦牡丹亭》被评为中国文化旅游演出精品项目。这种沉浸式体验和定制旅游目的地的概念，也为阳光媒体集团的文创产品带来了不一样的生命力。

2015年公演的《寻梦龙虎山》国内首创“行进式”观影模式，整个观影过程没有固定的观众席，观众先在岸上边走边看，随后乘船入泸溪河，一边漂流一边观看，彻底颠覆了“传统舞台”，实现了全新的观演关系，被誉为国内沉浸式演出的开山之作；而2018年国内首部“天地一体式”大型沉浸式实景演出《寻梦牡丹亭》，结合了全息数字影像技术、巨型圆环装置投影等声光电技术，生动还原了传世经典《牡丹亭》中亭台楼阁景致，用电影思维，在真山、真水、真园林中构建出多个宏大唯美的场景，让游园与观演有机融合。更值得关注的是,《寻梦牡丹亭》创新的“日游夜演”商业模式——白天供人游览，晚上作为演出使用，不仅满足了观众的多角度观赏需求，还增加了游客留宿时间，促进游客二次消费，进而拉动餐饮、住宿等相关行业的发展，延长旅游产业链条。

此外，阳光媒体集团丰富的文化娱乐资源及整合运营能力，也为其打造用户体验不断向上向好的文旅产品，提供了强大保障。如《寻梦龙虎山》主题曲《如梦》，力邀天后王菲献唱美妙的天籁之音，由曾经担任2008年北京奥运会开幕式副总导演、闭幕式执行总导演的陈维亚担任艺术总监，并由曾经担任2008年奥运会开幕式音乐总监的陈其钢担任音乐总监；国际著名作曲家郭文景为《寻梦牡丹亭》作曲；等等。

可以说，在消费结构升级换代、旅游供给侧改革、全域旅游奏响旅游业发展主旋律的当下，一切文旅产品能否成功的根本，在于是否能够真正满足客户的“精神消费”需求。而阳光媒体集团对文旅产业新业态的锐意创新与积极探索，值得借鉴。

山西省

SHANXISHENG

11

中国旅游好案例
A GOOD CASE
OF TOURISM IN CHINA

平遥古城

一、案例背景

在世界旅游水平分工之中，中国偏文化旅游。中国的世界文化遗产地旅游发展，对入境旅游振兴以及中国在世界旅游格局中的地位，意义重大。

平遥古城是中国仅有的以整座古城申报世界文化遗产获得成功的两座古城市之一，是中国汉民族城市在明清时期的杰出范例。

平遥古城在遗产保护和旅游管理模式上的探索，值得关注和思考。

二、案例做法

（一）推出经营管理体制改革

平遥古城积极探索高效、合理的经营管理模式，推出三项改革举措：

一是旅游产业运行机制改革。平遥古城广开招商门路，寻求合作，组建平遥古城旅游股份有限公司，作为旅游开发实施主体，以资源整合、资金重组方式，搭建融资平台，为旅游发展提供市场化的资金链条。

二是古城门票管理体制改革。通过“一卡通门票”解决古城内众多景区的基础经营问题。

三是古城管理体制改革。为了开展旅游综合整治行动，对违规行为零容忍，平遥古城组建了古城行政执法局和城管监察大队，加大整治力度，打击严重扰乱市场的行为。

（二）实施“活态化”发展模式

平遥县政府创新实施了“活态化”的古城旅游发展模式。

第一，按照规划对城内的居民进行有计划的适量外迁，减轻人口容量对古城文物的保护、对遗产的真实性和完整性的不良影响。

第二，在整体形态严格遵守传统风貌和礼制格局的基础上，统一规划、优化游览线路，将四大街、八小街、七十二条蚰蜒巷发展成为休闲、餐饮、购物、住宿等旅游活动场所，既有效保护古城的城市格局和历史风貌，又合理保持古城内原汁原味的生活场景。

第三，《又见平遥》大型室内情境体验剧、“晋商神韵”街头迎宾演出、大戏堂“晋商乡音”演出等旅游演艺，直接活化了平遥文化。

第四，国际旅游文化交流活动，也是平遥古城“活态化”古城旅游发展模式的一种表现形式。

（三）围绕旅游形成产业循环体

平遥把旅游业作为国民经济的支柱产业和主导产业，以全域旅游发展思路，大力实施旅游带动、引领突破战略。以古城为依托，积极引导主题民宿、文化演艺、特色餐饮、交通客运、旅游购物、休闲娱乐、土特产加工等一揽子发展。平遥国际摄影大展已经成为国际化的旅游节事活动，社会影响持续扩大；重拳打造的《又见平遥》开辟了山西旅游区演艺产品的新篇章，市场反应效果突出；县衙、城隍庙、票号、镖局、城墙等传统景点不断推陈出新，吸引力长盛不衰；30 多家民俗客栈、众多特色主题民宿、小酒吧、小商铺直接带动了周边区域旅游商品、旅游服务、旅游人才的供给，围绕旅游形成的产业循环体全面带动了国民经济的繁荣发展。

三、案例成效

平遥古城，既是国家 5A 级旅游景区，又是全国 4A 级旅游景区最集聚的区域。多年来，平遥古城获得荣誉无数，接待游客众多。据平遥县旅游部门统计，2015 年平遥全县共接待游客 808.3 万人次。

四、案例启示

平遥古城，在某种意义上，是世界文化遗产地旅游发展的一个实验室，纵观平遥古城旅游发展的历程，可以从以下方面激发其他世界文化遗产地的思考：

第一，中华文化的对外输出，是中国世界文化遗产地旅游发展的使命，因此，“以外带内，以洋促中”的市场开发路子值得重视。

第二，世界文化遗产地旅游管理的核心是文化管理，文化管理的重要手段是主题管理和差异管理。

第三，世界文化遗产地旅游功能的空间结构是一道大题，旅游消费水平的端次结构、同类消费业态的集聚结构、尊重原有机制的文化结构是破题的关键。

第四，世界文化遗产地的旅游品牌形象定位一定要高。

第五，一个世界文化遗产地，必能形成一种历史文化旅游情景，把当代游客带到那种历史文化旅游情景中去，是时尚、新型旅游项目在世界文化遗产地的落地之魂。

第六，举办大型文化活动、培训以及扶助草根创业、提供游客参与性活动，是世界文化遗产地旅游发展的选项。

第七，世界文化遗产地与其周边旅游发展，既要合理分工，又要相得益彰。

芦芽山

一、案例背景

在中国以及世界旅游发展中，有一种地方，被人称为“某某沙漠中的绿洲”或“某某高原上的明珠”等。这种地方，和周边相比，自然旅游资源很突出，山西忻州芦芽山就是如此。此类地方旅游发展，是中国旅游发展中值得重视的一个问题。

芦芽山是“晋山之祖”管涔山的主峰，东承阴山余脉，南接吕梁云中，是汾河、桑干河、阳武河、岚漪河、朱家川五条河流的源头，景区内约有 82 万亩原始次森林、66 万亩草原、500 多种动植物资源，集山、石、林、草、洞、湖、泉、谷、庙、关十大景观于一身，凭借众多稀有的自然资源，被称为“黄土高原上的绿色明珠”。

芦芽山的自然旅游资源突出，傲视山西、华北乃至中国北方。

中国著名旅游经济专家魏小安先生评价："芦芽山几乎包含了全国《旅游资源的划分与评定》中的大部分类型，可称为中国各类景观的集中区。"

中国科学院地质与地球物理研究所对芦芽山的研究评价是："占天下之无限风光，凝自然之全部精华。"

香港《大公报》把芦芽山风景名胜区誉为"世界生态保护史上的奇迹""世界少有的生物基因宝库"。

二、案例做法

（一）因地制宜发展生态旅游

芦芽山将生态旅游作为主要的发展方向，充分挖掘亚高山草甸、高原地隙等独特的自然环境优势，全力打造了万年冰洞、情人谷、荷叶坪、金龙池、五龙洞、秀云峰、紫峰崖、凤凰岭等特色生态景点，并将悬棺、旧兵工厂、太子殿等人文资源与自然生态旅游有机结合，将骑马、徒步等体育旅游活动渗透其中，形成了独特的生态旅游产品。

（二）营销引领推进旅游经营

芦芽山景区的运营管理团队顺应旅游业经营品牌化的潮流，采取立体化营销手段，积极强化自身的品牌形象。

景区全方位运营新媒体宣传渠道，为景区提供强有力的宣传窗口，通过广播、网络、微博、微信、论坛等新媒体宣传渠道介绍旅游活动的内容及方式，获得和传播游客的切身感受和口碑，形成互动，吸引游客；通过报纸、杂志、户外广告等媒介真实地传播景观风貌，引起共鸣；与旅游企业合作，积极创新合作形式，打通销路，实现产品网络化营销；通过创意性的设计加强品牌概念，进行活动营销，形成固定的活动品牌：徒步活动、星空音乐帐篷节、自行车比赛、登山比赛、夏令营活动、直升机营销项目等，积极传达绿色、环保、自在旅游的生态理念，通过一系列的周期性宣传，同时打通线上线下的宣传渠道，扩大景区的影响力，提升景区的宣传力度。

芦芽山景区团队大胆创新地引入国际化营销手法，凭借芦芽山得天独厚的旅游资源优势，一举将芦芽山的美景宣传做到了有"世界的十字路口"之称的纽约时代广场的大屏幕上，使芦芽山走出国门，让芦芽山景区的美丽与魅力拥抱世界。

芦芽山景区和驴妈妈旅游网合作的"2017 年驴妈妈杯 · 芦芽山景区第三届徒步活

动”“2017 年驴妈妈杯 · 芦芽山 KOM 自行车爬坡王挑战赛”等营销活动，是营销亮点之一。

自 2016 年起，芦芽山启动申报世界自然遗产和国家 5A 级旅游景区项目。

（三）度假导向配套产业体系

芦芽山景区将实现从观光旅游到度假旅游的转变作为发展导向，致力于“把芦芽山当作外出旅游的第二个家”。

目前的芦芽山国际酒店，具有一流的硬件设施和设备，配套有 1260 平方米的自助餐厅，60 平方米的多功能宴会厅，9 个大小不同、风格各异的豪包，大、中、小型会议室 5 间，可同时满足 300 人的各种会议需求，有 274 套不同类型的房间，可接待 600 人住宿。

在酒店前的广阔区域，有一架可容纳 4 人乘坐的直升机，在山西省的旅游区中率先引入为中高端度假配套的航空运动休闲项目。

此外，投资 1000 万元的冬季冰雪项目，也正在推动芦芽山向休闲度假旅游导向的转型升级。

三、案例成效

2016 年，芦芽山接待游客 109 万人次，旅游综合收入 7.3 亿元。2017 年，芦芽山景区荣获由驴妈妈旅游网颁发的“年度最受欢迎山水景区”。

芦芽山已经成为山西旅游发展的一匹黑马。

四、案例启示

芦芽山朦胧地描绘出了一幅自然旅游资源突出的旅游区之发展画卷：

首先，要务实地发展生态旅游。生态旅游，在西方有其“原教旨”，即“除了脚印什么都不留下，除了照片什么也不带走”，甚至脚印也不能随便留，照片也不能随便拍。原教旨主义的生态旅游固然好，但在实际中只适合专项特种旅游。呈现为大众观光、休闲度假等产品类型的生态旅游，不能也没有必要拘泥于原教旨主义的极端，要“原生态着眼，次生态着手，泛生态着力”，务实、因地制宜地充分利用生态优势，形成产品，创造品牌，产生旅游吸引力。

其次，要超常地开展旅游营销。自然旅游资源突出的旅游区，这里指比周边地区自然生态旅游资源明显有优势的旅游区，有必要超常营销。让周边充分了解，周边游客自然会蜂拥而至，就是图这里的自然旅游资源好。

最后，要适时地发展休闲度假。自然旅游资源突出的旅游区，如果只满足于让游客看的话，就有点可惜，要让游客住，让游客玩，让游客体验。这就需要发展休闲度假。唯其如此，才能把自然旅游资源的优势充分发挥出来，带来大价值、大收入。当然，一般情况下，这样的旅游区还是从大众观光起步，要根据具体情况，适时引导休闲度假发展方向。

内蒙古自治区

NEIMENGGUZIZHIQU

13
中国旅游好案例
A GOOD CASE OF TOURISM IN CHINA

阿尔山温泉

一、案例背景

中国当代温泉旅游 20 年的发展，不仅开创了一种新型的休闲旅游业态，也引领着休闲旅游的发展方向。温泉旅游、温泉休闲是目前最能形成产业链、产业规模的旅游休闲产品类型之一。

二、案例做法

（一）形成温泉旅游产品体系

驰名全国的阿尔山温泉，利用独特的温泉资源优势，以及百年温泉的历史故事，经过日伪时期的资源利用、中华人民共和国成立后的疗养院建设、近年来的温泉旅游开发，目前已经构建了包括疗养院温泉群、金江沟温泉群、银江沟温泉群三位一体的旅游产品体系。

阿尔山温泉的旅游产品体系，杰出地展示了当地温泉历史文化、温泉物理疗效等内容，是温泉娱乐功能开发和温泉与自然生态的协调统一。

（二）培育温泉旅游文化产业

阿尔山温泉充分发挥“中国温泉之乡”的品牌优势，有针对性地精准市场引导和坚持国际知名温泉旅游目的地的发展方向，并采取了一系列措施。将地方历史文化情景植入温泉资源中，让游客通过温泉旅游、温泉休闲，走进特色旅游情景，消费温泉文化旅游产业。

（三）寻求温泉好玩玩好体验

阿尔山温泉从游客最基本的愉悦需求入手，寻求在“玩”字上的突破，适应玩的心态，研究玩的学问，建设玩的项目，玩艺术、玩文化、玩氛围。

三、案例成效

2016 年，阿尔山接待游客突破 300 万人次，占兴安盟接待游客人数的近一半，实现旅游收入 38.52 亿元，占兴安盟旅游收入的一多半。随着阿尔山温泉旅游的发展，明显带动了当地居民就业，提高了当地居民的收入。

四、案例启示

（一）既做文化温泉，又做疗养温泉

阿尔山温泉充分挖掘本地相关历史文化、传说故事、利用历程，建立博物馆、地质公园等设施，向游客、向市场讲故事，给游客留下深刻的印象，对此地形成好奇、深信不疑的消费心理。同时，充分发挥温泉的物理疗效，借助历史疗养胜地的名誉，主做疗养市场，形成良好的疗养产品口碑。

（二）贴近消费需求，顺应市场潮流

阿尔山温泉旅游，在“温泉 + 健康”的底色上，融入创意、科技等元素，既贴近愉悦和健康的消费需求，又顺应客源和市场的时代潮流。

14

中国旅游好案例
A GOOD CASE OF TOURISM IN CHINA

阿拉善英雄会

一、案例背景

英雄会是由越野 e 族组织的一项越野活动，第一次举办是在 2006 年，在 2011 年的时候越野 e 族和内蒙古阿拉善盟联合举办，也是从 2011 年开始，越野 e 族英雄会永久地落在了阿拉善盟，变成了阿拉善英雄会。

阿拉善英雄会是中国最大的汽车越野赛事举办地；这是一个融汽车体育、航空文化、音乐盛典、拳击格斗、特色美食等为一体的综合性国际知名赛事活动品牌；这是一个集汽车、改装、休闲于一身的国际性汽车文化盛宴聚集地；这是一座全世界顶尖赛车手、顶级飞行员和越野爱好者向往之城……这就是地处腾格里沙漠的阿拉善梦想之城越野 e 族阿拉善英雄会。

二、案例做法

（一）以汽车赛事为特色，形成核心吸引力

阿拉善英雄会囊括达喀尔中国拉力赛、SST 极速超卡世界锦标赛、KOH 雷神之锤世界锦标赛、UTV 全地形车世界锦标赛、世界女子拉力赛（中国站）、世界大学生拉力赛（中国站）等国际级越野赛事，以及中国 T3 挑战赛总决赛、中国沙漠挑战赛总决赛、中国牧马人大会暨岩石挑战赛、中国场地越野锦标赛等国家级越野赛事。作为英雄会期间的经典赛事，牧马人大会暨百路驰岩酷攀爬赛每一年都让无数赛车手胆战心惊而魂牵梦绕，在几百米的越野赛的赛道上涵盖了乱石、沼泽、沙地、深坑，随时会遭遇难以预料的惊险，对每一名赛车手和每一辆赛车而言都是高难度的体验。

（二）“汽车赛事 + 多元文化”，构建协同发展力

阿拉善英雄会，除了举办规模宏大、夺人眼球的国际越野赛事外，还有阿拉善梦想国际梦想车展、梦想国际房车露营大会、中国自驾游示范省博览会、航空嘉年华、腾格里国际音乐节、“异星营地”阿拉善 COART 嘉年华、雷神之锤表演秀、疯狂大脚怪、昆仑决世界职业搏击赛、腾格里美食文化节等多项精彩纷呈的主题活动。

阿拉善英雄会还在会场设立了民俗文化体验馆、国家地理“一带一路”世界影像展、非遗展等展馆，以视频照片、民族生产生活用品诠释苍天圣地的浑厚底蕴，呈现丝绸之路的时代、自然、人文变迁。通过英雄会一系列的沙漠盛宴，让每位国内国际的参与者更加深入地感受阿拉善神奇雄浑的大漠风光、多姿多彩的民族风情和多元厚重的文化底蕴。

（三）园区化发展，期待生成持续影响力

阿拉善及腾格里沙漠将逐步由如今的季节性旅游转变为常态化旅游地，以梦想沙漠汽车航空乐园、通额穿沙公路为主线的腾格里沙漠旅游产业带，以及由沙漠汽车、航空、影视动漫组成的“一园、一路、三板块”总体规划布局将得到进一步完善。就以交通设施来说，从巴彦浩特出发至主题乐园的 53 千米道路将变为一条更加标准的一级公路，腾格里沙漠旅游机场也将正式建立。

在园区内，游客服务中心、保障中心、自驾车房车营地和园区导识、交通信号系统将在今后变得更加完善，而且除了增设包括水、电、天然气、暖气等相关配套设施在内的 3000 米综合管廊，还将新建一座 1 万吨污水处理厂、30 个星级旅游厕所、6 座加油站及垃圾处理站、环卫等设施，甚至园区防护林带和道路绿化系统也将出现。

在未来，不仅有欧美、埃及、阿拉伯等不同风情文化元素将被引入英雄会，以航空为主题的旅游项目也将大大增加，还有以英雄会为基础的影视动漫创意基地也将形成。

（四）宏大目标引领，形成战略拉动力

2016 年，阿拉善盟委、行署提出打造国际旅游目的地，建设全域旅游示范区、国家级旅游度假区、国家自驾游基地的发展目标。在总结历届英雄会举办经验的基础上，着力加快阿拉善英雄会由游动聚集式向常态化、园区化、国际化转变，确定了新的会址，编制了阿拉善梦想沙漠汽车航空文化主题乐园总体规划及建设方案，全面启动了规划总面积 9.9 平方千米的阿拉善梦想沙漠汽车航空文化主题乐园项目建设。

提出要把阿拉善梦想沙漠汽车航空乐园打造成集汽车赛事、航空体验、文化展演、主题游乐、休闲度假于一身的国际旅游目的地。重点规划建设以游客停车场、后勤仓储、游客服务中心、汽车文化综合展馆、文化广场为主的综合服务区；以汽车品牌展馆、多功能厅、临时展位、音乐广场为主的商务互动区；以英雄大道、越野赛区、F1 赛区、赛马场为主的沙漠竞技区；以大队营地、房车营地为主的营地住宿区；以沙漠越野体验区、沙漠营地为主的越野体验区，以空港驿站、航空游乐、航空赛事、航空展示、航校训练场为主的航空体验区；以汽车嘉年华、水景酒店、冰雪酒店为主的休闲娱乐区；以星光别院、漠上瀛台为主的温泉度假区。经过近几年的大力投资建设，阿拉善梦想沙漠汽车航空乐园基础设施日臻完善。目前，该乐园被认定为“国家体育旅游示范基地”创建单位。

三、案例成效

阿拉善英雄会自 2011 年首次在腾格里沙漠举办后，盛况吸引更多人关注。2011 年，阿拉善英雄会集结了来自全国各地的 4100 余辆车、11100 余人，带动当地接待游客 15960 人次，旅游营业额 1276.8 万元。

到 2016 年，来自奔驰、福特、丰田、哈弗等国际国内知名汽车商家，以及北极动力、米其林、统一石油、曼秀雷敦等汽车周边产品、户外用品、快销品厂商达到 110 家，其他行业参展商近 300 家，签订销售协议 20 多份，协议金额 30 多亿元，实现商贸销售额 15.7 亿元。2017 年，第 12 届阿拉善英雄会举办期间，入园车辆达 40 万台次，接待国内外游客 200 万人次，实现旅游收入 10.2 亿元。

每年中央电视台、《人民日报》、新华社、光明网、凤凰网、《内蒙古日报》、内蒙古广播电视台等数百家主流媒体争相报道。现在的阿拉善英雄会不仅有力地促进了该地文化旅游业持续快速发展，也在全国乃至世界有效提升了苍天圣地阿拉善的知名度和影响力。

四、案例启示

第一，借助了中国汽车行业发展的巨大浪潮，从英雄到大众，阿拉善英雄会是坐着汽车走进大众生活的。

第二，以汽车赛事活动为产品核心，在赛事组织和运营过程中，能够有效地区分赛事的专业性、参与性、趣味性，合理构建阿拉善英雄会的产品功能结构、外在感知，把汽车赛事变成英雄论剑。

第三，将赛事活动逐步与阿拉善当地文化进行有机融合，并最终将阿拉善作为英雄会的永久举办地，使得这一活动更具有地方标识性、地方发展性，为赛事活动注入非常难得的持续生命力。

第四，政府与企业密切配合，及时梳理阿拉善英雄会的战略定位、发展方向和模式，把一项赛事活动变成撬动地方旅游业发展、宣扬地方发展品牌的一个有效载体和广阔平台，值得深思和借鉴。

辽宁省

LIAONINGSHENG

15

中国旅游好案例
A GOOD CASE
OF TOURISM IN CHINA

大朝阳温泉

一、案例背景

在全世界所有的旅游休闲项目类型中，只有温泉这一种类型，能够真正把现代现实中的游客带到古代或仙境等“非现实情景”中去，因为不穿衣服的现代人和不穿衣服的古人是一样的，不穿衣服的凡人和不穿衣服的仙人是一样的，在温泉“不穿衣服”且“雾气朦胧”的情景中，情景是强势，游客是弱势，游客能被情景带入。这是温泉项目的一大本质。这一本质首先由日本大江户温泉物语发现并加以利用，创造了日本温泉后来居上的奇迹——江户时代，是日本最后的温情脉脉之“周制”小共同体时代，之后的明治维新，实际上是把日本人带入了铁血冷酷的“秦制”大共同体时代——军国主义时代，日本人骨子里最怀念的是温情脉脉的江户时代，而在所有的文化旅游项目中，只有大江户温泉物语能把现代日本人带回温情脉脉的江户时代，因此，大江户温泉物语得以成功。

可以把利用上述项目本质的温泉类型称为“汤温泉”。“汤温泉”是一种新型的准温泉类型，发源于日本，是一种科技的人工温泉。汤温泉（Pool Spa）与天然温泉（Natural Hot Spring）相对应，该技术主要用于城市内、近郊处等空间，以及设立在没有温泉的旅游地。

此种温泉类型在理念上挂靠天然温泉，尊温泉为师，但在地域上与天然温泉不发生冲突，在泉质上达到温泉标准，而且实现了一地多泉、符号密集、色彩斑斓、贴近生活、节省空间资源等优势，青出于蓝而胜于蓝，这些是天然温泉所不具备的发展优势。

极乐汤、虹之汤、大江户温泉物语等日系汤温泉比较出名，这些汤温泉以变种的形式都已在我国落户，主要出现在上海、武汉与沈阳。

锦州的医巫闾山十分著名，山林与宗教文化都是著名的旅游吸引物，而且拥有十分厚重的人文历史资源，物质与非物质文化遗产都十分丰富，但这一地区温泉资源比较少，沐浴文化还有很大的发展空间。

大朝阳温泉度假区距离锦州约100公里，位于县级市北镇市区西6.5公里处，北镇市城西国家森林公园门外，从度假区大门到森林公园大门的距离不足百米。

锦州北镇的大朝阳温泉度假区是我国第一个独创的汤温泉品牌，仅在概念上借鉴了日本汤温泉，而在内容上却实现了自我创新。

二、案例做法

（一）逼真·超真实：文化温泉

真实性是打造旅游吸引物所必须遵循的一个原则。大朝阳温泉度假区的前身是大朝阳山城酒店，其依托医巫闾山山林资源，特点是凭借辽西走廊丰富的历史文化遗产，在实行汤温泉改造之前已颇具文化底蕴和影响力。

随着汤温泉技术的应用，大朝阳温泉度假区向社会展示了一种新温泉类型——文化温泉，其已不同于汤温泉的符号温泉。文化温泉是让文化与温泉相融合、交相辉映的一种模式，是土著的地域文化与输入型温泉文化的有机结合，是把温泉“种在”文化中，因而也不同于普通温泉及其文化的模式，温泉文化是指文化“长在”温泉中。

（二）建筑风格与内涵文化的吻合

锦州北镇大朝阳温泉度假村，无论其外在所体现的建筑风格、装修品位，还是其内涵的文化内容，无不体现了自然、古朴、和谐、环保的特色。走进大朝阳温泉山城，观赏大自然巧夺天工的自然风光，呼吸着清甜的好空气，任耳畔传来阵阵松涛声，看满城的民俗物件及古玩收藏，那一处蓝天、一角飞檐、一点亭影、一缕梦境、一味佳肴，都会给人以世外桃源般的惬意！

（三）原生态养生和历史文化教育

大朝阳温泉依山而建，百亩黑油松林下，原生态特色温泉区别于普通室内温泉或者棚内温泉，沐浴山河风光，欣赏满目秀色，鸟语花香，绿荫小径，梦幻般的自然景观，一阵微风，松花纷纷落入池中，犹如王母瑶池，抑或是隆冬时节，头上雪花漫天飞舞，雾气氤氲，如入画境一般。以闾山原生态自然风光为基础，以大朝阳各类特色汤泉为基调，为养生之道奠定了坚实的基础，行业首创，独具特色。

大朝阳温泉山城是一座走廊式露天博物馆，由辽宁省文化厅批准的“北镇闾山民俗博物馆”于2011年6月正式挂牌成立，收藏近万件民俗老物件对社会开放，供游客鉴赏。山城院内甬路两侧，建有近百个文物橱窗，数千件从新石器时期至民国初期的闾山地区文化遗存和民俗文物，按历史各个时期分类陈列其中，一条街“漫步两里路，感悟五千年”，是人们游览山城之后由衷而发的惊叹！大朝阳温泉山城是一幅浓缩了闾山地区五千年历史文明的斑斓画卷。置身山城，仿佛历史长河的岁月更迭和文化变迁如一幕幕场景映入眼前，感叹华夏文明的博大精深。

三、案例成效

目前北镇闾山大朝阳温泉度假村发展成一家集生态、红色旅游观光、餐饮住宿、会议接待、温泉泡浴、禅修养生、民俗鉴赏、休闲度假于一身的国家4A级旅游景区。

投资不大的大朝阳温泉，因其高品质，改变了锦州旅游的空间格局和产品类型结构格局。

四、案例启示

（一）当地资本

在旅游开发中，历来存在外来资本与当地资本两种开发方式，日本著名的伊香堡温泉就是在当地资本的主导下开发的。而在我国招商引资的大环境下，如何利用当地资本开发，成了被市场与行政所忽视的方面。

当地资本对地文、地格熟悉，更注重生态保护，更具有责任心，再经过一定工作量的外出调研、考察，通过认真思考，便可以扬长避短，做踏踏实实保护生态资源的旅游开发。

（二）人文热爱

大朝阳温泉度假区的开发与经营者为辽宁金实集团，其先以农牧产品加工业为主体，后增加旅游文化与餐饮服务业，作为新的发展牵引动力，以杂粮食品精深加工为延伸，以养生、康复产业为拓展空间，形成了面向未来的多元化发展战略。

该公司负责人热爱并痴迷于对民间民俗文物的抢救与保护，支持书法、古琴、诗词、茶道、地方志编撰等文化与公益事业，其以文化经商，立足于自己出生并成长于斯的县级市地理与人文环境，以近求远，经心思考，由心发展，善于“微服私访”，远近结合地考察市场，既借鉴专家学者的意见，也独立思索，怀着一种文化忠诚与乡土热爱，引进汤温泉技术，发展出高质量的温泉旅游产品。

16

中国旅游好案例
A GOOD CASE
OF TOURISM IN CHINA

红海滩

一、案例背景

红海滩是一种视觉冲击，提示着此区域乃海陆的交汇区。在陆地有陆地的力量，如风吹陆地，可带起尘沙，侵蚀地貌，而在海洋，则有海洋的力量，风虽不能带起尘沙，却可以引起波浪，波浪对海岸带产生作用。海陆交互地带是特殊的生态区域，不仅具有成因多样的地形，也具有与陆地、海洋皆不一样的生态系统，这也是红海滩独特的魅力，生长着具有耐盐性的碱蓬草植物，就如在福建、广东沿海地区生长的红树林一样，呈现出特殊的色彩。

盘锦市大洼县的红海滩国家风景廊道，是国家 4A 级旅游景区，在资源类型上属于湿地生态旅游景区。红海滩国家风景廊道的湿地资源，在全球范围内都堪称保存最完好、规模最大，加之大面积的红海滩和芦苇荡，旅游资源组合度高，旅游发展前景广阔。

二、案例做法

（一）生态保护，自然开发

红海滩拥有全球保存得最完好、规模最大的湿地资源，始终在生态保护的前提下进行开发建设，红海滩码头、苇海观鹤、湿地公园及红海滩度假村等核心节点，实现了自然环境与人文景观的完美结合，充分贯彻了“自然、和谐、爱护生态环境”的发展原则。

（二）稻田画卷，稻艺文化

红海滩的大地景观给人留下深刻印象，尤其是稻田画。红海滩各种颜色的水稻勾勒出了一幅精彩的画卷。

红海滩的稻艺文化园以及配套形成的稻艺文化节，充分拉长了红海滩作为北方旅游区的旅游时间。

稻田画、稻艺文化园这样的创意农业，带动了红海滩乡村旅游的特色化发展。

（三）征集创意，着力营销

为宣传红海滩，引起更广泛的市场关注，征集民间好点子，红海滩景区管委会还面向社会开展征文活动，与省内高校联合，开展红海滩旅游纪念品创意大赛，这些活动都收到了良好的效果。

红海滩的旅游营销在节庆活动、智慧营销等方面也比较突出。

三、案例成效

自开业以来，红海滩景区的游客接待量不断增加，年接待量已达200余万人次。而且，红海滩风景区被纳入“东亚及澳大利亚涉禽迁徙航道保护区网络”，并已启动了申请加入“国际人与生物圈保护区网络”的工作。

四、案例启示

红海滩所在的盘锦市，对人与自然和谐发展的由衷重视，成就了红海滩。爱护生态环境、维护生态平衡、注重可持续发展，真正贯穿到红海滩旅游发展中。同时，文化创意植入自然生态，以及长抓不懈的旅游营销，也是红海滩成功的要素。

吉林省

JILINSHENG

17

中国旅游好案例
A GOOD CASE OF TOURISM IN CHINA

世界雕塑公园

一、案例背景

长春文化，对于东北地区乃至全国，是有着特殊意义的。长春世界雕塑公园就在这样的区域氛围中应运而生。在东北的三大城市中，若说沈阳体现了一种商业文化，哈尔滨有着受某种外来文化的影响，而长春就可谓是一种“国的文化”，其中有着某种“正统性”，因而在长春文化中，可品味出某种“正规”“正式”“厚重”“凝固性”等。

长春是座文化之城，其城市文化之内在，不是市井文化，不是历史文化，也不是面向未来的现代化文化和浪漫的艺术文化，而是某种厚重与庄重的特殊文化。

在各种文化中，有一种文化叫作庄重，落实到旅游区，要求占有一定的面积，空间占地体量相对较大，但不是那种资本之大，不是尽显消费主义的商业色彩，而是在内容上可体现国家某个方面的正能量。如对待艺术的态度，或者通过艺术来体现社会精神，以及以固形的建筑，间接地表现一种经济、政治、文化的稳定，传达着对待世界的一种态度。

长春世界雕塑公园，是一处位于长春市区，展现当代雕塑艺术的公园，占地近 100 公顷。

二、案例做法

（一）藏品丰富，风格包容

世界雕塑公园收藏展示的作品涵盖了全世界 214 个国家和地区的雕塑艺术品，其中的特色展区，专门陈列来自五大洲不同风格的艺术精品，艺术风格的包容度以及艺术水平的高度，堪称世界一流。园内有丰富的石雕、木雕等精美藏品以及马孔德艺术博物馆。全世界越来越多的雕塑艺术家希望自己的作品被陈列在世界雕塑公园内。

（二）城旅融合，深度发展

长春市世界雕塑公园的发展，不仅是中国雕塑艺术文化发展的重要阵地，更成为长春协力打造文化产业模式、提升城市文化品格的重要项目。在世界雕塑公园的发展中，凝聚了长春这座城市的文化精神，也获得了政府的大力支持和积极引导，从而让世界雕塑公园得以蓬勃发展。

（三）国际交流，专业发展

凭借其独特的雕塑文化艺术氛围和丰富的石雕、木雕等藏品，长春世界雕塑公园不仅提升了游客艺术修养与审美意识，更是激发了世界各地爱好收藏和雕刻的艺术家的积极参与。园内的马孔德艺术馆就是由一对中国夫妇在非洲 40 年，搜集并捐出的 12000 件非洲艺术品而建成，从而促进了中外雕塑家的交流与合作，提高了中国在世界雕塑艺术领域的知名度与影响力。

三、案例成效

长春市世界雕塑公园的发展成果，已经打出了中国的雕塑艺术产业品牌，而且发展与运营模式日趋成熟，正在接近顶级水平。可以说，长春市世界雕塑公园，正在创造中国雕塑艺术旅游新模式，在某种程度上，以雕塑艺术的形式，代表着国家所一直坚持的开放态度和国际化发展的决心。

四、案例启示

（一）创造未来文化遗产

世界雕塑公园结合城市文化主题，在传承和延续中国文化遗产基础上，与城市建设所蕴含的精神协同发展。长春世界雕塑公园在建设开发中，秉承昨日历史，用好如今精品，发挥主观能动性，满足国民需求，就可以创造出明天的文物、后天的遗产。通过努力扩展雕塑覆盖面，一个城市通过扩大其国际影响力，也可以代表国家向世界展示中国的精神与活力，创造未来的文化遗产。

（二）政府支持文化发展

文化既是一个产业，也是一种事业。

通过世界雕塑公园的案例可知，在政府积极正确引导和大力支持下，在广大艺术家的积极参与下，有强大的旅游市场的支撑，类似长春市世界雕塑公园的建设，就能促进中外雕塑家的交流与合作，提高一座城市的国际地位，并为国家形象的提升做出贡献。在这样的过程中，政府负有责任。

长白山

一、案例背景

全域旅游，虚易实难，做实全域旅游，虽难但必行。

中国多山，山地旅游，尤其是山地度假，要创新发展、深入发展、宏大发展，在全国已经进入了一个攻坚克难的时期。

地产资本进入旅游，如滚滚波涛。做好地产主要靠套利，做好旅游主要靠创新。创新型的套利，套利型的创新，是当下中国企业发展的不二法门。引到地产财团做旅游，引到套利型企业做创新，无论成败，都是新时代中国经济发展弥足珍贵的重要探索。

长白山拥有各种优质的旅游资源，且区位有特殊性。长白山旅游发展的实践，与上述三个背景相关。

二、案例做法

（一）管理体制改革的坎坷探索

保护区、旅游区的管理体制改革，在全国都是一个大难题，最难之处在于“触动利益”

和“依法依规”。全面深化改革的重点之一是打破部门利益，但目前大部分法律草案由政府部门起草，大部分规章、规定、规划由政府部门组织制定，很多部门都存在借法律、规章、规定、规划来谋取部门利益的情况，这是我国改革历史进程中不容回避的现实。

很多部门、很多限制，在保护区、旅游区都有利益，要改革保护区、旅游区的管理体制，就必然要触动利益乃至难以做到完全依法依规。

全国保护区、旅游区管理体制的通病是条块分割。针对此问题，长白山做了一定的探索，努力走向综合管理，改革长白山管委会，初步改变了原来的环保、林业、水利乃至军事多头管理的旧局面，进行统一协调、人事融合，初步形成了党政军共同发展旅游的“一盘棋”新局面，初步解决了长期困扰发展的条块“各管各的”“冲突频发”的问题。

然而，长白山管委会在管理体制改革上的探索是坎坷的，也是未竟的，系统化的改革并没有完成。

（二）旅游小镇发展的“三箭齐发”

长白山，早在国家相关部门提出特色小镇和全域旅游之前，就已经开始旅游小镇的积极探索，应该说，长白山的小镇、城镇与旅游景区的结合是比较好的。

在长白山，与旅游结合发展的小镇主要有三个：二道白河镇、东岗镇、漫江镇，可谓“三箭齐发”。

二道白河镇目前占地 15 平方千米，已有湿地花海公园、美人松公园、雕塑公园等，发展了城市绿道，已经具备了国际化、精致化、生活化的小镇品质。历史上二道白河镇是通向天池必经之路上的服务配套区，未来二道白河镇有可能发展成为一个城镇型度假中心、一座国际一流的度假城市。

东岗镇目前占地 12 平方千米，是长白山未来的大交通枢纽。现在已经有各种类型的房地产项目在东岗镇投入发展，并且，东岗镇正在通过人参文化、人参特色产业，申报国家特色小镇。

漫江镇目前占地 6 平方千米，面积虽略小，但自然条件和文化资源比二道白河镇和东岗镇有过之而无不及，有野生动植物、优质水等，奠定了高端休闲度假的发展基础。

（三）资本强势投资的成败两分

长白山，因万达集团的投资而愈加引人关注，应该说，万达投资长白山，是为了做地产，搞旅游休闲度假是“歪打正着”。2017 年，万达退出长白山，曾几何时，在万达的带动下，多家民企巨头齐聚长白山投资的“盛况”落下帷幕。

万达集团在长白山发展地产是不成功的，而其投资的旅游休闲度假项目可谓“成败两分”：

一方面，万达让天池退居其次，成为后台、背景，作为历史积淀，代之以发展国际度假区，天池成了休闲度假的配套；同时，万达打开了长白山的冬季，把寒冷作为一种资源来开发。长白山国际度假区的休闲活动，以冰雪为主，设置了很多种冰雪项目，花样、项目很多，从狗拉爬犁到现在的深度玩冰，还有冰雪温泉等，使传统旅游的淡季有了很多项目作支撑，实现了四季旅游、四季利用。

另一方面，万达在长白山的旅游休闲度假项目，在发展导向上存在问题，缺乏匠人精神，很少结合本土文化，并且建设和运营成本过高。

三、案例成效

长白山国际度假区，在整体上代表了中国山地度假的最高水平，并且改变了以天池为中心的长白山大众观光旅游旧格局，在中国旅游发展的新时代，在面积广大、位置特殊的长白山，开辟了一条新型旅游发展道路。

四、案例启示

长白山旅游，是一个说不尽的话题，应该说，长白山旅游发展优势的因素很多，但不利的因素也不少，有来自自然方面的、地缘政治方面的、国内区位方面的因素等。

长白山国际度假区给中国旅游的重要启示是：山地度假。

中国是一个多山之国。然而，多少名山，都按照传统方式发展大众观光旅游景区。其实，在发展休闲度假方面，山地是宝，平地是草，海拔1200米左右是最适合人类度假的高度，反而是海边不适合健康地度假人居；同时，山地适合将闲、养、玩融为一体，为度假功能提供休闲活动组合；此外，山地是人类文明的发源之地，中国人讲“归隐山林”，对山有先天的归属感。

国际上，欧洲的阿尔卑斯山、北美的落基山、南美的安第斯高原、非洲的乞力马扎罗山，都是度假胜地。

长白山国际度假区是全国最早，也是迄今为止最大的具有山地度假发展导向的旅游区。长白山，为其他山地旅游区的度假导向发展提供了一个参考。

黑龙江省

HEILONGJIANGSHENG

19
中国旅游好案例
A GOOD CASE OF TOURISM IN CHINA

冰雪大世界

一、案例背景

随着我国经济不断发展、旅游需求不断变化，冰雪旅游作为一颗新星，乘 2022 年冬奥会之势，正在成为中国旅游发展新的驱动力。

作为冰雪资源富集区域，黑龙江对旅游非常重视，黑龙江旅游、东北旅游对东北经济振兴意义重大。

中国哈尔滨冰雪大世界始创于 1999 年，是由哈尔滨市政府推出的冰雪文化、冰雪艺术、冰雪旅游等精品工程。

二、案例做法

（一）引冬：政府的智慧决策

一个地区、一座城市的旅游发展，若能年年引领冬季，那一定是优秀的，而在剩余的时间里，可以用来消化繁荣，总结休整，备战寒冬，通过产品研发，以求综合发展，以备再战隆冬，年年再创辉煌，这是哈尔滨冰雪大世界取得成功的重要逻辑。

务实而高调，以时间调配资源，这是哈尔滨在旅游发展战略上呈现的不一样的思考与思路。冰雪旅游引领冬季，夏季则以哈尔滨之夏发展消暑度假。这使哈尔滨这座城市的全年旅游做得如火如荼，夏不逊色，冬意更浓。

（二）外联内宣，表里兼修

自 1999 年起，哈尔滨冰雪大世界已坚持了 20 年。黑龙江省各地的气候在冬季大致是一样的，都很冷，但仍可分为三类：一类是东部与北部的降雪较多地区；二是有些城市近临江河；三是降雪一般但无江河，也有些湖泊（泡子）。

早在20世纪80年代，哈尔滨、齐齐哈尔、牡丹江、佳木斯等许多城市都在建设冰雕公园，向堆放的草木枝上泼水，以求寒冰作景，那样的景观不仅巨大，而且乳白欲滴，到处都是冰钟乳、冰石笋，但到最后，只有哈尔滨坚持下来。

哈尔滨市政府举全市之力，每年邀请瑞典、芬兰、加拿大等冰雪旅游发达的国家参与，组织滑雪、冰雕等冰雪旅游活动；同时在国内大力组织宣传。经过内外同时发力和长期的运营积累，哈尔滨客源市场水平的大幅提高，成为外省客源冬季看冰雪的第一站，成为国内独占鳌头的冰雪旅游集散地，竞争对象由省内发展到了省外，知名度也超越了吉林省与辽宁省。

（三）三个时间：当时、延时、全时

哈尔滨冰雪大世界，既是大型冰雪艺术精品工程，又是1999年哈尔滨市政府为迎接千年庆典开始举办的年度活动，2017年1月，第18届哈尔滨冰雪大世界（作为央视鸡年春晚分会场之一）迎接游客。

作为活动的哈尔滨冰雪大世界，塑造了三条时间线：一是举办时产生轰动效应的当时；二是过后的回味与发呆，那是消化欢乐的时间；三是涟漪性的全时传播时间过程。

三个时间有时是交织在一起的。有些人，即便不是专门去哈尔滨旅游，只因公私事情路过哈尔滨，如在冬季从哈尔滨太平国际机场转路上交通，当走出机场及乘坐大巴来到市里，也会感觉和看到灯火辉煌的冰雕镜像，也会把这一美好印象传播出去。还有，透过媒体的展示，体现传播的力量。黑龙江冰雪旅游在很多知名媒体节目和影视作品中出现，镜头往往首先聚焦哈尔滨冰雪大世界，形成了巨大的宣传效果。

充分体现三个时间的特点，是从第17届开始的，那一年的冰雪大世界实行一票制，不分早场、晚场。

（四）第四时间——网络在线

除了上文所述三个时间之外，第四个时间是网络时间，信息在网上的传播速度很快，网络时间是指所有人在哈尔滨冰雪大世界上花费的在线时间总和，以及可延伸到将相关信息作为谈资的讨论时间。

2014年第15届冰雪大世界的网络售票占售票总量的5%，而2016年第17届冰雪大世界的网络售票已经达到了售票总量的20%。在携程、驴妈妈、美团等各大电商的参与下，

冰雪大世界开展了各种各样的网络营销。

三、案例成效

2016年春节假期，哈尔滨冰雪大世界共接待游客24.97万人次，收入6754万元。哈尔滨冰雪大世界已经成为黑龙江乃至东北地区的旅游新名片。

四、案例启示

资源是天赐的，是一种先天条件，而旅游开发需要投入资金，更重要的是投入智慧、下功夫。哈尔滨冰雪大世界是一场已经持续20年的浴“雪”奋战，这么多年来，哈尔滨给冰雪赋予了文化娱乐的灵魂，也积累了冰雪资源的人脉、冰雕技术以及市场资源，并研发出适合冰雪的光电技术、营销手段等技术能力，在人力资源上，则注重在公共领域内人力资源的培养、引进与储备，做足人力准备。

哈尔滨冰雪大世界成为名片活动、名片项目，浴“雪”奋战了20年。现在正是中国冰雪旅游、冰雪产业、冰雪经济大发展的黄金时期，北方地区乃至全中国，要浴“雪”奋战，更进一步。

北国温泉

一、案例背景

黑龙江省大庆市是全国知名度很高的城市，地热资源十分丰富，原本以石油城市而著名，但通过钻探热井而一举成为温泉地区，进而通过积极努力并加快建设，以后发优势与“弯道超越”之胆识，率先成了全国第二个“中国温泉之乡”。然而，如何摆脱“洗澡”路径，超越“温泉治病”式的低附加值温泉旅游模式，是大庆市、黑龙江省乃至东北旅游界长期难以攻克的难题。

大庆北国温泉坐落在“中国温泉之乡”和“世界温泉养生基地”的黑龙江省大庆市林甸县，是黑龙江温泉旅游第一品牌。

二、案例做法

（一）寒地温泉初定位

北国温泉最先打出了“寒地温泉”概念，原本是想面向全国宣传寒地温泉的存在，因为黑龙江省原本几乎没有温泉资源，现在不仅有了，要深挖本地气候资源，而且还要利用其冰雪气候资源，对广大客源地特别是对南方省份产生吸引力，因而这一定位具有很重要的思想与营销意义。

在具体实践中很快发现，原本黑龙江省当地客人对寒冷气候习以为常，不足为奇，传统的洗浴基本上都在室内也说明了这一点，但在开业之初，鉴于国外及广东地区已开始了人为的室外温泉建设，北国温泉也较早地将温泉项目做到了室外，即使项目规模不是很大，却出乎预料地在开业的第一年冬季，赢得了广为热烈的市场欢迎与青睐。

无论是在实物上还是在概念上，确立寒地室外温泉都是一个创新，这个创新包括三点：一是以我之有，向无有地区做宣传；二是虽然你我都有，但我要抢先，抢先建设，抢先营销，花大力气做宣传；三是以我的习以为常，通常是被认为不好的条件，开发出适合当地的产品，成就自豪感，变不利为有利，就如把“猫冬”改为“闹冬”，诱发冬季在室外泡温泉的热情。正是在室外的基础上，发展出如今的集温泉养生、水上娱乐、休闲健身等功能于一身的设施、项目和服务体系。

在将南方室外温泉体系引入黑龙江的过程中，北国温泉在遮挡寒风等方面进行创新。在邻近主建筑的地方，利用夏季室外温泉的一部分，建设冬季室外温泉角，进而通过别墅建设等“蛙跳”式拓展分布，依托各类点状的如木屋、别墅建筑，使冬季的温泉露天泡浴拓展到整个室外温泉，使室外温泉体系更适合寒地气候。

（二）主题文化植入：北国温泉

北国温泉定位寒地温泉是建设初期的想法与做法，是一种经营策略，而在战略上，还是要进入较大尺度的内涵范畴，要给出具有立体意象性的文化概念。由寒地温泉到北国温泉，若说寒地还是一种气温，是一个季节，而北国就是一片地域，是全年，是地域之上所有的综合，因而北国概念比寒地更加包容，但在文字上还是那样生动，更加有魅力。“国”的魅力显然高于一个温度，而“北”这个字提示着方位，意味着掌控和不迷失。

进而将感悟养生文化的主题植入温泉旅游项目中，提倡休闲、健康生活理念，营造自然、休闲、健康的氛围。

在习惯于“来实惠”的黑龙江，北国温泉“玩文化”的做法，开始时被认为没有必要。然而，温泉旅游要摆脱初级模式，就一定要有文化情景。北国温泉在整体和细节上的文化主题植入，使这一综合性温泉养生休闲项目具有了灵魂和品位。

（三）消费功能延伸：关东街

北国温泉从泡汤开始，发展出温泉酒店、综合性温泉养生休闲区等功能空间，尤其是关东古街，给人留下深刻的印象。由文化脉络牵引出的温泉养生、水上娱乐、休闲健身、餐饮住宿、商务会务等消费功能，为北国温泉提供了很好的经营支撑。

人人追求健康长寿，渴望永恒，关东街的建设在意念上满足了这一点，通过生命穿越，感悟历史，再通过晚上观星，在某种意义上，与生活中长生不老的希望，或渴望子孙满堂不谋而合，实现了从自我意识走向他者性的温泉氛围。

（四）管理与资本的结合

北国温泉的管理团队，最初是从广州、珠海引进的，外部理念与当地人力资源相结合。能采用这一策略，与资本属性不无关系。进行温泉旅游开发，其开发资金有的来自房地产业，有的来自采矿业，以及来自医疗行业。开发资本的属性，也决定了对开发战略的思考。是解决市场的刚性所需，提供住房，获得暴利，还是销售药品、医疗器械，消除患者痛苦，改善其身心状况，抑或是一路追逐利润，游走于各行各业，而温泉行业是向市场提供快乐，可谓是一种广种薄收，集腋成裘。由高利润行业转向一个长远的事业，做幸福产业，以及进行股权改革，让员工拥有归属感、获得感，也是北国温泉得以成功的重要原因。

三、案例成效

2016 年，北国温泉接待游客约 40 万人次，实现旅游综合收入 5000 余万元，在黑龙江温泉旅游项目中非常突出。黑龙江人甚至产生了到北国温泉消费为荣、以请朋友到北国温泉消费为“有面子”的风尚，究其原因，就是因为北国温泉有文化、上档次。

四、案例启示

北国温泉给全国旅游的启示是既要“胆大”又要“心细”。

“胆大”指要敢于突破本地区固有的同类旅游项目发展模式，尤其要敢于引入其他地区同类旅游项目发展的成功经验。北国温泉对南方温泉项目做法的引进，在黑龙江是带有革命性的做法。

“心细”一方面指要认真悟出其他地区同类旅游项目发展的成功经验在本地的具体改良办法；另一方面，也指对本地市场细微心理的体悟。北国温泉拨开黑龙江人粗犷的面纱，捕捉到了本地市场对有文化、上档次的休闲项目的社交性心理需求。

雪乡

一、案例背景

林场、农场，甚至马场，这些场文化的背后，不仅与地广有关，还涉及人口密度，两者的结合造就了中国东北的最原始风景。在游牧和耕作之间，便是场文化，有些场略微偏向农业，如农场，而有些偏向游牧、偏向山林，如林场、牧场与马场。由草原、山林，到各种的场，再到工厂，以及各种“场”和“厂”的聚落，这便是东北的文化脉络。

双峰林场雪乡是全国知名度很高的旅游景区，雪量之大、雪色之白、黏度之高堪称中国之最。冰天雪地原本是恶劣气候环境的代名词，冰雪旅游却是在严寒中绽放的一束花。双峰林场雪乡不仅是在开发冰雪资源，更是巧打文化牌，把怀旧与创新结合，于创新中暗藏怀旧元素，给冰雪赋予创意文化的灵魂，将文化味十足的冰灯雪雕推向世界。

“乡”在中文里是指家乡，意味着亲切，而走出家乡，人们面对形形色色的工作关系无法抽身，因而乡情、乡愁是蕴藏在社会之中的巨大心理资源，当把这一资源与最佳视觉冲击的冰雪结合起来，便完成了向旅游资源的转化。故冰雪本身只是一种不完全的旅游资源，只有赋予其文化的意义才能够与社会产生共鸣，冰雪才能成为真正完整的旅游资源。

二、案例做法

（一）立体冬雪，与“他”逐个区分

冬季旅游在北方的特色都是寒冬、是雪，若能一地一特色，或者搞立体化，或者搞冬捕，或者挂靠冬奥会，总之要么抢先，要么挂靠事件，要么真的做大了，否则便是你有我也有、你先我后、喊喊口号、建建设施而已。

雪乡的做法是，一个特色区分一批竞争者，当先后几个特色都考虑进来时，自己也就具有了唯一性。即充分利用雪的自身特点和分区规划，积极建设各种娱乐设施，以玩雪为主的梦幻家园、以体验为主的影视基地、以赏雪为主的大峡谷、空中游雪乡、地上狗拉爬犁、遍地滑雪场等多种娱乐设施，成功吸引了来自世界各地的游客。

（二）窝窝民宿，盘活资源

原来的东北，是有窝窝文化的，倒不一定就是指食品的窝窝头，但在意境上也很类似，窝窝头也是窝窝文化的一部分，有点像看家护院的小狗窝。与窝窝相对，养猪则于猪圈，养牛马的地方则谓牲口棚，而到了内蒙古可能就是马栏。窝、圈、棚栏体现了我国北方的一种文化分异，既体现大小形状，也与内容的实用功能相关。

在冰天雪地，在林海雪原，若有一少雪或无风之地，如一个背风的小山沟沟，那便是窝窝，可以是山窝窝、洞窝窝，而农家为保温的低矮住房就是人类的窝窝。尽管外面异常寒冷，数九寒天，天寒地冻，风景也美，而赏景的空隙中，特别是到了傍晚以后，就要去窝窝中取暖，感受下人间温暖，这也是雪乡的魅力之一。

雪乡由于独一无二、原汁原味的雪资源，吸引了全国各地的游客，因此家庭旅馆的窝窝文化也受到了游客的青睐。住宿主要是大火炕，房间有独立卫生间、宽带、电视、卫浴等，有的家庭甚至还提供自助厨房、旅游咨询等服务，环境整洁舒适，游客可以体验农家乐的乐趣，家庭旅馆成为游客住宿的最佳首选。

进屋是窝，出门漫天雪，这是雪乡独具的嵌入结构的冬季旅游资源特点，已不同于哈

尔滨的冰雪大世界。如此还减少了新增建筑，保护了生态原貌，吸引了真正的人文旅游者。

（三）诱青春、抓粉丝

当下是青年，今后将变成中年，未来会是老年，因而抓住青春是一个长远大计，不是个只顾眼前利益的考虑。而且青年人的消费也是很冲动的，具有超前意识，只要当下兴趣到了，便可使然，这样做的结果是当下的收益也很不错。中老年市场很怀旧，也会有老人前来雪乡，但老人游雪乡多赶机会，或几人结伴同行，或随家人一起前来，开发老人市场需要慢慢培养。

雪乡的景观受到了越来越多的剧组青睐，电影《智取威虎山》、综艺节目《爸爸去哪儿》等多个栏目取景拍摄，通过电视等媒体的传播，吸引了越来越多的游客特别是粉丝市场、青春市场的关注。

三、案例成效

2016 年，双峰林场雪乡受到广泛关注，取得了良好的经济效益，在黑龙江冰雪旅游项目中非常突出，不仅限于省内，即便在东北地区的其他省份，雪乡这个名字也是不陌生的，许多高校的学生在寒假放弃了省亲机会，或是在校期间的最后一个寒假，尤其是来自南方各省的学生十分不愿意回家过年，而是前往雪乡体验。

四、案例启示

（一）勇抓机遇，突破发展模式

雪乡在蓬勃发展过程中，勇于抓住机遇，突破本地区固有的同类旅游项目发展模式，丰富旅游娱乐项目的多样性，带动当地经济发展、带领雪乡人民致富，对整个东北地区冰雪旅游产业的发展起到了积极的示范作用，在黑龙江省是革命性的举措。

（二）合理整合冰雪旅游资源

雪乡合理整合冰雪旅游资源，更好地发挥地域优势、探索经营新思路，保护独具特色的冰雪旅游资源，对我国冰雪运动的推广以及黑龙江省冰雪旅游品牌的提升起到了积极的宣传作用。

上海市

SHANGHAISHI

22
中国旅游好案例
A GOOD CASE OF TOURISM IN CHINA

新天地

一、案例背景

改革开放以来，我国的城市化进程突飞猛进。随着产业转移和新城区不断开发，遗留在老城区旧厂房、旧城单元的各项功能已难以满足城市发展需要。如何经济、高效地盘活这些旧区域并使其进入新的发展阶段，是很多城市在现代化进程中必须妥善处理的难题。

上海新天地以石库门地区旧建筑群为基础，通过独特的景观打造和精巧考究的空间布局，展现上海历史文化，集餐饮、娱乐、文化于一身，中西、新旧相协调，成为极具影响力的地区中心，并进一步发展为商业聚集区和新的旅游目的地。

二、案例做法

（一）螺蛳壳里做道场

新天地的核心发展模式是非常有创意地把旧工厂、旧里弄改造成“创意仓库”“创意工厂”，但上海也会把旧弄堂改造成商业旺区，变成寸土寸金且十分有品位之地，所谓“螺蛳壳里做道场”。

（二）怀旧梦中创高端

新天地广场既是一个房地产项目，又是一个旧建筑保护项目。在新天地广场开发时，斥巨资进行外观修复和内部改造，在保留、修复石库门建筑外观的同时，改造建筑内部设施，使这些建筑重新为现代社会服务。

在引入项目的选择上，新天地非常挑剔，绝不单纯追求入驻率，这确保了“新天地”有一个好品质的商业氛围和格调。尽管这里消费很贵，但这样的氛围和格调，让高端人群，尤其是海归情有独钟。老建筑带来的历史感和新生活形态里的品位相融，使新天地达到了很高的商业境界。

（三）文化魂边搞地产

在新天地周边开发的“翠湖天地”房地产项目，广告费投入之少，平均房价之高，吸引全国房地产业都想克隆新天地，但大都做不到。因为，上海新天地首先是中国文化地产的标本，然后才是中国商业地产的标杆。

三、案例成效

新天地已经和外滩、东方明珠电视塔一起，成为上海的形象标志，也是上海的城市中央休闲区。

四、案例启示

消极随意“焕然一新”，城市就会同质化；积极谋求“旧中创新”，城市才会现代。厘清这样的思路，就为城市旅游项目的成功奠定了坚实的基础。

古代城市，其实并没有多少诗情画意，严格的街、坊、巷，等级分明，那是皇权的城市；近代城市，伴随着工业化发展，狂飙猛进的、急风暴雨式的大拆大建，大高楼、大马路、大绿地、大广场，一切都追求大，那是汽车的城市。

现代和未来的城市，是什么样子呢？没有最终结论，大家还在探讨，也许就是以上海新天地为标杆的样子吧？那是生活的城市。

23
中国旅游好案例
A GOOD CASE
OF TOURISM IN CHINA

上海迪士尼

一、案例背景

国家发展改革委等 12 部委联合下发的《关于规范主题公园发展的若干意见》（发改社会〔2013〕439 号）明确提出了主题公园发展的总体要求，按照投资和占地规模等因素合理界定了范围。

上海迪士尼乐园，是中国内地首座迪士尼主题乐园，位于上海市浦东新区川沙新镇，于 2016 年 6 月 16 日开园，全园分为七大主题园区，并配套有上海迪士尼乐园酒店、玩具总动员酒店两座主题酒店，拥有许多全球首发游乐项目。

二、案例做法

（一）独一无二的设计创新

上海迪士尼乐园与其他世界各地传统迪士尼乐园的规划设计不同，在全园中央设计的大型花园，与米奇大街、奇想花园、探险岛、宝藏湾、明日世界、梦幻世界、玩具总动员一起，构成了“组团式”的空间设计，不同于迪士尼乐园传统的“枢纽式”空间设计。此外，在具体的设施项目方面也相对于其他迪士尼乐园做了增减和变化。这些创新使上海迪士尼形成了独特的风格，也让迪士尼粉丝耳目一新，力求一睹为快。

（二）丰富深刻的品牌文化

上海迪士尼主题公园是以卡通人物为基础的，而米奇是上海迪士尼的代表角色，可以说是它开创了迪士尼王国的一切。随着上海迪士尼主题公园的发展，园内鲜活的卡通人物也在成长，这是迪士尼历来的传统，是迪士尼长盛不衰的最大秘诀。

（三）对接本土的强势合作

“海尔迪士尼冰箱”（上海迪士尼与海尔家电合作开发）、“阿里迪士尼视界电视盒”（上海迪士尼与阿里巴巴联合推出）、“迪士尼红包贺岁金”（上海迪士尼与工商银行共同发售）等有趣的新产品和新服务已经上市，这些是将迪士尼的内容优势、品牌魅力与中国本土的领导企业携手创造出来的。

通过这样的优势嫁接，不但扩大传播了上海迪士尼，还延长了迪士尼产业链条，以粉丝的情感黏性为武器，在商业领域不断开疆扩土。

三、案例成效

上海迪士尼乐园为上海乃至华东旅游增加了重量级景区，在丰富华东旅游项目的同时，也形成了迪士尼主题公园的战略性突破，在很大程度上改变了中国主题公园的旅游格局。

2014 年 9 月，在建的上海迪士尼乐园的中心景点——奇幻童话城堡获得美国建筑师协会授予的“建筑实践技术大奖”。2016 年 6 月 16 日上海迪士尼开园，当月日均接待量约为 2.7 万人次。

四、案例启示

世界主题公园数英雄，迪士尼当之无愧是第一。

长久位居中国首富的王健林曾“豪言”：他的万达集团，到 2020 年，要超越迪士尼成为世界规模最大的旅游企业。很快，他又将超越时间提前到 2018 年。又很快，万达旅游项目出让、转让。

万达进入旅游领域，是借助资本强势强行进入，乱拳猛打，万达最希望的是把迪士尼的核心的现成一切一锅端过来，加上万达在中国的势力，瞬间超过百年迪士尼，它显然无法成功。

经济学家张维迎说：企业分为套利型企业和创新型企业，套利型企业成立之后会先火爆再跌落，创新型企业成立之后会先坎坷后崛起。

迪士尼的百年成功，是与它一贯精益求精，追求创新，矢志追求创造全世界最欢乐的地方分不开的。迪士尼公司初创的那些年，屡屡亏损，几度破产，华特 · 迪士尼脑海里想的，不是“拿下哪一块地”，而是“创造惊世传奇”。

我们的旅游企业，我们的社会环境，若还是唯才是举，若不真正鼓励艰苦创新的民族企业，我们永远无法望到迪士尼的项背。

“先挣它一个亿”确实是个小目标，准确地说是个渺小的目标，大目标是“做成一桩能让世界更美好的事业”。

中国旅游好案例
A GOOD CASE OF TOURISM IN CHINA

万和昊美艺术酒店

一、案例背景

“旅游 +”是受“互联网 +”启发，由专家建议，被原国家旅游局采纳的旅游与其他产业融合联动的理念。在原国家旅游局局长李金早提出的全域旅游要瞄准的“九大转变”目标中，有“从封闭的旅游自循环向开放的‘旅游 +’融合发展方式转变”。

在“旅游 +”之中，“旅游 + 文化”非常重要，尤以“旅游酒店 + 艺术收藏”“酒店 + 收藏”值得关注。在大都市上海的张江自贸园区，紧邻迪士尼乐园和新国际博览中心的地方，酒店投资人、著名收藏家郑好，将艺术收藏品“收而展之”，创造了万和昊美艺术酒店。

二、案例做法

（一）酒店艺术，融合互生

万和昊美艺术酒店，通过与美术馆、艺术项目的结合，在外观设计上以其高质量的建筑水平、独特的现代建筑风格同商务、时尚及当代艺术家的原创珍品零距离接触。

法国设计师尼埃尔、中国设计师高超一、日本设计师小川训央等一起进行酒店设计，让整个酒店本身就很有艺术性。同时，酒店内部空间放置很多位艺术大师的作品，公共空间展示了百余位艺术家的杰出作品；此外，酒店还留有开放的互动驻留空间，供未来的艺术家展示作品。

（二）以人为本，皆宜共赏

万和昊美艺术酒店以“舒适一日、艺术一天”的理念践行以人为本，为宾客提供既艺术化更个性化的服务，让艺术与宾客零距离，给宾客舒畅、享受的艺术体验。

万和昊美艺术酒店中的艺术作品，讲究对各类宾客欣赏眼光的协调，讲究无论男女老少，无论东西南北，无论政商刚柔之宾客，皆宜共赏。整个酒店没有让宾客感觉不舒服的艺术品。

酒店将艺术与美食融合起来，也是一种“以人为本”。大厨和艺术家一起研发、推出创新型的菜品，创造“舌尖上的艺术”。

三、案例成效

上海万和昊美艺术酒店，以“美术馆式艺术酒店”开辟出了一条线上、线下文化艺术综合体的发展道路，不但创造了一座好酒店，而且为跨国界的文化艺术交流和艺术教育构筑了一个高端平台。

四、案例启示

万和昊美艺术酒店的模式，可以称之为“馆店模式”，既是美术“馆”又是酒“店”。

在万和昊美艺术酒店之前，全国已经有了一批主题酒店，即明确某种主题，并将该主题渗透于酒店经营的各个空间和环节，既具有酒店的传统功能，又可作为新型旅游吸引物的酒店。

“馆店模式”的万和昊美艺术酒店，则不仅是有艺术、美术主题的酒店，而且本身就是艺术馆、美术馆，同时还是酒店。

同样，也可以有既是运动馆又是酒店的酒店、既是文化馆又是咖啡店的咖啡店、既是纪念馆又是商店的商店等。

“馆店模式”作为对主题旅游业态的升级，在中国旅游业转型升级以及贯彻“旅游 +”的层面，具有一定的现实意义。

江苏省

JIANGSUSHENG

牛首山

一、案例背景

历史进入 21 世纪以来，宗教旅游“供求两旺”，在我国旅游业中开始占据重要地位。南京牛首山景区依托其作为中国佛教名山的地位，紧跟旅游业发展形势，基于细节刻画塑造精致的旅游吸引物，大力发展宗教旅游，奠定了其在旅游业界的地位，为区域旅游业发展做出了应有的贡献。

二、案例做法

（一）全面缔造，精致刻画

牛首山遍设金碧辉煌的佛像雕塑、精美的壁画等，全方位营造殊胜美妙的宗教文化空间，构筑了一座展现历史与当代佛教文化的世界级艺术圣地，可使访客全面领略佛教艺术的丰富绚烂。在设计建造过程中，所有的细节都非常用心。流畅朗逸的图案纹理、精致细密的雕刻、绚丽奇妙的斑纹等各种独具匠心的艺术设计，可使访客获得极致的观感体验及美感震撼。

（二）摸门把脉，宝刀解牛

牛首山景区兼具佛教文化、郑和文化、江南文化，自然生态条件优越、旅游资源丰富、区位优势明显。在旅游发展中认真、客观地分析自身基础条件和市场环境，在充分迎合游客需求的基础上，把握宗教旅游核心资源，固守生态基底之本，将旅游资源与智慧创意结合，对景区发展进行了准确的定位：世界佛禅文化旅游胜地和国内一流的山地文化休闲度假胜地。

（三）五字真言，禅韵佛都

牛首山景区体现“圣、幻、雅、春、古”五大特色，以佛顶宫、天阙小镇、南唐二陵等板块为主体，配套开发宗教朝拜、佛学禅修体验、文化休闲度假、主题商街游憩购物、生态观光、南唐怀古六大亮点休闲体验内容，并通过菩提花落、般若文海等一系列细节营造浓郁的禅韵氛围，依托众多支撑项目多角度打造“金陵佛都”。游客可在景区内充分体会到禅的底蕴和佛的庄重，进而被其文化氛围所感染。

三、案例成效

接待游客以来，牛首山景区受到区域内游客的广泛关注，取得了游客满意度高、回头率高、口碑效应好的经营效果，游客接待量出现翻倍增长的现象，实现了较好的经济效益。另外，牛首山景区在文化及生态保护方面也有突出的贡献。

四、案例启示

（一）精致建设构筑艺术圣地

牛首山景区不仅重视佛教文化的展示，同时也全方位呈现了精致的建筑艺术及工艺美术。事实证明，游客在休闲游憩中具有欣赏艺术的强烈需求，精致的艺术可极大强化和提升游客的体验，进而增加旅游空间的休闲价值。

（二）精准定位赢得发展优势

牛首山景区依托资源条件进行精准定位，以“补天阙、修圣道、藏地宫、现双塔、兴佛寺、弘文化”为核心设计理念，围绕主题定位进行开展建设，其发展实践说明精准的定位能将景区的资源优势有效转化为发展优势。

（三）生态与文化相融促发展

牛首山景区全面保护其历史文化遗存，修复自然生态景观，确定了“天阙藏地宫，双塔出五禅”“一花五叶”的总体布局，由文化禅、自然禅、生活禅、生态禅、艺术禅五大片区组成，使其在生态胜景中体现文化特色，打造为一个既有环境，又有意境的禅文化休闲度假区。景区的发展实践反映出旅游开发中生态与文化相融的重要性。

（四）现代与传统相融促发展

牛首山景区在保护和传承佛教文化的基础上，突破传统建筑景观雷同性强、吸引力不突出的发展限制，创设了与传统佛教文化相融合、相关联的当代建筑艺术新景观，进而形成了新的旅游吸引力和发展优势。

中山陵

一、案例背景

文化和生态，是旅游发展的支柱。

然而，文化和生态，也正是我国在现代化、工业化过程中付出的沉重代价，如中华传统文化在国民心中的遗失，如全国很多地方频频出现的雾霾。

二、案例做法

（一）让好文化入得进魂

旅游区"让好文化入得进魂"。中山陵在三个工作要点上可圈可点：

一是突出特色的文化形式。位于南京市玄武区紫金山南麓的中山陵风景区，是孙中山先生的长眠之地，在建设中，既体现了中国传统建筑风格，又融汇了中国古代与西方建筑之精华。

二是丰厚品位的文化内涵。中山陵丰厚品位的文化内涵首先是与中山先生相关的历史文化；同时，景区利用游客中心、LED 屏和游线上的标牌以及旅游宣传品、网站等载体，弘扬博爱精神；此外，中山陵园管理局联合大专院校组织文明旅游特色志愿活动，设置文明旅游监督岗，组成流动“文明劝导员”队伍，提高旅游文明程度。

三是人本主义的文化实质。很多旅游区都做不到实践人本主义，都做不到以人为本，往往重在考虑景观，轻于考虑人。中山陵有一个人本主义的经典设计——台阶。中山陵的台阶设计既考虑到整个陵墓的总体布局及庄重、大气、肃穆的革命主题场景，又考虑到人走上去的生理体验，为游客着想，一段台阶连接一个平台，游客登一段台阶走一段平台，既舒适又肃穆，同时设计出一个独特的视觉效果：从下往上看只见台阶不见平台，寓意是革命道路的艰辛；从上往下看只见平台不见台阶，象征着伟人心胸的开阔。

（二）让好生态放得下心

相比于京津冀的雾霾“爆表”，南京尤其是中山陵地区的空气质量相对较好。中山陵结合智慧旅游，不仅设置智慧景区建设必备、常见的系统模块、数据库和信息服务体系，而且引入南京云创大数据科技股份有限公司，安装、使用、维护“PM2.5 云监测仪建设点”，对中山陵景区附近的空气质量进行监测，帮助游客实时感知空气环境。

南京云创大数据科技股份有限公司的 PM2.5 云监测平台通过建设多个无人值守的 PM2.5 监测站，运用光散射法，通过自带 GPS 定位功能的物联网节点电路板，每 15 秒采集一次 PM2.5 数据，自动上传到云端，动态跟踪、定位环境污染源及其污染过程，方便精细化监测和实时预警。中山陵景区附近的监测节点通过太阳能供电，并以悬挂在路灯杆上的形式进行了部署。游客可以通过“我的 PM2.5” App 查看南京空气质量以及中山陵景区附近的 PM2.5 指数，可以看出，中山陵风景区附近的空气长年处于 0 ～ 35 的优等空气范围。

三、案例成效

中山陵景区在一系列改革创新方案逐步实施之后，游客量得到大幅度提升。近 3 年来的调查显示，游客对景区的综合满意度均在 97% 以上，景区知名度和美誉度得到显著提高。

四、案例启示

中国旅游界，多年来有一些流传甚广的错误认识，如：“祖国山河美不美，全靠导游一张嘴”“旅游开发的秘诀：造谣 + 造庙”“打文化牌，打生态牌，打科技牌”等。旅游不需要野蛮人，旅游也不需要大忽悠。

无论是文化、生态、科技，在旅游发展中都可以做实，这是中山陵给我们的启示。

汤山温泉

一、案例背景

当前，旅游已逐渐成为国民生活中的一种必需消费，但在旅游消费结构上，国内休闲度假旅游仅占整个旅游业的 20%，远低于发达国家 50% 的水平。因此，休闲度假旅游产品开发是我国旅游供给侧结构性改革的重要内容之一。

江苏是旅游大省、旅游强省，无锡灵山、苏州太湖等老牌旅游区，已开始发展休闲度假。

二、案例做法

（一）做好环境

位于南京市江宁区的汤山温泉旅游度假区，是全国唯一获得欧洲、日本温泉水质国际双认证的温泉，历史上，曾作为皇家御用温泉，被南北朝萧梁时期皇帝封为“圣泉”，享有“千年圣汤，养生天堂”的美誉。

在好水质的基础上，汤山温泉着重做好环境保护，在山水泉林的自然基底上，打造出度假所需的品质环境。

（二）做水文章

汤山温泉可谓做足了水文章。

一是温泉。汤山温泉率先弘扬和倡导泡温泉文化，如泡温泉前先净身，按“五三三”法则泡温泉等，从根本上提升了汤山温泉旅游度假区的品质。2012 年 10 月，相关世界组织授予汤山温泉“世界著名温泉小镇”称号，并确定此地为“世界温泉论坛”永久会址。

二是水乐园。汤山温泉的欢乐水魔方水上乐园，抓住了孩子的心理，从而抓住了广大家庭客源市场。

三是复合型衍生。商业宜居板块、文化地质体验板块、生态环境保育板块、乡村温泉旅游板块，形成了汤山温泉的复合型发展格局。

三、案例成效

2008 年 1 月，汤山温泉度假区被国土资源部授予“中国温泉开发利用示范区”称号，同年 10 月被评为“中国十大温泉休闲基地”；2010 年 10 月，汤山温泉度假区被评为“中国最佳休闲温泉”；2011 年 11 月，汤山温泉度假区被评为“中国十大休闲胜地”，同年 12 月又被国土资源部评为“中国温泉之乡”；2014 年，汤山温泉度假区被评为“中国最佳休闲度假旅游目的地”；2015 年 10 月，汤山温泉度假区被遴选为首批国家级旅游度假区。成为全国 17 个国家级旅游度假区之一。

四、案例启示

（一）采取复合型发展模式

南京汤山温泉遵循复合型发展思路，争取了国家旅游度假区、国家文化产业园、国家化石遗址考古公园和国家地质公园等多个国家级品牌，从而成为集度假游乐、购物休闲、养生保健、会议会展于一身的高端城郊旅游度假区，有效满足了不同人群的休闲度假需求，为度假区的持续良性经营奠定了基础。

（二）实行一站式游客服务

旅游度假区属于一个独立的旅游目的地，应一站式满足游客的各类需求，南京汤山温泉旅游度假区融食、住、行、游、购、娱为一体，成为一站式游客服务接待的典范。

28
中国旅游好案例
A GOOD CASE
OF TOURISM IN CHINA

金陵饭店

一、案例背景

近年，宏观经济形势严峻，酒店业发展承受巨大压力。新增五星级酒店及更多国际知名酒店品牌的进入对传统五星级酒店造成客源分流，而酒店运营成本费用仍呈上升态势。五星级酒店，尤其是国有五星级酒店如何发展——南京金陵饭店值得关注。

二、案例做法

（一）以专业人才支撑企业发展

国有旅游企业的成功，首要都是靠人。金陵饭店凝聚、关爱、激励、成就每一位职工，实施人才强企战略，科学地建立了人力资源机制，并站在每一位职工的角度，为其设计合适的职业规划。通过系列性举措，形成了以发展汇聚人才、以人才推动发展的良性循环。

（二）塑造了“金陵生活风尚”

金陵饭店创新产品内涵，深耕服务细节，致力于打造“金陵生活风尚”。投入巨资改造客房、餐厅、公共区域、设备、IT 系统等，融入中国传统文化和企业文化，同时，通过不间断的服务创新、硬件改造，长期保持人性化、亲情化、精细化的恒定形象，保持舒适、高雅、温馨、便捷的恒定酒店空间氛围，将为酒店客人提供的超值服务提升到一种独特生活风尚的高度。

（三）全面应用新一代信息技术

金陵饭店应用新一代信息技术建立起贯通酒店经营全流程的 IT 系统集成，开发了拥有自主知识产权的酒店中央预订系统，在信息科技应用于酒店领域方面，是先行者。

三、案例成效

金陵饭店引领了酒店行业的服务及消费风尚，赢得了顾客的广泛好评及酒店自身的竞争优势，获得业内外广泛的肯定和好评，先后荣膺星光奖“中国最佳酒店管理集团”、金马奖“最受消费者欢迎中国民族品牌酒店集团”“五星钻石奖”“中国最具品牌文化价值酒店管理公司”，艾里缇斯奖“中国最具影响力酒店品牌”等。

四、案例启示

南京金陵饭店，通过全面学习，自我完善，追求卓越，使酒店经营管理得以不断提升，开始创造民族酒店品牌，并不断扩大规模。

金陵饭店的成功，走的是一条民族酒店自主创造的道路。

灵山

一、案例背景

文化园区，是旅游区中比较难、风险较大的项目类型。很多这类项目都是打着旅游的旗号，搞房地产业。中国文化旅游，要从套名套利套政策走向创意创新创品质，这条路迟早要走通，一定要走通。

无论是自然旅游区还是文化旅游区，都存在如何做精、做优的问题，需要工匠精神。

二、案例做法

（一）无中生有，有中生好

1997年，灵山开始实施一系列重大文化工程，先后打造了灵山大佛、灵山梵宫、五印坛城、天下第一掌等文化旅游吸引物，其中，灵山大佛是在空旷山地上建造起来的让游人震撼的巨型佛像，奠定了“当代经典，未来遗产”的文化旅游产品发展格局。

在初步形成一定影响力后，灵山继续精益求精，2008年，一座集文化、艺术、旅游、会议等功能于一身的灵山梵宫正式建成并开门迎客，向游客提供优质化、特色化文化旅游服务。灵山梵宫廊厅中的大型佛教艺术作品——系列油画、梵宫穹顶装饰画天象图等奇特的传世之作铸就了其难以被超越的文化特性，奠定了强大的文化旅游发展后劲。

（二）打造独具特色的禅意文化

灵山以禅意文化为核心理念，特别是在灵山精舍的创新与品牌运营中表现更为突出，通过禅房、清心室、茶室的设置，以及一桌一椅、一门一窗的精心设计，工作人员灰色棉麻僧袍的统一穿戴，竹林及粉墙黛瓦等环境氛围的精心营造，以及功能布局的合理安排，形成宁静祥和、古朴淡雅、意趣无穷、极具体验价值的住宿空间，极大提升了其服务附加值，将禅意文化应用于细致入微、始终如一的待客之道中，在独具特色的酒店经营中彰显自己的个性，创造了使顾客流连忘返的住宿服务艺术。

（三）精巧营造养心度假空间

灵山小镇的建设充分体现了于细微处见功夫。即使一个简单的篱笆，也通过43道工序精工细作，致力于做出空灵的禅意，体现有韵律的艺术美感。即使最不起眼的苔藓，也经过从生态极好山区的严格挑选及专业团队的精心呵护，确保其能大面积成活，并使其体现空灵、随性的感觉。一个小小的茅草屋顶，由18家专业机构，使用最为原生的优质材料，经13个月的时间打造而成。一片瓦、一丛苔藓、一堵土墙、一块石头、一排竹篱笆、一个茅草屋顶等都注重自然禅意的营造。在景观打造上，对每一棵绿树、每一处砂石都进行巧妙利用，使其体现“枯山水庭院”意象等。在此基础上，以“主题商业街＋主题度假＋论坛会议＋生态湿地”的方式，将传统“禅文化”与休闲度假相融合，充分迎合了现代人对休闲化、时尚化、生态化生活方式的追求。

三、案例成效

无锡灵山旅游发展做到了差异化、优质化，塑造了一个文化特色彰显、生态环境优美、功能业态齐全的世界级禅意旅游度假目的地，在旅游市场上形成轰动性的影响力，连年名列江苏省景区游客接待量和实现旅游综合收入的前茅，已成为无锡、江苏乃至全国的一张重要的旅游名片。

无锡灵山不但是国家5A级旅游景区，而且被确定为世界佛教论坛永久会址，获得很多荣誉。

四、案例启示

无锡灵山，是中国旅游工匠精神的代表，文化园区类型的旅游区尤其需要工匠精神。

2015年，全国旅游投资总额超过1万亿元。但与旅游发达国家相比，一个问题越来越突出，就是如何从粗放低效到精细高效，这也是旅游供给侧改革的关键。

无锡灵山文化旅游集团不盲目扩张投资项目，在投资战略上持收敛的态度，对旅游地产也“后知后觉”，专注旅游区的做精做细，提高竞争力。

旅游工匠精神，首要在于产品。无锡灵山第五期工程做禅意小镇过程中，吴国平董事长提出要种青苔，禅意小镇没有青苔就没有禅意，工人说，我们种树、种草、种花都行，就是不会种青苔，他和工人一起试验五次，把青苔种出来；再如竹篱笆，似乎很简单，江南到处是竹子，无锡灵山在全世界招标，形成了70多个方案，最后请日本的工匠来现场制作，中国工匠跟着学，真正做到精细。

旅游工匠精神，根本在于人才。如果要评选“中国旅游好工匠”的话，在旅游区开发经营这个领域，无锡灵山文化旅游集团人才梯队中的很多工作者都有望入选。他们兢兢业业地做好本职工作，精于职业，精于事业，乃至抱着“一个人、一辈子、一件事”的决心。

无锡灵山，是在用行为和成功来倡导旅游工匠精神。

30
中国旅游好案例
A GOOD CASE
OF TOURISM IN CHINA

荷兰花海

一、案例背景

荷兰花海是大丰统筹城乡发展的重点工程之一。围绕“聚民资、靠民力、为民生”这些核心内容，花海以田园、河网、建筑、风车、花海为元素，打造出具有荷兰风情的旅游休闲花园，并成功跻身国家4A级旅游景区。本项目的成功发展，前期专业的项目规划功不可没。规划的核心理念是围绕荷兰名花郁金香，彰显异域风情，做足花卉文章，延伸花卉产业。在荷兰花海带动及帮助下，周边村组积极开展水体综合整治、村庄绿化造林等乡村环境提升工程，并建成花卉苗木基地、时蔬瓜果采摘园等，全面融入旅游元素，协同发展乡村旅游。由此，旅游产业发展与美丽乡村建设相互促进，相得益彰。

二、案例做法

（一）深挖历史渊源，凝练鲜明主题

荷兰花海深度挖掘100年前民族实业家张謇聘请荷兰著名水利专家特莱克来丰“兴修水利、废灶兴垦”的历史渊源，做深、做厚文化底蕴。在不改变原有地貌特征的基础上，整合“湿地、田园、河网、湖泊”等生态景观，融入“木屋、风车、花海”等荷兰文化元素，围绕“地上长花、湖中生花、树上开花”的整体格局，形成种植郁金香近300个品种、3000多万株的“中国郁金香第一花海”，成为国内外媒体争相报道的热点。荷兰花海先后被央视报道17次，被誉为中国“最美花园”。

在挖掘文化底蕴的基础上，景区深入开展中荷交流，搭建与荷兰之间的合作。荷兰花海郁金香成功销售到荷兰驻上海总领事馆，荷兰国王和首相见证荷兰花海的发展，荷兰两任驻华大使先后应邀参加花海旅游活动，大丰与南荷兰省签订战略合作协议，合作范

畴扩大到了经贸领域。多年来，共引进外籍专业人才 8 名，外籍种球研培专家尼可获评“情动江苏”杰出国际友人；荷兰外籍顾问宝贺深获评省政府涉外最高奖项——“江苏友谊奖”。2016 年，邀请国际雕塑大师吴为山为特莱克塑像，荷兰大使为雕塑揭幕。2017 年，张謇、特莱克家族代表在荷兰花海重逢，两个家族的百年情缘得到延续，中荷友谊进一步升华。

（二）坚持规划引领，打造核心载体

围绕高起点规划、高标准建设，邀请上海同济规划设计院和日本贝思集团，对景区进行系统规划，形成郁金香花园和荷兰风情主题特色。按照“旅游与新型城镇化相结合、旅游与医养融合项目相结合、旅游与文化产业相结合”的推进思路，建成圣劳伦斯文化中心、荷兰花市、荷兰风情街、艺术中心、婚纱影视基地、小镇客厅、木屐广场、花海云、海德魔法世界等项目。正在加快推进总投资额 50 多亿元的“《只有爱》戏剧幻城”沉浸式演艺、金丝楠木艺术馆、凡高印象城、温泉度假村、巧克力坊、羊角村休闲度假区、荷兰微缩景观、城市森林公园等旅游功能配套项目。开通城际公交旅游专线，建成生态停车场 3 个，票务中心、游客中心、诉调中心、3A 级旅游厕所、智慧旅游服务系统等功能不断完善，规范景区导览标识系统，全方位、多角度满足游客需求。

（三）精致景区管理，提升发展水平

与携程、同程、阿里巴巴等平台合作，利用云计算、物联网等大数据技术，通过平台共建、理念创新、设备创新，掌握旅游资源、游客来源、消费点等信息，为景区精准营销提供数据支撑。紧扣“旅游、婚庆、花卉”等产业，发挥 3000 亩荷兰风情外景基地、华东地区面积最大婚纱摄影基地优势，辐射周边近 1000 家影楼，举办教堂婚礼、草坪婚礼，配套婚宴中心、月子会所等设施，打造年产值超亿元的婚庆产业。精心培植郁金香、玫瑰、荷花、百合等花卉品种，打造以“花”为主题的商业生态圈，不断丰富业态布局，在肯德基、喆啡酒店、幸福蓝海影院、羊角村餐厅等知名品牌入驻的基础上，招引希尔顿、星巴克、必胜客等国际知名餐饮、酒店品牌。不断延伸花卉产业和文化链条，申报国家重点花文化基地；连续五年冠名组织全国性花卉摄影大赛，景区被中国摄影家协会授予“全国摄影创作基地”。以花为媒，打响郁金香文化月、郁金香音乐节和百合花文化月等品牌，举办交响音乐会、集体婚礼盛典、覆盖华东地区高校的大学生音乐节、“不朽的凡高”感映艺术大展等多种活动，打造花卉文化、婚庆文化、音乐文化。

三、案例成效

以荷兰花海为平台，通过智力富民、劳力富民、助力富民的方式，创新做好富民增收文章。以农业供给侧结构性改革为基石，以景区为载体，辐射带动发展花卉苗木产业带和储绿基地，推进四季采摘、观光体验等休闲农业。荷兰花海的富民经验受到广泛关注，被央视《新闻联播》头条报道。荷兰花海的产业特色和差异结构凸显出花卉种植、赏花旅游、花木销售的磁场聚集效应，在建好郁金香种球研培基地的基础上引导建立花卉苗木合作社，发动农民参与育苗、供货、销售花卉和郁金香种球研培，全镇400多名农户直接在小镇参与花卉种植和管护，小镇同时提供卫生保洁、安全保卫等公益岗位200多个，周边从事餐饮住宿等三产服务人员超500人，带动周边8个村、3000多户农户致富，户均增收6000元。

四、案例启示

江苏省盐城大丰的荷兰花海是一篇充满创意的旅游之作。它的创意灵感来自1919年的一段历史。荷兰花海坚持从扩大开放，策应“一带一路”等视野讲述典故，赋予历史故事新的时代意义，增强景区的历史厚重感。他们还与荷兰最大的郁金香花园库肯霍夫花园合作，研究如何使荷兰文化元素在中国落地生根。景区现有的风车、木屋、郁金香等景观构成，都是荷兰文化的代表元素。荷兰花海着力讲述荷兰与大丰的渊源、花海与荷兰的合作，在全面宣传荷兰文化的同时，展示了自身开放包容的城市特点。充分挖掘花卉所蕴含的精神文化，衍生出婚庆文化、养生文化、爱情文化。概括来说就是：传承历史文化，讲好动人故事，做足风情特色，打造一流景区。

句容茅山

一、案例背景

茅山位于江苏省句容市，原名句曲山，又名地肺山，以洞天福地而闻名天下。迄今已有 2000 余年历史，因西汉陕西咸阳茅氏三位兄弟——茅盈、茅固、茅衷在此修炼，并经常采药救人，为周边百姓做了很多善事，在三人得道升仙后，百姓为纪念三人的功德，故把句曲山改名为三茅山，简称茅山。茅山是道教上清派发源地，也是上清派宗坛，有“秦汉神仙府，梁唐宰相家”的美誉。

茅山自古就有“九峰、十九泉、二十六洞、二十八池”之美景，有道家“第一福地、第八洞天”之称，在东南亚地区享有盛名。大茅峰，是茅山主峰，位于积金峰南，海拔 372.5 米。登临其巅，东望太湖，云水苍茫；西观赤山，烟雾缥缈。元代诗人僧惟则在《登大茅峰》一诗中写道：“白云剪作瑶台雪，寒旭蒸开玉洞花。山北山南看更好，炊烟朵朵是仙家。”茅山是国际最佳休闲养生基地、中国道教养生文化体验区、中国著名道教圣地、全国十大道教名山之一、全国六大山地抗日根据地之一、全国爱国主义教育示范基地、全国百家红色旅游经典景区等。茅山既是道教圣地，又是红色革命圣地，还是养生圣地，是自然景观、人文景观、森林景观、革命历史景观融为一体的福宝圣地。

二、案例做法

（一）树立精品意识，打造茅山旅游品牌 IP

茅山景区是国内道教圣地，是全国红色旅游精品景区。在长期发展过程中存在诸多制约发展的因素。句容市委、市政府高度重视茅山景区的发展，从理顺体制、完善规划和项目建设等方面着手，把茅山作为全市经济支柱产业加以培育和发展，给予茅山旅游业发展史无前例的帮助与支持。2017 年 12 月，与深圳华侨城旅投集团合作，共同开发茅山景区，通过华侨城集团“旅游 + 互联网 + 金融”全新战略模式，以资源带产品、以产品带产业、以产业带生态，快速与市场需求相结合，提升茅山景区综合竞争力，实现社会效益、经济效益和环境效益的“三赢”，开启茅山旅游新篇章。

1. 创新体制，转型机制，确立旅游发展规划战略

句容市委、市政府高度重视旅游，注重发挥旅游经济在全市经济中的“龙头”地位和拉动作用，坚持以茅山风景区为核心的南部旅游板块——“五大板块”城市发展理念发展。

2. 加强投入、夯实投入，改善旅游游览配套环境

改善景区各项配套服务设施、改造老景区，建设新景点，通过强有力的资金投入，历史性地改变了茅山旅游环境。

十年来，根据游客日益提高的新需求，景区开展了有史以来规模最大的环境综合整治提升工程。集镇区域，投入 1 亿元，整体搬迁了核心景区内的红庙自然村，拆迁与整理保护区内部分村庄，改善景区环境；投入 1 亿元，建成了国内一流的游客服务中心，建成了占地 2500 平方米的大型生态停车场、道教文化广场和总入口休闲广场；投入 800 万元，统一整改了九霄宫、元符宫等 9 个景点入口集散地；投入 2000 万元，完成了“非常道”登山步道、九霄宫、喜客泉等景点综合配套和生态修复工程，完成核心景区 6000 米盘山公路加固与防护设施完善工程。

3. 规范管理，温馨服务，促进旅游产业和谐发展

实施数字化景区工程，以数字化再造服务流程设计制作完成景区票务管理软件，实行电子化门票，规范景区票务流程，制作中、英、日、韩文的数字化景区门户网站，开通了电子商务，提供网上订票、购买旅游纪念品、预订住宿、餐饮等服务。建立起与游客互动的信息和虚拟游览平台。同时，景区制定了旅游投诉及救助等一系列管理办法及机制，24 小时开通旅游投诉电话，配置了应急救援车，设立了 2 个医疗救助站，实时监控系统，与消费、安监等部门联合定期进行应急救援工作的演练，全面打造数字化和谐景区。

（二）凸显资源优势，深度挖掘茅山文化内涵

近几年，从宗教文化入手，不断整合道教养生文化、道教古建筑文化、道教符文化、道教绘画文化等文化旅游资源，在旅游发展中，挖掘文化内涵，体现文化元素，使茅山旅游产品结构不断优化，旅游产品品质不断提高。采用的大理石与防腐木结合、道文化与

国际标准融合之作的标牌标识，在国内旅游界为创新之作。2010 年年初，茅山荣膺由国际产业协会授予的“国际最佳休闲养生基地”殊荣，同年 6 月，景区又荣获国家生态镇称号，景区得天独厚的生态自然环境，神奇的道教养生文化等优势资源已享誉国际市场。同时，突出茅山宗教休闲养生文化的独特性和唯一性，规划打造国际级休闲养生基地，建设多种具有茅山特色的配套旅游项目：投资 1.5 亿元，建设楚王涧景区、崇禧万寿宫、周易研究中心以及红庙村片区改造，打造中国道教养生谷，复建景区二茅峰德祐观、三茅峰仁祐观，打造江南最大道教建筑群。

（三）扩展发展思路，全方位促进茅山旅游转型升级

茅山旅游的跨越发展，为景区带来了前所未有的机遇与挑战。为此，景区专门成立了三产公司，加强了商品经营人员及购物场所的管理，做到集中管理，文明经营，开发具有本地特色的旅游纪念品，在景区各景点设置专柜，大力促进景区旅游产业链产销，促进门票经济向多元化产销过渡。提升旅游经济综合带动力，为本地社会就业提供更多机会，带动餐饮业、旅游纪念品等产业共同发展，近十年的发展，为茅山旅游跨越发展留下了浓墨重彩的一笔，光芒闪烁。

三、案例成效

茅山风景区已得到社会各界的广泛认可，品牌影响力突出。在休闲养生方面，其荣获“国际最佳休闲养生基地”“中国生态养生旅游目的地”“百佳提名”等称号，已形成“福地茅山、养生天堂”的鲜明形象；在文化旅游方面，其已获得“江苏省优秀博物馆”“全国爱国主义教育示范基地”“全国红色旅游经典景区”“全国重点纪念馆”“全国文明单位”等荣誉称号。

四、案例启示

（一）充分发挥市场决定性作用和更好发挥政府作用的关系

要进一步解放思想，推进景区体制改革，发挥政府在规划引导、政策支持、市场监督、法制保障等方面的积极作用。

（二）整合资源，多元化发展

随着市场需求的变化，旅游产品也在不断更新换代。茅山景区充分发挥资源优势，与国内最大旅游企业深圳华侨城无缝对接，以资源带产品、以产品带产业、以产业带生态，快速与市场需求相结合，快速提升景区的综合竞争力。

（三）从观光型向休闲型转变

游客不仅需要更优质的资源，而且需要更优质的产品，要打造爆款产品、增加景区亮点，从而增加景区营收。

（四）从单一化向综合型转变

未来的产品将会一直变化，而且客户的需求也会跟着变化。升级旅游产品，将单一化转向综合型。提高游客的参与性和互动性，增加游客的停留时间。

（五）做好品牌营销

“酒香也怕巷子深”，开拓营销渠道，形成以品牌为王、渠道为王的观点，“私人定制”成品质旅游新风尚，着力打造茅山金牌景区。

（六）“美丽中国·景区行动”

党的十九大报告指出，把人民对美好生活的向往作为全党的奋斗目标，为贯彻中央经济工作会议和《政府工作报告》精神，国家有关部委就完善国有景区门票价格提出指导意见，旅游是人民美好生活的重要组成部分，旅游业在美丽中国建设中肩负重要责任。随着文化和旅游的日益融合，旅游产业不断升级，旅游景区行业加速构建新动能，释放内在潜力。党的十九大三中全会提出深化党和国家机构改革组建文化和旅游部，为加强党对旅游工作的全面领导，进一步推进旅游治理体系和治理能力现代化奠定了坚实基础。以此次机构改革为契机，不断总结政府旅游治理的经验和教训，通过顶层设计和组织实施，一定能形成我国旅游整体治理的新格局。首先，践行美丽中国发展，服务人民美好生活需求。其次，提升景区管理水平，推动景区全面升级。最后，加入“美丽中国·景区行动”，共创美丽中国，共享美好生活。

浙江省

ZHEJIANGSHENG

千岛湖

一、案例背景

浙江省杭州市淳安县的千岛湖（新安江水库），是世界上岛屿最多的湖，也是长江三角洲地区难得的休闲度假之地。千岛湖，经济区位、旅游区位上佳，水质优异，被誉为“天下第一秀水”，且旅游发展起步较早，从大众观光到休闲度假，千岛湖的旅游发展，也是江浙沪旅游需求的投影。

二、案例做法

（一）“湖区 +”助推全域旅游

借助景区在客源市场上的品牌优势，通过整合县域旅游资源，陆续推出“湖区 + 乡村景点”“湖区 + 民宿”“湖区 + 红色旅游”等系列产品。围绕千岛湖世界级水源地的生态环境和资源品质，做大做优湖区品牌，以湖畔休闲为核心，以转型升级、提质增效为主线，完善基础设施和服务体系建设，明确以旅游业为主导产业的核心地位，以“湖区 +”带动全域旅游发展。

（二）特色休闲产品带动景区发展

以湖为文章，千岛湖在开发高端度假市场、发挥高星级酒店集群优势、整合乡村民宿，吸引游客康养休闲的同时，以优异的生态环境和优质水资源为核心，大力开发特色休闲产品，增强游客休闲体验。千岛湖目前已经形成了完备的绿道体系，绿道主线临湖率达 55%，充分串联多处旅游资源，形成“景观相连，景随步异”的饱满格局，并承接骑游大会、山地自行车赛、山地自行车爬坡赛等国内外的自行车赛事，推出林中漫步、索桥溜素、绿道骑行等特色休闲产品，形成千岛湖度假的新卖点。

三、案例成效

经过多年的跨越式发展，千岛湖品牌日益响亮，相继获得了首批全国重点风景名胜区、国家5A级旅游景区、全国青年文明号景区、中国十大魅力休闲旅游湖泊、中国最佳自然生态魅力名镇、国际花园城市、中国旅游强县等诸多荣誉。千岛湖高端度假产品日益丰富，正朝着国际旅游休闲度假胜地迈进。

四、案例启示

湖泊旅游的发展要重视休闲体系的构建，注重湖上休闲、滨湖度假与环湖旅游、乡村旅游之间的整合，大力做好湖泊旅游“青山秀水”这篇大文章，紧抓湖泊资源这一天然优势，围绕水域，尤其是大力发展滨湖休闲度假、环湖生态旅游、康养运动体验等特色产品，在节约型发展的基础上，注重生态保护，以增量拉动存量，以高端拉动中低端。

乌镇

一、案例背景

乌镇，位于浙江省嘉兴的桐乡市，地处江浙沪“金三角”之地、杭嘉湖平原腹地，距杭州、苏州均为80千米，距上海140千米。全镇辖13个社区居委会和18个行政村。乌镇是典型的江南水乡古镇，有着6000余年悠久历史，1991年被评为浙江省历史文化名城。

二、案例做法

（一）系统开发，统一管理

乌镇模式的系统开发主要体现为“公司 + 居民 + 游客”的系统解决方案，谋求不同利益主体诉求的共赢，改造古镇旅游资源，创新古镇旅游产品。

在开发中，乌镇全资买断所有原商铺和住家的房屋产权，解决了古城古镇古村类旅游资源开发利用的产权问题。在功能上，融合住宿、会议、餐饮、娱乐等多元化产品，实现复合式经营；在管理上，实施统一化管理，管理和开发只由当地公司独家全权运作，政府与外部集团不予干预，仅按股份获得相应利润，避免传统古村古镇开发模式中的纠纷。

（二）定位高端，精品休闲

乌镇西栅和其后发展的乌村，市场定位是长三角地区及一线城市的高端客源，包括高端休闲散客和商务客。开发中，在基建改造、外部整治、内部改造、功能、社区配套等方面对古镇进行“脱胎换骨”的重塑。改造后，乌镇的所有客房都达到了三星级以上酒店硬件的标准，部分会所达到了五星级酒店硬件的标准，更有国际化精品标准的商务会所，使得乌镇兼具观光游客期望的优美景观和度假游客期望的生活条件。而乌村则是更新型高端乡村休闲度假旅游区的代表，不仅完美呈现了原汁原味的旧时乡村风貌，并提供了丰富的乡村农俗和原生态自然体验，成为乌镇休闲娱乐和文化体验的补充。

（三）热点营销，趁势升级

2014 年，乌镇成为世界互联网大会永久会址，使乌镇成为全球瞩目的焦点。在小桥流水、粉墙黛瓦、诗情画意的千年古镇举办世界互联网大会，更能彰显自然与人文、传统与现代和美共生的神奇画面。同时，此举也扩大了乌镇的品牌知名度与影响力。

乌镇有着驰名中外的水乡品牌和江南传统文化品牌的同时，也与一些新锐产业联系在一起，基础设施建设中全方位融入智慧旅游、智慧交通、智慧医院、智慧政务、智慧养老等元素，二维码电子门票、数字化城市管理系统、天眼视频的监控系统等“智慧旅游”服务先行一步，而智慧化覆盖、孵化机构和创业者的快速集聚更使乌镇成为名副其实的创业小镇。

三、案例成效

2016年，乌镇吸引海内外游客930万人次，收入达到4.5亿元，截至2016年12月，乌镇旅游公司总资产47亿元，净资产34亿元，景区年收入超过13亿元，接待海内外游客及众多中高端商务会议团体，乌镇已不是单纯的景区，已经成为一个复合型国际化旅游目的地。

目前，乌镇已全方位融入了“互联网+”元素，互联网医院、智慧旅游、智能交通等一批高科技项目陆续投入运行，乌镇景区免费Wi-Fi实现全覆盖。现在的乌镇，不仅是历史名镇、旅游小镇，更是智慧小镇、创业小镇。

四、案例启示

纵观乌镇及其后发展起来的乌村，体现了古镇发展从“观光”到“度假”再到“商务休闲”的转型和升级，无论是乌镇早年的崛起，还是今天举办首届世界互联网大会，乌镇真正的奇崛之处在于其不断地进行思想创新、思路创新。

乌镇虽然是古镇，但其具有开放性和全球化的特征，乌镇的开发和运营在充分运用天然的生态和人文本地资源的同时，定位自身优势，面向特色产业发展，并请专业团队整体开发营销，统一化、精细化、场景化管理，紧跟时代潮流，不断推进产品的升级换代，从而跳出传统古镇旅游产品低价化、商业化的恶性竞争，实现历史气息与现代科技完美融合，从而全方位提升游客体验满意度。

乌镇对文化具有开放包容的态度，同时乌镇在旅游业方面具有个性鲜明的特征。开放包容的特征对旅游经济发展具有重要意义，值得被推广学习。在乌镇不仅可以游玩、休闲，还可以找到新的工作机会、商业机会及未来发展的机会。

34

中国旅游好案例
A GOOD CASE OF TOURISM IN CHINA

莫干山

一、案例背景

德清县位于美丽富饶的长江三角洲的杭嘉湖平原，东望上海、南接杭州、北靠环太湖经济圈、西枕天目山麓，素有“名山之胜、鱼米之乡、丝绸之府、竹茶之地、文化之邦”的美誉。国家级风景名胜区——莫干山在其境内。该地群山连绵，环境优美，气候宜人，物产、旅游资源十分丰富，盛产竹木、茶叶、瓜果、家禽、萤石、石料等。莫干山镇的旅游资源得天独厚。山下是碧波粼粼的莫干湖，山水交融、云雾缭绕、竹海茫茫、茶果飘香。

德清乡村旅游的蓬勃发展，实实在在地打好了生态牌、念好产业经，把美丽乡村建设的“美丽成果”转化为“美丽经济”。

二、案例做法

（一）天人合一的设计理念

“洋家乐”的经营者以外国人、时尚青年为主导，以“定位高端、经营生态、消费低碳”为开发思路，倡导无景点式的健康休闲旅游，通过对乡村和自然的深度解读，坚持“返璞归真、一切从简”的理念，租用村民闲置旧房进行改造，就地取材，在设计、装潢、环境等方面做到与自然环境融合、与地方文化对接。“洋家乐”基于保护乡村生态的前提为城市居民创造天然解压场所，通过旧有农房改造，完美融入当地的民俗风情。

（二）精确定位的客源群体

“洋家乐”的客源基本定位于中高端市场，基本消费在1000元/天·人以上，大多都是外资企业高层和国际友人。精确定位的高端客源市场辅以针对性的宣传手段（如邀请世界高端杂志和媒体召开旅游发展研讨活动等），并结合时下的网络、自媒体平台、网红带动，传递健康时尚的休闲观，来吸引业界关注。游客可以与“洋家乐”老板谈天说地、谈理想、谈情怀，这种与时俱进的营销方法、交流方式，让德清“洋家乐”美名在外。

（三）个性化的轻奢品质

每家“洋家乐”都有自己的特色，在服务方面提供管家式、一站式的高品质服务，同时充分挖掘本地自然环境和人文风情优势，满足不同消费群体的需求，这些措施使“洋家乐”好评率达 90% 以上。“洋家乐”面向注重旅行体验和品质的高端客源，针对这一群体，突出各自独有的文化特色，让客人感受登山、徒步、骑行、陶艺等活动的乐趣。

三、案例成效

德清县先后被评为全国休闲农业与乡村旅游示范县、全国首批乡村旅游创客示范基地、浙江省旅游经济强县等。2016 年 1 月，德清县被国家旅游局列入中国国际特色旅游目的地创建单位。

德清县“洋家乐”以其独有的内涵，深受游客青睐和推崇，仅 2017 年农历春节期间，莫干山镇接待国内外游客 13.9 万人次，实现旅游收入 1.8 亿元。其中民宿接待游客 43850 人次，实现直接营业收入 5460 万元。“洋家乐”的发展对带动区域经济发展，优化区域发展格局，加快产业结构调整，促进城乡居民致富增收发挥了积极作用。

四、案例启示

“洋家乐”的成功，使其成为我国乡村旅游的一个新亮点。

一方面，区别于传统乡村旅游大众、低端、面向本地人的“农家乐”模式，“洋家乐”提出了全新的自主发展理念，面向高端市场，注重服务品质和个性化需求，不仅能有效带动中高端旅游市场、国际旅游市场的发展，而且有力地促进了地方发展和富民增收。

另一方面，在发展中“洋家乐”尊重“乡村性”和“地方性”，深入挖掘乡村旅游资源的文化内涵，以休闲行为和观念的升级带动产品营销，创新销售理念和模式，注重品牌打造，推出面向世界的品牌和品质。

安徽省

ANHUISHENG

三瓜公社

一、案例背景

三瓜公社由合巢经开区和安徽淮商集团联手打造，项目首期投资5亿元，建设周期36个月。项目以“把农村建设得更像农村”为设计理念，以“整旧如故，体验其真”为规划理念，以“互联网+三农”为实施路径，积极探索一、二、三产业融合，农旅、商旅、文旅“三旅结合”的休闲农业发展和美丽乡村建设新模式。

三瓜公社美丽乡村建设按照“一村一品”和“一户一特”的思路进行产业规划，重点打造了南瓜电商村、冬瓜民俗村、西瓜美食村，开发茶、泉、农特、文化四大系列1000余种半汤优质农特产品及旅游文创产品，建设了30多个产业基地，通过农特产品产业化、产镇融合发展，让村民足不出户把产品卖向全国，形成了以农特产品种养、生产加工、电商物流、餐饮住宿、休闲旅游为主，三产融合发展的“三瓜公社”新模式，成为安徽省及全国的新品牌、新名片。

二、案例做法

（一）把农村建设得更像农村

中国旅游正在经历由“景区观光”的前旅游时代向“休闲体验和度假生活”的后旅游时代转型，乡村旅游、度假休闲成为后旅游时代的主要形式。三瓜公社秉持“把农村建设得更像农村”的设计理念，改变乡村破败、荒凉、空心的旧貌，让乡村“望得见山、看得见水、记得住乡愁”，让村庄成为旅游的目的地、乡村度假地，成为人们归家的所在和乡愁的安放地。通过重构乡村产业，让年轻人回来，从而实现集聚产业平台，打造就业机会。给村民一条返乡之路，给入乡创客一个空间；通过修复和保护乡村生态，让青山绿水回来，让鸟儿回来，让乡村回归自然；通过乡村重塑，文化修复，让民俗回来，让农民找回自信，重塑乡村新秩序。

三瓜公社秉持“把农村建设得更像农村”的设计理念，“不拆一间房，不砍一棵树，不填一口井”；保留村庄的肌理，尊重村庄的每一间房子，呵护各个年代的民居，依据民居的布局、样式、结构进行设计和改造，没有雷同，没有仿制；让曾经远离我们生活但又记忆犹新的农具、生活用具重新回到“家”里；通过对旱田、山地、林地进行复垦，将山体、农田、水系进行整治，提升农田利用率；同时在村庄建设中规划农特产品作坊、体验店、展示中心，可体验、购买农特产品，挖掘乡村特色产品、风俗；把农村建设得更像农村不仅是对村庄的建设，更是找回农村的生活。唤醒农村，从民俗开始，贴春联、舞龙灯、唱大戏、拜大年等。

三瓜公社打造的中国醉美乡村，是生活中的三瓜，是诗意栖居的乡村生活。

（二）“互联网 + 一、二、三产业融合”，重塑乡村产业

乡村建设遇上互联网，智慧管理成为刚性指标。在乡村建设的规划中，三瓜公社将智慧管理的硬件建设和软件建设协同推进，通过电子商务驱动，建设南瓜电商村，围绕半汤本地特色产品资源，开发了茶、泉、农特、文化四大系列半汤特色产品和旅游纪念品，所有产品按线上线下融合的方式进行销售与体验；组织引导本地农民参与到电商产业链的各个环节中，通过合作社组织产品生产，带动农民增收致富；通过互联网与外部世界进行信息沟通，重拾农民自信；通过电子商务拓展广域市场，让农业生产、农村生活变得体面有尊严；通过发展产业，搭建年轻人回乡的平台；通过特色双创项目孵化，让年轻人回乡，喜欢乡村，留在乡村。三瓜公社的产业、年轻人的创业和生活场景，成为向游客展示未来乡村生活的一道风景，旅游、度假和生活融为一体。

（三）“农旅、商旅、文旅”三旅结合

三瓜公社以“农耕文化为魂，以美丽田园为韵，以古朴村落为形，以生态农业为基，以创新创造为径”，将休闲农业发展与现代农业、美丽乡村、生态文明、电子商务、文化创意产业建设融为一体。三瓜公社的“小镇三旅”是指农旅、商旅和文旅。农旅是基础，商旅是重要的产业支撑，文旅则是三瓜公社三旅之魂。三瓜公社通过文化塑造三瓜公社特色小镇的灵魂，以农旅启动三瓜公社特色小镇建设发展之路，以商旅夯实三瓜公社特色小镇产业支撑，形成可持续、有生发点的独特乡村建设与发展路径。尊重游客多样性的选

择，提供多样的选择体验，因农产品的体验而来三瓜公社旅游，因来三瓜公社旅游而感受巢湖文化的魅力，因巢湖文化的魅力而对三瓜公社产生良好的体验，生发出未来与三瓜公社多重触点，甚至成为入乡创客，因半汤论坛、会议、各种赛事活动而来体验三瓜公社的农旅意味，感受三瓜公社的美食美景、文化体验而成为三瓜公社的忠实粉丝。

三、案例成效

打造中国醉美乡村，营造令人向往的乡村度假与乡村生活场景。三瓜公社建设中国醉美乡村，不是极致的“最”，不是最好的“最”，而是陶醉的“醉”。“醉”可能是画里风景，眼里风景；“醉”才能体现生活，更能贴切代表生活，是生活中的三瓜，是诗意栖居的乡村生活。三瓜公社不是为景区而建，而是本着“把农村建设得更像农村”的理念，重塑村庄、重塑产业、重塑人，探索中国乡村振兴道路，向人们展示了未来新农村的美好图景，吸引游客流连忘返……

2015 年，荣获创业创新示范平台，国家农业产业化示范基地评为合肥市“十大双创事件”，荣获年度安徽省“十佳新锐网商”称号。2016 年，被评为安徽省唯一一个全国“合作社 + 农户”旅游扶贫示范项目，获 2015 年度合肥最具影响力 · 创新奖。2017 年，获合肥市特色文化街区、2016—2017 年安徽省电子商务示范企业、安徽省首批省级特色小镇、合肥巢湖经济开发区产业创新团队、安徽省先进集体、合肥市市级现代农业示范区荣誉称号。三瓜公社董事长刘浩荣膺 2016 年“中国十大旅游新闻人物”。核桃味瓜子获得产品品质类大奖“金麦奖”。

2017 年 3 月 26 日，南瓜电商村改造完成，正式对外开村，2017 年旅游人数达到 300 余万人次，2018 年 3 月冬瓜民俗村正式开村，2018 年 10 月西瓜美食村正式开村，2018 年全年游客量突破 600 万人次，旅游收入突破 10 亿元。

四、案例启示

（一）三瓜公社之“天”

三瓜公社，顺应天时。这个天时，一是国家大势，2017 年中央一号文件正式提出田园综合体，党的十九大报告提出“乡村振兴战略”，而三瓜公社于 2015 年 9 月开始动工，顺天时、应天时、趁天时；二是赶在了我们国家全面建成小康社会的新时代，人们对美好生活的需求日益增长，旅游成为刚需；三是赶在了“后旅游时代”，乡村休闲体验与度假生活需求上升的时代。

（二）三瓜公社之“人”

乡村的生命力和希望在于“人”。工业化进程带来的是村庄的凋敝、荒凉和空心、留守现象。三瓜公社通过打造“乡创和农创”两大特色双创基地，支持和引导外地人入乡、城里人返乡以及大学生回乡创业，通过乡创农创基地，培育创业人才和孵化创业实体，使农民在家门口就可以创业；并且三瓜公社通过线上线下的方式，对各实体的产品进行承接，通过免租、配套公共仓储中心等方式，使创业者更有保障；通过为创业妇女、大学生、返乡农民工等提供场地、培训、创业辅导等，帮助上述人群在基地内利用互联网开展农产品电子商务活动，帮助农民解决就业及带动农民工增收；通过在村里举办半汤商学院，开展乡村教育，培育乡村建设人才，实现人的重塑。使凋敝荒凉的空心村成为“宜居、宜游、宜业”之地，成为人们美好乡村生活的向往之地。

（三）三瓜公社之“事”

三瓜公社是由半汤街道的三个空心村改造而来的，没有大景点资源，不是按照景区建设思路来建设，而是遵循乡村建设的肌理，一切以农村生产生活为核心，而越有乡村性，越具备旅游性和市场性，这是对“后旅游时代”休闲度假生活需求的准确把握。后旅游时代的基本特征是休闲体验与度假生活型，需要依托“好环境 + 美意境”，重视多生态的和谐平衡，是一种“以独具特色的文化、风俗、活动、服务、感受为主题的高品质的，可给人以独特感受的、可深度体验的、可参与、互动的，能够获得快乐、轻松诗意生活享受的”乡村休闲度假与生活。三瓜公社正是按照“生产、生态、生活”融为一体，以建设中国醉美乡村，营造诗意栖居的乡村生活为初心。

三瓜公社一方面秉持“把农村建设得更像农村”的理念建设村庄；另一方面紧紧把握互联网时代传播特征，品牌先行，通过创意营销进行旅游品牌的传播。2017 年 3 月的“南瓜村开村盛典”，通过创意内容（纪录片《种瓜记》）、创意形式（天外飞钥、开门大吉）、创意传播（融媒体传播形式）、创意路径（《半汤一朵花》《半汤一股泉》《半汤一道菜》《半汤一首歌》《半汤一颗心》系列微电影）向世界展示了一个充满温情、深入人心的三瓜公社。

黄山

一、案例背景

黄山位于安徽省南部黄山市境内，是中国著名的山岳风景区。自古就以奇松、怪石、云海、温泉“四绝”著称于世，有“五岳归来不看山，黄山归来不看岳”的美誉。1985年被评为中国十大名胜古迹之一，1990年成为世界文化与自然双重遗产，2004年入选世界地质公园，2007年被评为首批国家5A级旅游景区，同年获建设部主办的“最受群众喜爱的中国十大风景名胜区”称号。

黄山不仅是安徽旅游的龙头，也是中国旅游产业发展的策源地。1979年，改革开放的总设计师邓小平同志在这里发表了著名的“黄山谈话”。30多年来，黄山旅游发展不断突破自我，取得了令世人瞩目的成绩，也积累了许多宝贵经验。

二、案例做法

（一）首创景点“轮休制度”

作为同时拥有世界文化遗产、世界自然遗产和世界地质公园3顶桂冠的景区，黄山草木葱茏，怪石嶙峋，古迹多多，是人们游览观赏的好去处。然而，优良的资源和生态环境如同人一样，利用多了也会产生“疲劳”。

在大量调研的基础上，受“海洋休渔期”和“封山育林”的启发，黄山于1987年10月首创景点“轮休”制度，每个轮休期3～5年。近30年来已先后对莲花峰、狮子峰、丹霞峰、天都峰、始信峰等多处景点实行封闭“轮休”。

（二）积极做大黄山

在空间上，黄山先后开辟了西海大峡谷等新景区，让游客可以选择的景点更多，得到的体验更加丰富；在时间上，黄山旅委大力发展冬游，推出了多条特色冬游线路，让游客领略黄山不一样的冬季美景，现在冬雪和奇松、怪石、云海、温泉已经并称为黄山“五绝”；在产品方面，黄山将观光、休闲、养生等旅游产品有机地结合起来，初步建立起复合型、高端化的旅游产品体系。

（三）创新景区管理体制机制

经过不断的改革创新，黄山形成了相对成熟的体制机制。黄山管委会在黄山市人民政府的领导下，全权负责黄山风景区的管理，党委是最高决策机构，集团公司、股份公司负责旅游产业经营（黄山旅游集团有限公司以黄山旅游发展股份有限公司为其主要骨干企业，同时也包括黄山集团有限公司直属企业在内）。黄山管委会实行事业单位、企业管理，早在前些年就完成了“机关三定”和“企业三改”工作，企业员工实行公开竞聘上岗，目前正在继续深化改革。

（四）深度对接资本运营

黄山旅游集团依托“黄山”优势及其旗下企业加快推进旅游与资本、金融、智力等要素融合，相继与含元资本、景域集团等金融机构、旅游运营服务企业结为战略合作伙伴，实现资本运作、产品策划、资源整合的强强联合，同时策划实施花山谜窟休闲度假区、东海景区开发、谭家桥国际小镇建设等项目，先后与黄山区政府、中坤集团京黟公司签署“太平湖项目”和“宏村项目”股权合作框架协议，推动黄山旅游“走下山、走出去”，形成“一山、一水、一村、一窟”的战略布局方案。

（五）大力推进国际化发展

近年来，黄山风景区大力推进旅游国际化，先后加入世界自然保护联盟、全球可持续旅游委员会、世界旅游业理事会、亚太旅游协会等国际组织，牵头创立可持续目的地领导者全球联盟、中国山岳旅游联盟，率先创建联合国世界旅游组织可持续旅游观测区、全球可持续旅游目的地实验区，并参与起草和修订《全球可持续旅游目的地准则》《全球酒店业与旅游经营商可持续发展指南》等国际标准。

三、案例成效

2015 年，黄山旅游全年接待进山游客 318.28 万人次，同比增加 21.17 万人次，增幅 7.1%，索道累计运送游客 575.42 万人次，同比增长 9%。黄山旅游全年实现营业收入 166462.23 万元，同比增长 11.73%，归属于上市公司股东的净利润 29579.08 万元，同比增长 41.36%。玉屏索道 2015 年 6 月 16 日改造完成重新开业。此外，地产收入增长 38.93%，是推动公司营收较快增长的重要因素。而酒店餐饮和旅行社收入则分别增长 11.80% 和 6.24%。

四、案例启示

黄山的旅游发展能够长盛不衰，有两个方面的经验值得借鉴：

一是坚持开发和保护相统一。作为一个热门景区，黄山实施轮休面临的压力乃至经济的损失，都是可想而知的。但站在景区保护的角度，这无疑是明智之举。

二是坚持改革创新。作为一个老景区，经过几十年的摸索，黄山在规划、保护、管理、宣传和改革等方面形成了一整套行之有效的做法，牢固树立了“保护当头、发展为上、创新引领、和谐立山”的理念，着力创建名录遗产地典范和旅游目的地标杆，在系统化、智慧化、精细化、人性化和国际化发展上走在了全国前列。

西递 · 宏村

一、案例背景

2016 年 12 月 26 日发布的《“十三五” 旅游业发展规划》中，乡村旅游被重点提及。乡村旅游作为近几年国家政策一直推动的领域，备受旅游业内外的关注，但在目前的发展中，仍然存在很多的瓶颈需要突破。

西递、宏村古民居位于中国东部安徽省黟县境内的黄山风景区。西递坐落于黄山南麓，距屯溪 54 千米，距黄山风景区 40 千米，距黟县县城 8 千米。西递村始建于北宋元丰年间，距今 900 余年，后因徽州府于村三华里古驿道处设“铺递补所”而改称今名。现村中保存完好的 124 幢明清民居，在装饰、营造和文化内涵等方面的品质，都是国内罕见，被誉为“世界上最美的村庄”“古民居建筑的宝库”。宏村，古称弘村，位于黄山西南麓，距黟县县城 11 千米，是古黟桃花源里一座奇特的牛形古村落。整个村落占地 30 公顷，枕雷岗面南湖，山水明秀，享有“中国画里的乡村”之美称。山因水青，水因山活，南宋绍兴年间，古宏村人独具匠心地开仿生学之先河，建造出堪称“中国一绝”的人工水系。

二、案例做法

（一）整体保护，活态传承

在申报世界文化遗产之始，西递宏村就建立了三级保护区，即核心保护区、建设控制区、环境协调区。2001 年，黟县政府发布通告，严禁在西递、宏村两地进行违法乱拆乱建和破坏遗产的违法建设活动，在核心保护区内的建筑一律冻结，严禁新建和改建与古村落不相协调的建筑物、村内道路及公共设施等。近七年来，两村没有再增加一个经营网点。对于景区内一些与周围景观不协调，但又不能简单拆除了事的新建筑，他们采取了“穿衣、戴帽、戴眼镜”的做法。同时，还加强了两地的文物保护、古建筑修缮、火灾隐患的消除和村民新区的建设等工作。

（二）精细管理，优化环境

为了做好古民居的消防工作，西递镇专门组建了义务消防队，修建了 4 座 200 吨的消防蓄水池，不定期组织开展消防演练，并实行全天候值班巡逻和夜间打更制度，发现问题，及时解决。根据游客和写生学生大量增加，产生的生活垃圾和污水也不断增加的新情况，西递又制订了《西递景区市容环境卫生管理办法》，建立了一支 30 人的景区卫生保洁队伍，实行全天候卫生保洁；同时制作了符合古民居特色的仿古环保型垃圾箱，建立了封闭的垃圾中转站，每天及时清运并进行填埋处理。为优化景区环境，宏村对“两街三线”（际村街道、北庄街道，宏儒线、S218 线、赛宏线）环境进行了全面整治。在乡村客栈蓬勃发展的情况下，宏村建立了乡村客栈联盟并推进其规范运行。

三、案例成效

2000年，西递、宏村被列入世界文化遗产，吸引全国各地的游客纷至沓来，给当地带来了巨大的经济效益。2015年，西递镇接待游客81.65万人次，增长19.6%，实现旅游直接收入4306.09万元，增长20.32%；宏村景区接待游客185万人次，增长13.9%，门票收入1.14亿元，增长20%。2014年，安徽省住房和城乡建设厅公布第一批“安徽省宜居小镇”“安徽省宜居村庄”示范名单，西递、宏村位列其中。西递、宏村旅游的蓬勃发展，还带动了农村产业结构调整，促进了农民增收致富。2015年西递镇农村常住居民人均可支配收入为12939元，增长10%；宏村镇农民人均纯收入达到12963元，增加10%。

四、案例启示

西递、宏村一方面坚持古村落建筑与文化的严格保护，加强本土文化意境的营造；另一方面创新村落的日常管理与环境治理，努力优化旅游氛围，对于同类景区发展具有重要借鉴价值。

福建省

FUJIANSHENG

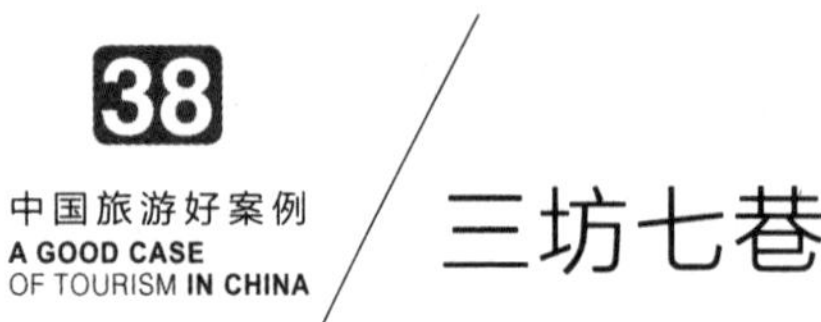

三坊七巷

一、案例背景

我国经过 40 多年的改革开放，经济水平大大提高，给城市发展带来了难得的机遇。然而在城市改造和建设中，一些历史文化古迹也面临着被破坏的巨大压力。如何在城市现代化发展中保护好历史文化古迹已成为许多城市面临的难题。

位于福州中心城区（老城区）的三坊七巷拥有 38 公顷的完整保护范围，为国内现存规模较大、保护较为完整的历史文化街区，是全国为数不多的城市古建筑遗存之一，有“中国城市里坊制度活化石”和“中国明清建筑博物馆”的美称。

二、案例做法

（一）注重名人故居的保护维修与整体规划

三坊七巷拥有林则徐、沈葆桢、林觉民、严复等众多历史名人的故居，当地管理部门对这些故居进行了整体规划设计，充实内容，丰富内涵，让游客感觉有所教益。建筑群方面，参考山西平遥、江苏周庄、浙江乌镇等地经验与做法，对代表性古建筑群落进行修复，使人流连其间，仿佛置身于明清时代的建筑之中，与古代先贤对话，在保护过程中，尽可能地维护了原有整体文化面貌与古迹。此外，还招募大量志愿者导游、义工团队，开展引导等服务性工作，并且建立了后台专家顾问团队，对各类文化遗迹不断检查、纠错。

（二）城旅融合的联动开发与整体配套

三坊七巷在规划开发中，广征民意、汇集民智，很好地体现了福州历史文化。原有建筑的外立面基本得到了保留，部分进行了仿古修复，建筑功能总体保留商业，但对具体业态适当调整，设立了各种社区博物馆和游览点，各种各样的传统美食、手工艺、民俗文化和现代文创穿插其中，以供游客和市民参观游览。目前，三坊七巷已经形成景城一体的发展格局，旅游和市民休闲有机融合，成为老福州文化的标志地、现代文创活动的展示地。

三、案例成效

2009 年 6 月 10 日，三坊七巷历史文化街区获得文化部、国家文物局批准的“中国十大历史文化名街”荣誉称号。2016 年，三坊七巷接待游客 1090.85 万人次，成为福建省首个年接待人数破千万人次的 A 级景区，在全省 A 级景区中位列第一。

四、案例启示

（一）“多层次 + 多形式”进行历史街区保护

在改造过程中，要以保持文物建筑的历史延续性和真实性为原则，保持总体上的和谐统一，要落实“修旧如旧”的原则，避免过度修复损坏文物古建筑原有的艺术性和历史特征。

（二）丰富活动助推历史街区人气飙升

正如一篇新闻报道所言，“一片三坊七巷，半部中国近现代史”所蕴含的丰厚人文内涵，丰富多彩的福州传统民俗展示活动，永和鱼丸、木金肉丸等老字号饱含的“福州味道”等让本地市民和外地游客有得看、有得玩、有得吃，三坊七巷历史文化街区成为福建人气最旺的旅游景点之一是实至名归。

39

中国旅游好案例
A GOOD CASE
OF TOURISM IN CHINA

曾厝垵

一、案例背景

曾厝垵，历史上是一个以养殖、种植、渔业为主的闽南临海小渔村。曾几何时，这里小客栈、大排档、各种违章搭盖如雨后春笋般涌现，原本美丽静谧的小渔村变得城区不像城区，农村不像农村，成了脏、乱、差的“城中村”。

面对这种情况，厦门将曾厝垵列入“美丽厦门、共同缔造”创建试点，从环境整治入手，建设美丽乡村，因势利导，顺势而为。如今的曾厝垵干净整洁、井然有序，村容村貌大为改观，成为融文化创意、旅游休闲为一体的特色文化村落。

二、案例做法

（一）以文化创意为核心

根据曾厝垵文化、自然、创意资源等分布情况，着力保持闽南风味，结合人流分布及动向情况，在自发形成的“五街十八巷”的基础上，将文创村划分为“文艺小资文化、闽南古厝文化、艺术家工作文化区、民宿创意文化区”等 11 个功能区，引导、鼓励商家进行文艺化“微改造”，对房前屋后的空间进行各具文艺特色的个性化艺术创作，促进时尚文艺与本地文化碰撞。曾厝垵吸引全国各地的文创草根艺术家入驻创作，形成了一批“工作室”和“创意店”，并配套培育一批文创产品。曾厝垵还通过共同缔造工作坊平台，引进香港新锐建筑师推出了一些理念新、创意强的项目设计。

（二）积极对接“互联网 +”

曾厝垵除了按照智慧景区的共性要求实施 Wi-Fi 免费覆盖、对接 OTA、智慧曾厝垵手机 App 等“互联网 +”工作之外，还在文创村内大多数店铺推出“微名片—微扫描—微折扣”网络消费模式，并通过互联网平台，实现网络人气的蹿升。

（三）打造曾厝垵共同体

曾厝垵采取共建共管的方式，相关主体共同保护、利用古厝旅游资源，在共同提炼出的“风情曾厝垵、文艺小渔村”的景区定位下，大家共同创办文青市集，共同举办“文青节”，共同推出曾厝垵村史馆“渔村时光空间”、渔村文化馆“金门大赞”，共同将台湾文创的理念、创意、元素引入落地，并共同自发组建了“曾厝垵文创村业主协会”，以此规范诸如擅自提高租金、乱扔垃圾等一些不文明行为。

三、案例成效

近年来，曾厝垵依托区位优势和地域文化特色发展文创产业，聚集了文创业者 5000 多人、商铺 1500 多家，赢得了“最文艺渔村”的美誉。2015 年，曾厝垵文创村游客量突破 1000 万人次，成为厦门旅游新名片。由于曾厝垵在其发展过程中，能够因地制宜，不搞大拆大建，在保持特有历史风貌的同时，打造宜居、宜业、宜游的美丽乡村，被称作“城中村”改造的成功典范——“中国宜居建设中的城市化样本”。

四、案例启示

（一）创新了“城中村”改造新模式

多年来，我国“城中村”改造的主要方式是拆旧建新，曾厝垵走出了另外一条路子，按照“有机更新、社区再造”的方式，尽量保护原有的建筑、树木、水系，以此保住了特色与软实力，保住了历史村貌，保住了自然肌理，将“大改造”的做法转变为“小改造”“微改造”的做法，改造的对象重点是一家一户的空间功能，在保护原生态的基础上，植入新功能，让闽南滨海风情与开放多元的创意文化交融起来。

（二）形成了未来乡村旅游发展新业态

曾厝垵不是刻意打造出来的，而是自然成长起来的。它蕴含着旺盛的生命力和创造力，在“背包客”“自由行”成为旅游时尚的今天，曾厝垵的特点、形态、氛围和网络营销方式，都给游客带来许多新的体验和强大的吸引力。

培田古村

一、案例背景

培田古村落是全国重点文物保护单位，国家4A级旅游景区，中国历史文化名村、中国十大最美村镇之一。培田古村位于连城冠豸山下30千米处，这是一座拥有800年历史的村落，是目前中国保存较为完整的明清时期客家古民居建筑群，是客家建筑文化经典之作。培田古村，被誉为“民间故宫”“客家庄园”“福建省民居第一村”。培田古村民居建筑群由30余幢高堂华屋、21座古祠、6个古书院、2座跨街古牌坊和1条千米古街组成，其深厚的文化底蕴，“耕读为本”的客家精神，成就了800年的辉煌。全村古建筑旅游资源规模大、品位高。

二、案例做法

（一）依托冠豸山，受益于“四季连城”产品的打造

培田古村以冠豸山主景区为依托，作为人文旅游资源的延伸产品进行针对性的产品打造，把培田古村定位成传统观光游向深度文化体验游发展。

（二）举办春耕节

5000年的中华文明史也是农耕文化史。二十四农事节气之首“立春”“一年之计在于春”，春即是春耕，有了春耕，就会有春华秋实冬藏，有了耕读并做，天人共生，就会有国泰民安，社会繁荣与和谐的景象。

“耕者有其田，农民有其节”，培田春耕节源于“莳田节”。莳者，插秧也；“春种一粒

粟，秋收万斛粮”，春耕是农耕的重中之重，至关重要。“传统时尚化，时尚传统化”，莳田节演绎为春耕节，是重农的升华，它能再度唤起人们对于农业的重视，举办春耕节，就是传承传统，记住乡愁，为实现社会主义农业现代化而喝彩加油的重要举措。

培田，一个有着800年历史的闽西山区小村落，中国历史文化名村，全国重点文物保护单位，国家级4A级旅游景区，是“家有藏书陇有田”耕读并作，天人共生的村落。在培田举办春耕节，是农耕文化在代际上的延续和传承，是农民在时空上的“群体记忆”。为此，定于每年的清明节期间，举办“中国·培田春耕节”。

（三）推出系列主题产品

通过春耕节的举办，进一步挖掘培田的旅游资源，展开“乡土文化之旅”“儿童春、夏、冬令营”的研学产品，利用全媒体的宣传与线下旅行社渠道的落地执行，把培田打造成“游学基地”“客家文化体验基地”。

三、案例成效

通过四季连城产品的持续推广，春季培田春耕节的常态举办，从2013—2016年培田的游客人数与旅游收入均以40%以上的幅度增长。

四、案例启示

一是规划先行生态引领。培田古村聘请同济大学阮仪三教授等知名专家学者，高水平、高标准规划编制《培田古建筑群保护总体规划》《培田古村落保护总体规划》《培田古民居4A级旅游区规划》等文本，以规划引领培田古村落乡村旅游发展。

二是保护开发结合并举。培田古村本着开发与保护并重的原则，投入近2000万元，严格按照规划要求及整治方案，对文保建筑单体进行“修旧如旧”的抢救性维修，组织拆除有碍观瞻的建筑，并对主要民居的周边环境进行重点整理。

三是完善要素配套功能。培田古村围绕打造“自然生态、田园风光、客家风情”的理念，通过成立客家美食协会培田分会、实施海峡客家乡村旅游示范户评定标准、设立培田村级融资担保基金、扶持发展海峡客家旅游示范户、打造地方特色千米商业古街、配套发展现代观光休闲农业、建成工笔画产业基地和染织工坊、引导游客进行农事活动体验等有力方式，完善旅游“六要素”功能配套，丰富旅游业态产品。

四是加大宣传营销力度。培田古村积极参加各类旅游展会，全面推介培田旅游资源，六度亮相央视。在福州、厦门、泉州及广东、江西进入龙岩市境内等高速路段树立培田古村落形象广告等，全方位、多层次、多渠道、大声势宣传推广培田旅游品牌。连续成功举办六届培田春耕节，通过事件营销宣传推介培田。

江西省

JIANGXISHENG

41
中国旅游好案例
A GOOD CASE
OF TOURISM IN CHINA

井冈山红色旅游

一、案例背景

井冈山位于江西省西南部，湘赣两省交界的罗霄山脉中段，被誉为“中国革命的摇篮”和“中华人民共和国的奠基石”，是中国共产党永远的精神家园。井冈山融革命人文景观与旖旎的自然风光为一体，先后荣膺国家级风景名胜区、国家5A级旅游景区、全国百家爱国主义教育示范基地、全国十佳优秀社会教育基地等品牌。

二、案例做法

（一）“跳出红色发展红色”的开发模式

井冈山成功的关键在于其红色引领下的多彩融合旅游开发模式。在旅游开发过程中，借助响亮的红色旅游品牌，并融入绿色、客家、古色等旅游资源。向游客展现出“红色朝圣之旅、蓝色休闲之旅、绿色观光之旅、古色民俗之旅、金色成功之旅”的多彩旅游线路。最终，用红色吸引游客，用绿色留住游客，形成一个“跳出红色发展红色”的旅游模式。

（二）“红色培训模式”让旅游无淡季

近年来，井冈山利用当地特有的红色旅游资源，开拓出一种集讲课、拓展、实践于一身的自主选学新型红色培训模式，成立红色培训管理办公室、井冈山精神研究与宣传办公室，强化红色培训、井冈山精神宣讲、红色文化经营等方面的管理，打造红色培训的全国品牌。井冈山红色培训机构近200家，培训方式采取互动式教学、体验式教学、现场教学等多种形式，得到了社会各方的高度好评。2015年共举办培训班3226期，培训学员19.18万人次，近三年红色培训人数年均增幅达50%以上。

（三）立足文化高度大力营销宣传

井冈山旅游品牌通过节事营销，大大增强了其红色旅游的影响力。“红色旅游高峰论坛”“井冈山纪念革命根据地创建八十周年”“井冈山革命根据地创建九十周年”系列活动充分展现了井冈山红色文化，并通过历届井冈山杜鹃花节，把红色文化与旅游品牌有机地结合起来进行有效宣传，从而在政治、社会、经济效益三个方面取得了“三丰收”。

三、案例成效

井冈山红色旅游业在同全国红色旅游发展的过程中，随着发展热潮的推进，井冈山红色旅游业取得了较好成绩。不仅得到了长足发展，而且带动井冈山市经济发展，使旅游业成为经济发展的新增长点和支柱产业。井冈山市 2017 年实现旅游收入 138.89 亿元，占当地 GDP 的 50% 以上。而红色旅游在给当地居民带来了稳定就业和满意收入的同时，也为当地财政带来了 64% 的贡献率。

四、案例启示

首先，在开发旅游资源和发展红色旅游的过程中，要进一步转变观念，重视旅游资源开发与保护之间的关系并正确处理，有效保护、管理、利用革命历史文化遗产。革命历史文化遗产的长久永存至关重要，因为它不仅可以让当代人受到革命传统教育和爱国主义教育，还可以让我们的子孙在这里感受前辈文化、追寻前辈的足迹，使红色精神代代相传。

其次，红色旅游不仅是把爱国主义思想硬性地传输给游客，更重要的是将红色精神深入挖掘，将其内涵深入研究，创新红色旅游体验途径，通过多种形式的红色教育培育、红色研学、红色主题活动让红色旅游更贴近生活、更贴近市场。

最后，着眼红色旅游的长久发展，应当与时俱进，更新景观打造方式方法。对单调的静态参观模式进行调整，推动红色旅游与民族风情、历史文化、自然生态、乡村休闲等各类旅游资源融合发展，满足多样性的旅游市场需求。

42
中国旅游好案例
A GOOD CASE OF TOURISM IN CHINA

瑞金红色旅游

一、案例背景

瑞金是一个红色资源与绿色资源并存的城市，是闻名中外的红色故都、共和国摇篮、苏区时期党中央驻地、中华苏维埃共和国临时中央政府诞生地、中央红军二万五千里长征出发地等，是全国爱国主义和革命传统教育基地，是中国最重要的红色旅游城市之一。

“上海建党，开天辟地；南昌建军，惊天动地；瑞金建政，翻天覆地；北京建国，改天换地。”红都瑞金的历史可以上溯至 20 世纪 30 年代，从井冈山到瑞金，从创建工农武装到建立革命政权，从土地革命到打破围剿。星星之火，终成燎原之势，最后燃出了一个红彤彤的新世界。重视对瑞金红色旅游的开发对于感受革命先辈的光荣历史和弘扬红色革命、发挥艰苦奋斗的精神具有重要的指导意义。

二、案例做法

（一）红色景区与红都城市的一体化打造

瑞金为中华苏维埃共和国的红色故都，这里的每一寸土地都记载着神奇的故事和奋斗的精神，红色故事已经和这座城市、每一个村庄、每一条河流血脉相连。其中共和国摇篮景区（国家 5A 级景区）包含叶坪、红井、二苏大、中华苏维埃纪念园四个红色旅游区；已经和这座城建设完全融合，红色景区与城市的一体化打造、场景培育、设施共建成为瑞金红色旅游成功的基础，与村庄、自然环境的不脱节、不干扰、一体化打造成为红色景区的关键。

（二）基于旅游要素、旅产融合的红色业态创新

瑞金在发展过程中，杜绝红色资源、红色业态的完全标本化、静态化，重点突出旅游

资源核心主题的旅游要素化，让红色元素融入饮食、住宿、购物、娱乐等多个方面，强化基于创意、科技等多种手段的业态创新；重点突出基于城市产业特色和方向的旅产融合，强化产业支撑旅游发展，旅游带动产业升级，进一步促进旅游业态的创新。

（三）红绿呼应、乡村休闲、文化筑基的产品体系

强化红色的绝对核心地位，依托红色文化主线实现绿色资源的融入和产品捆绑，让游客在青山绿水中体会红色情怀；以特色农业、美丽乡村为契机，实现休闲产品培育；以客家地域民俗为补充，实现产品体系的完善，强化市场的广泛吸引。

（四）中央苏区、红军长征、赣江绿源的空间架构

瑞金是中华苏维埃共和国的红色故都所在地，立足有优势、有地位、有责任积极引领“中央苏区”大旅游及经济区块概念；作为万里长征出发地，有必要立足全局诠释长征精神和重要价值；作为赣江源头，有空间助力打造江西重要的生态旅游骨干。瑞金正在依托三大战略性资源，创新国家级、省级的宏观战略空间架构，培育大瑞金旅游，打造闽粤赣区域旅游龙头，全国旅游区域增加极。

三、案例成效

瑞金在激烈红色旅游市场竞争中不断发展壮大。2016 年，全市共接待游客 757.8 万人次、增长 22.4%，实现旅游收入 29.75 亿元、增长 32.2%。瑞金旅游产业加快转型升级，由单一的红色、绿色观光型向体验型、互动型、休闲度假型转变，铿锵迈步全国著名红色旅游目的地、赣闽边际区域旅游集散中心和海西休闲度假区后花园，并成功入选“第二批国家全域旅游示范区”创建名单。

四、案例启示

（一）景城一体的场景构建

突出核心红色资源与所处空间的一体化融合，突出景区与城市建设的脉络对接、突出红色景区与乡村复原的空间融合、突出红色景区与自然山水的场景依存，最终实现红色主题场景的培育，增加游客的代入感。

（二）故事主题的游线打造

突破以时空为唯一参照游线培育手段，创新以红色主题故事为文化线索，强化游客“主人公”的体验感的游线打造方法，让游客“听故事、游故事、演故事”。

（三）以红带绿的市场战略

以红带绿、以绿促红、红绿呼应，强化产品的融合，实现“红色吸引市场、绿色疏散市场、红绿作大市场”。以红色对接中远程、专项市场，以绿色休闲吸引近程休闲市场，亦可增加中远程游客停留时间，“又红又绿又专”是红色旅游目的地重要的市场战略之一。

（四）旅产驱动的全域融合

瑞金红绿互动引领培育深层次的旅产融合，以旅游撬动关联产业的培育和升级，旅游牵引红色文化的创意化表征，实现影视、文创、教育、培训等业态集聚；旅游扩展绿色农业的品牌化路径，实现以脐橙为代表的现代农园，空间架构和产业的延展，以文化、农业两条主线，升级全域空间的打造，带动以乡村、城镇为抓手节点优化，实现旅游扶贫致富。

山东省

SHANDONGSHENG

43
中国旅游好案例
A GOOD CASE OF TOURISM IN CHINA

台儿庄古城

一、案例背景

台儿庄古城历史文化悠久，有着“天下第一庄”之誉，也是台儿庄大战的发生地。台儿庄古城，在保护传承历史文化、文化旅游产业发展方面起到了积极引导的作用。现已成为集物质文化遗产、非物质文化遗产和文化产业于一身的文化综合体。

台儿庄古城位于山东省枣庄市台儿庄，在京杭大运河的中心点，面积2平方千米，53处战争遗迹保存完好，围绕传承文化遗产、加强生态文明建设、发展旅游文化产业，于2009年启动重建。

二、案例做法

（一）注重古城重建细节、创新旅游产品价值

台儿庄的建筑总体上是重建的，但是在建设过程中非常注重传统风貌的再现，城市肌理、水系、水网保持十分完整，在建筑细节上处理也较为到位。虽然是“赝品”，但也打造出了精品。在2014年“休闲时代——创造未来文化遗产”十年发展高峰论坛上，台儿庄被授予首批“创造未来文化遗产示范单位”称号。

（二）做强“二战”纪念城市品牌，做大红色旅游基底

台儿庄古城不仅有古老的运河文化，同时也是抗战期间台儿庄大战的发生地。台儿庄古城围绕抗战、和平做了大量文章。枣庄市正式宣布重建台儿庄古城是在2008年庆祝台儿庄大战胜利70周年仪式上。在台儿庄运河街市景区的东部，有几处老旧的房屋，房屋外墙上密密麻麻的弹孔忠实地记录了当年战斗的惨烈，彰显了中国军民无畏的抗战精神。

2010 年 5 月 4 日，台湾国民党荣誉主席连战来到台儿庄古城为复兴楼奠基。2015 年中国旅游日，台儿庄古城启动“红色旅游枣庄行暨《梦回台儿庄》大型实景演出”首演，邀请了省内外几十家旅游主管部门和媒体参加。

三、案例成效

台儿庄古城以其宏伟的规划、精美的建设、精细的管理赢得了诸多荣誉。先后获得全国百家爱国主义教育示范基地、全国首个海峡两岸交流基地、首个国家文化遗产公园、首个国家非物质文化遗产博览园、国家级文化产业试验园区、国家水利风景区、国家级湿地公园、“齐鲁文化新地标”榜首、中国旅游创新奖等荣誉。

2012 年，台儿庄古城被评为国家 5A 级旅游景区。2013 年，被美国有线电视新闻网（CNN）评为“中国最美水乡”之一。原党和国家领导人吴邦国、贾庆林、李长春等到台儿庄古城考察均给予高度评价。数据显示，重修后的台儿庄古城 2016 年接待游客 503 万人次，旅游综合收入达 2.52 亿元；2017 年元宵节当天，中外游客数量更是达到了 10.16 万人次，同比增长 30.25%。

四、案例启示

作为一个重建的古城，台儿庄古城做到了对历史的尊重、对文化的尊重以及对旅游者的尊重。台儿庄古城精美的建筑和水系，在让游客欣赏到中国灿烂传统文化的同时，又能够对日本帝国主义侵略罪行有更加深刻的了解，有利于激发两岸人民的爱国热情，共同为中华民族伟大复兴而奋斗。

44
中国旅游好案例
A GOOD CASE
OF TOURISM IN CHINA

华夏城

一、案例背景

“十二五”发展规划就明确提出“推动文化产业成为国民经济支柱性产业，增强文化产业整体实力和竞争力”。“十三五”规划纲要进一步提出“推进文化事业和文化产业双轮驱动，实施重大文化工程和文化名家工程，为全体人民提供昂扬向上、多姿多彩、怡养情怀的精神食粮”。文化产业园区作为落地“十三五”规划的有效组织载体，围绕文化产业园区发展的一系列相关问题也引起了社会各界的关注。

威海华夏城位于美丽的滨海城市威海，是华夏文旅集团历经 10 余年，将环境治理与旅游开发相结合，在修复威海龙山矿坑的基础上，历经“愚公移山”“凤凰涅槃”式的艰苦卓绝，打造成为国家 5A 级景区、国家文化产业示范基地、国家休闲渔业示范基地、首批山东省级文化产业示范园区。

二、案例做法

（一）破解资源经济，保护生态环境

面对千疮百孔的山体，华夏文旅集团主动向市委市政府建言叫停采石场，并主动承担起修山的重任。由于威海是我国较为严重的缺水区，加上龙山矿坑最高断面 107 米，堆积矿渣矿粉达 40 多米的现实情况，无法采用挂网喷泥的措施，只能选择难度和繁复度最大的拉土回填方式。旅游开发的同时，塑造了生态保护的新标杆。

（二）融合人文要素，打造文化主题

在采石场上建立以展示华夏五千年历史文化的环保之城。景点各具特色，如全面展示尧

舜禹时期历史文化的禹王宫、集中展示胶东民俗特色的夏园等。将青山、碧水、蓝天、白云化为华夏城辽阔深远的背景；将建筑、文化、民俗、演艺化为华夏城最引人入胜的元素。

（三）开发旅游演艺，深挖发展潜力

为增加景区文化内涵，华夏文旅集团在矿坑里打造了世界首个会“跑”的实景演艺《神游传奇》秀，拥有发明专利 47 项。独特的演出形式和观看模式让观众坐不离席就可以欣赏到水、陆、空全方位立体环绕的跨时空精彩演艺，开启胶东半岛夜间文化生活美妙之旅。威海从此进入了 36 小时旅游时代，从根本上改变了威海旅游“过路站”的状态，成为威海旅游文化产业一颗璀璨的明珠。

三、案例成效

在十余年的时间里，改造 44 个采石场，种树 1127 万株，绿化了整个荒山秃岭，不仅有水，也有绿化，整个华夏城在世界范围内都是一个奇迹。2007 年，在矿坑废墟上崛起的华夏城正式开放。经过 10 年的经营，游客量累计千万余人次，2016 年游客量达 183 万人次。景区先后荣获“中国创意产业最佳园区奖”，并被评为首批山东省文化产业示范园区、国家级文化产业示范基地、国家休闲渔业示范基地。2017 年 2 月 25 日，华夏城景区顺利成为国家 5A 级旅游景区。

四、案例启示

（一）注重生态文明

党的十八大报告提出，建设生态文明，是关系人民福祉、关乎民族未来的长远大计。华夏城将矿坑废墟变成优美景区，彰显了生态文明建设的重要性，同时也能够给游客以更加深刻的教益和启迪。

（二）创意就是生命力、竞争力

华夏城的成功不仅在于保护和优化了生态环境，而且在于文化创意的植入。无论是禹王宫的历史文化，还是夏园的民俗文化，抑或《神游传奇》的演艺文化，都是吸引游客前来并参与体验的重要内容。

河南省

HENANSHENG

45
中国旅游好案例
A GOOD CASE OF TOURISM IN CHINA

老君山

一、案例背景

“十三五”时期是全面建成小康社会的决胜阶段，洛阳市紧紧贯彻落实“创新、协调、绿色、开放、共享”的发展理念，以老君山旅游为机遇，厚植发展优势，描绘小康蓝图，实现旅游经济的蓬勃发展。

老君山，原名景室山，位于河南省洛阳市栾川县城东南 3 千米处，西周时期，因“守藏室史”李耳到此归隐修炼，被道教尊为太上老君，唐太宗时期易名为“老君山”，沿袭至今，成为道教主流全真派圣地，有着 2000 多年道教文化历史。20 世纪 90 年代初，栾川县开发建设了老君山风景区，经过十几年的发展，老君山成为当地资源条件较为突出的风景名胜区，老君山是国家 5A 级旅游景区、国家级自然保护区及中国北方道教信众拜谒圣地。

长期以来，由于体制和机制的不健全，一度使得老君山风景区陷入故步自封、无从发展的尴尬境地，景区面临经营业绩下滑、游客量减少、全国范围内知名度不高的发展困境。

二、案例做法

（一）集约打造旅游胜地

老君山旅游区旅游资源丰富，特色鲜明，自然景观和人文景观相互交融。在新经济形势和用户需求不断变化的时代背景下，转变思路、统筹规划是实现旅游发展方向转换的必由之路。处在转型升级风口的老君山，在 2007 年 8 月成功实现了改制，组建了老君山生态旅游开发有限公司。民营资本的运营，为景区的开发建设注入了活力和资金支持。在开发过程中，老君山既强调实现资源的复合型发展，又注重保持宗教文化的完整性、纯正性和虔诚性，避免现代商业元素对其过度冲击，杜绝对宗教文化氛围、古典文化环境具有破坏作用的错误开发。保持核心旅游资源原貌，开展旅游设施建设，明确核心景区与旅游服务功能区的界限并严格遵守界限，实现一个传统和现代、旅游和服务的复合型景区的成功转型。

（二）差异打造旅游产品

为加快老君山单一旅游产品向观光、休闲、养生等复合型产品体系转变，洛阳市和老君山景区努力培育新的旅游业态，丰富产品体系，促进客源结构的转型升级。“十二五”期间，洛阳市和老君山景区着力提升风景区及其周边古村落观光等旅游产品品质，打造世界旅游精品。在此背景下，老君山通过打造和发展主题观光型旅游产品，丰富观光型旅游产品的类型，利用产品差异性与互补性，以反差组合资源，联动发展，顺利实现了旅游产品体系转型。

（三）深度挖掘道教文化

中国道文化博大精深，而老君山根植于深厚的道教历史文化，充分发挥优势，深耕本地道文化并发扬光大，峰林烟岚、鬃岭远眺、宝台晓日、仙桥览胜、中鼎风云、金殿沐福、清玄钟声、幽洞天籁被称为君山八大景。逐步形成品牌效应，有力地推动了当地旅游和经济发展。

三、案例成效

自老君山改制以来，老君山保持每年至少 1 亿元的投资水平，修建了老子文化苑、中灵索道工程、老君山金顶道观群落等项目。时至今日，老君山已经连续投入超过 10 亿元，形成了“一轴两翼六大功能区”的新旅游格局。

自 2014 年以来，老君山营销团队挖掘老君山四季特色、道教文化以及云海资源，打造了“踏春问花节”“仙境朝圣节”“观海避暑节”“五彩秋趣节”“梦幻冰雪节”，每年组织“万人音乐露营大会”“万人蟠桃养生宴”“中原车友狂欢节”“金婚庆典”“峰林探宝”“观海避暑觅神光摄影大赛”等系列的节事活动，在河南旅游市场上赢得一席之地。

四、案例启示

老君山风景区及其旗下企业加快推进旅游与资本、金融、智力等要素融合，相继与相关金融机构、旅游运营服务企业结为战略合作伙伴，实现资本运作、产品策划、资源整合的强强联合，同时策划兴建多个新的旅游项目，并定期举办主题活动，以事件营销促进老君山旅游业发展。

当地政府统筹管理，实施积极有效的宣传举措，在互联网信息平台、报纸、电视等多种媒介宣传老君山，扩大知名度和影响力，并且以旅游带动区域发展，鼓励本地居民参与地区旅游业发展，唤起居民的环境保护意识，广泛发动并卓有成效地保护风景区环境。

云台山

一、案例背景

云台山旅游的快速发展始于 21 世纪初，主要有三大背景：

第一，当时全国山岳型景区旅游发展已经蔚为可观，“80 年代看泰山，90 年代看黄山”“五岳归来不看山，黄山归来不看岳”，与不少名山相比，云台山当时在旅游资源、市场基础、发展资金等方面都处于明显劣势。

第二，当时河南省党政杰出人才干事创业的环境比较宽松。

第三，云台山地处河南、山西两省交界的太行山水自然旅游资源带上，从旅游资源的主要属性上看，是自然类旅游区。河南省、山西省都是人文古迹大省，两省当时人文古迹旅游已经有了发展，但自然旅游资源基本上都还没有开发。河南省一亿人口、山西省数千万人口，在这样巨大的周边客源市场中，对中近程自然类旅游区的潜在需求巨大，且当时基本尚无与云台山同类型的竞争对手。

二、案例做法

（一）党政大力主导，连就纵贯线重视链

政府大力主导，更确切地说是党政大力主导，迄今为止仍是中国各地旅游发展的关键。

大致到 2009 年河南省提出“旅游立省”战略，云台山旅游完成了腾飞。这与那几年河南省、焦作市、修武县、管理局四级党政主要领导高度重视旅游，高度重视云台山旅游发展有根本性的关系。可以说，云台山旅游发展，从根本上得益于各级党政领导连就的“纵贯线重视链”。来自省市县的强大支持力度，以及党政企不分的管理局体制，形成了当时非常适合实际、力量很强、效率很高的旅游发展组织保障。

（二）事业荣誉驱动，苦干十几年如一日

云台山风景名胜区管理局，尤其是其领导班子，苦干惊人。每天早起晚睡，每年、每月、每周几乎没有休息日，而且持续十几年。

和全国非常多的体制内旅游管理机构一样，云台山风景名胜区管理局，乃至后来成立的云台山旅游发展有限公司，在经济激励机制方面都欠缺，苦干十几年如一日，靠的是事业荣誉感驱动。简单说就是“一个有强烈事业荣誉感的人，组了几个也有事业荣誉感的人，带出了一个有事业荣誉感的团队”，苦干出了“云台山奇迹”。当然，是在当时当地比较宽松的干事创业环境之中产生。

（三）超常营销先行，依次各方面再跟进

云台山的超常营销既令人叹为观止，又引人沉思揣摩。

开始腾飞时，云台山竟使用门票收入 50% 的经费投入旅游营销；持续腾飞中，云台山曾使用门票收入 25% 的经费投入旅游营销；完成腾飞后，云台山仍使用门票收入 10% 的经费投入旅游营销。

云台山旅游营销使用的各种手段、技术也高人一筹，并且不断创新。

然而，在旅游区发展的其他方面，云台山则顶得住物议，不强行同时全面铺开，在营销经费比例巨大且安全投资、厕所、大停车场等基础设施投资必不可少的情况下，云台山曾经在景观打造等重要方面都不着急，容忍一时一定的粗糙度，后来景观打造等方面跟上

步伐，才开始发展景区周边乡村旅游和智慧旅游等，最后，才开始启动休闲度假、专项特种旅游等复合型旅游产品体系建设以及旅游产业链条拉长等方面的工作。总之，除了超常营销一以贯之外，旅游区发展的其他方面依次跟进，有条不紊，十分理性。

三、案例成效

自21世纪初起，“云台山奇迹”横空出世，先是接待游客人数和景区门票收入连年翻番，随即超过五岳、比肩黄山，只用了几年时间就从一座默默无闻的山，发展成为全国一流景区，并强效带动周边旅游发展。接踵而来的是一系列河南省、全国乃至世界级的荣誉和品牌称号。国家领导人、国际同行也给予云台山巨大关注。

2016年，云台山风景名胜区接待游客538万人次，实现景区门票收入4.8亿元。

四、案例启示

云台山给全国旅游的启示可以概括为三句话：

第一，各级党政主要领导政策决定旅游区发展根本；第二，体制内旅游区管理班子组建宜重事业荣誉感；第三，围绕比较优势确定战略性重点与思路性时序。

用白话说，是“三干合一”：党政大重视主导干；激情凭事业荣誉干；理性按科学顺序干。

在此，展开深入解释一下“围绕比较优势，确定战略性重点与思路性时序”，即“理性按科学顺序干”：

比较优势，是西方经济科学中的重要概念，指在现代经济分工体系中一个经济主体相对于其自身经济效率相对较高的部分。对各个旅游区而言，旅游发展要素最富集的领域，就是其比较优势所在。

在这么多年的全国旅游发展实践中，凡是围绕自身旅游经济比较优势确定战略性重点的旅游区，都取得了成功；反之，都不成功。

云台山最富集的旅游发展要素禀赋是区域差异度。21世纪初，云台山开始旅游发展腾飞之时，在周边整个河南一亿人口、整个山西数千万人口的市场区域里，几乎没有与云台山同质的自然类旅游区，都是人文古迹旅游区，云台山的区域差异度很高，旅游经济发展的比较优势在于营销推广领域，于是在旅游发展腾飞初期，“集中人力、物力、财力、精力进行营销”的超常营销模式得以成功。

任何一个旅游区，人力、物力、财力、精力都是有限的，在大发展的初期，必须找出自身旅游经济发展的比较优势并围绕其形成个性化的战略性重点，这样，才能走出根本成功之路。反之，如果不围绕自身比较优势确定个性化的战略性重点，而是肤浅地学其他旅游区，则必败。

任何一个旅游区，围绕自身比较优势确定个性化的战略性重点，发展必能起飞，接下来，面临发展时序的问题。发展时序，可以分为思路性时序和技术性时序，前者是大的方面的时序，后者是小的方面的时序。除战略性重点坚定先行之外，一般情况下，安全保障、基础设施优先，品质提升、科技应用、周边发展随后，复合型旅游产品体系建设以及旅游产业链条拉长等方面的工作再往后安排。有的情况下，还要发展留白，让有些地块、有些方面“不发展或暂时不发展，才是最大的发展”。这种顶得住非议、有条不紊、十分理性的思路性时序安排，体现的是前途远大的旅游区发展定力，也堪全国从中获取启示。

湖北省

HUBEISHENG

47
中国旅游好案例
A GOOD CASE
OF TOURISM IN CHINA

武当山

一、案例背景

武当山自古“四大名山皆拱揖，五方仙岳共朝宗”，地位在全国名山中比较特殊，有“太岳”“玄岳”“大岳”之称，进入20世纪90年代后陆续入选世界文化遗产、全国重点文物保护单位、国家5A级旅游景区、国家森林公园、国家地质公园等，武当山结合丹江口，大山、大水、大人文，不仅是金山银山，而且是金字招牌，注定要成为中国旅游、中国文化在国际上的一张名片。武当山旅游，尤其是武当山文化旅游，曾经的经验有必要为全国汲取，未来的前途更是值得期待。

改革开放以来，压抑了很多年的中国传统文化，迸发出积蓄已久的巨大生机，自国内和国际两方面的需求甚至渴望高涨下，为传统文化底蕴深厚的旅游区带来无穷的发展机遇。这是武当山旅游发展的大背景。

此外，湖北省确定“一江两山”（长江三峡、武当山、神农架）的旅游发展战略，把武当山定位为区域型旅游发展中心，也构成了武当山旅游发展的一个小背景。

二、案例做法

本文叙述的武当山好做法，主要聚焦在1997年之后十年以上的高速发展期，重点关注景区节事活动和旅游业标准化两个方面。

（一）旅游业标准化——内练素质

武当山“内练素质”的重要手段是旅游业标准化。武当山旅游业标准化运用的是综合标准化的方法。

第一，为了提高旅游发展质量，武当山自1997年起，一方面落实国家旅游主管部门制定的各类旅游发展相关标准；另一方面制定和落实了一批适合自身情况、针对实际问题的个性化标准，使得武当山在景区游览、旅游交通、宾馆饭店、旅行社、导游、旅游商品包装、旅游工商户乃至宗教活动等涉及旅游管理与服务的各个方面、各个层面，都做到了相当程度的标准化，而且标准制定得比较具体。以旅游工商户的标准化管理为例，相关标准规定，每家旅游商店必须出售至少20种表现武当山文化特色的旅游商品，同时规定，每个旅游工商户必须有至少一名工作人员会讲至少20句英语。

第二，武当山旅游标准严格执行，由旅游部门牵头，会同工商、公安、食品安全、交通、林业乃至道协等各部门联合执行，各部门全部围绕相关标准开展工作，检查出没有达标的情况，进入处罚流程。以环境卫生为例，检查中发现一处垃圾出现在地面上，在拍照后5分钟内没有人捡起的情况下，相关公职人员即被扣工资。

第三，武当山将旅游标准的宣贯普及全体干部群众（这一做法很符合全域旅游的思路和要求），结合培训等活动，初步形成了氛围，极大地提高了全民对旅游发展的参与度。以“全民习武”和“全民讲道”为例，相关标准规定，武当山全民，尤其是每一位干部，必须在一定程度上会打太极拳，必须会背诵《道德经》指定篇章，做到全民能习武、全民会讲道，这两方面不达标的干部在公务员考核中将被扣分。

（二）景区节事活动——外树形象

武当山“外树形象”的重要手段是景区节事活动。武当山景区节事活动的开展，与其他很多景区不同。

武当山运用自身在历史上形成的文化底蕴和文化品牌，突破“道教名山”的标签，充分挖掘宗教文化（包括道教音乐、道教医学等）、武术（不限于太极拳）文化、古建文化，在节事活动的选题和内容上，不牵强附会，挖掘文化亮点、文化闪光点，突出武当山文化的内在精髓，突出最能触动人的灵魂、最能满足人的精神需求的文化内容。在这样的指导思想下，从1997年起，中国武当山国际旅游节、中国武当拳国际联谊大会、武当山庙会、武当山国际道教论坛等景区节事活动取得了各方面的巨大成功。

三、案例成效

1997—2001年，武当山景区接待游客人数连年翻番。在后来的稳步增长时期，也曾出现连续三年“零投诉”的喜人成绩。历经20年发展的武当山，早已拥有世界文化遗产、国家5A级旅游景区、国家重点风景名胜区等殊荣，也早已成为在全国范围内不但知名度高而且美誉度高的一流旅游景区。

四、案例启示

有人说，武当山是一幅“天然的名画”，任何人“添上一笔”都非常不容易。

在我国的大好河山中，有一类旅游资源属于“天然的名画”，我们称之为“超高品质旅游资源”或“超好旅游资源”。武当山探索出的“超高品质旅游资源开发利用之道”是“拟人化成长”。

拟人化成长，是编者概括的以武当山为代表的一种旅游资源开发利用理念，核心是把超高品质的旅游资源看作一个人来促进成长、培养或共存：在武当山旅游系统内有一句口号——“内练素质，外树形象”，这句话多么像是对一个人说的。

一个人的最高追求是自我实现。武当山成功的节事活动，完全是从自身历史文化中挖掘生发出来的，是对自身文化底蕴的自我实现，是文化存在的旅游升华，甚至是对武当山强大本我的一种释放，而非应时应景、牵强附会、标签化的活动。

一个人没有规矩不成方圆。武当山旅游的综合标准化，是在既有体制内，给武当山的方方面面制定并执行规矩。

我国古人喜将山水拟人，如青山多妩媚，西湖比西子，相看两不厌等。武当山“拟人化成长”的理念，值得全国各个“超好旅游资源”所在地参考。

48
中国旅游好案例
A GOOD CASE
OF TOURISM IN CHINA

恩施大峡谷

一、案例背景

恩施大峡谷旅游景区位于湖北省鄂西南部恩施市境内，目前是国家5A级旅游景区、国家地质公园，湖北省文明景区、湖北十大旅游名片。景区峡谷全长108千米，总面积达300余平方千米，目前对游客开放约36平方千米，由七星寨景区、云龙地缝景区、《龙船调》山水实景剧场、游客服务枢纽四大板块组成。峡谷中百里绝壁、十里峰丛、U形地缝、奇特天象、实景大剧等景观美不胜收，同时也是世界上唯一的“地缝—天坑—岩柱群”同时并存的复合型喀斯特地貌，因此被誉为“世界地质奇观·东方科罗拉多”。

二、案例做法

（一）项目整合·提档升级

2011年，鄂西生态文化旅游圈投资有限公司投资建设恩施大峡谷景区以来，相继启动了恩施大峡谷游客服务枢纽、客运索道、七星寨景区提档升级、地缝景区开发、女儿寨风情小镇和山水实景演出六大重点项目建设，现已累计完成投资13.8亿元，景区品质进一步提升，已成为恩施旅游的龙头，精品景区的格局已初步形成。

（二）活动营销·品牌打造

景区通过举办大型活动的形式提升知名度和影响力，先后与湖南卫视合作进行全球直播——美国冒险家迪恩·波特在恩施大峡谷徒手无保护高空走软绳，成功挑战41米的世界纪录；2013年9月，《美国国家地理》走进恩施大峡谷进行拍摄；2016年10月与美国科罗拉多西峡谷签约缔结为姊妹峡谷；截至目前，相继成功举办了“走进恩施大峡谷·相约土家女儿会”“恩施老年国际文化旅游节活动”“恩施大峡谷自行车挑战赛”“大通房车，恩施驾到”“国际房车露营地揭牌仪式”“中国·恩施大峡谷热气球旅游节”等系列活动。

（三）旅游扶贫·共同发展

为成功打造大清江国际旅游目的地建设，带动并加快推进地方经济稳步快速发展，恩施大峡谷将景区经营建设与地方扶贫进行统筹，主要通过实施产业扶贫，带动当地老百姓就业创业。在景区的出入口和缓冲区投资近 2000 万元建设了 202 个商铺，其中 158 个商铺采取每年 2000 元的低廉租金，提供给当地老百姓经营，带动当地老百姓依托景区创业。景区、酒店、演出人员等优先录用当地居民。建设女儿寨风情小镇和龙船调实景剧场等基础设施项目，完善恩施大峡谷景区的基础配套，吸引更多的游客在恩施大峡谷景区住下来，带动当地乡村旅游的发展。截至目前，恩施大峡谷景区带动恩施屯堡、沐抚，利川团堡等周边建成“仙居人家”、农家乐 200 余家，直接增加了当地老百姓就业 708 人。

三、案例成效

第一，景区投资修建的商铺用比较低的租金提供给当地老百姓创业，平均每个商铺可带动 2 ~ 3 人就业，纯年收入达 5 万元，最高可达 25 余万元，共带动约 400 人创业。景区重点项目建设过程中要求施工单位优先录用本地居民，每年就业人数超过 200 人。景区开发过程中充分考虑实际，对当地居民的荒山荒坡进行了林地流转。据统计，共流转 456 户居民，平均每户所得补偿收入达 20 万元，最高补偿达 200 余万元，直接增加了老百姓的收入。

第二，景区接待人数从 2011 年的 27 万人次提升到 2016 年的 100.92 万人次；2017 年继续保持强劲的增长势头，景区接待游客达 168 万人次，同比增长 75.87%；旅游综合收入达 2.45 亿元。景区还先后获得湖北省先进旅游景区、恩施州全州五强旅游景区、恩施市守合同重信用企业、恩施市旅游工作先进单位、恩施市“讲质量诚信、保质量安全”承诺单位、湖北省十大旅游名片等荣誉称号。

四、案例启示

第一，政企联手，共同推进当地茶业、花卉、蔬菜等基地建设，带动农村产业结构调整，当地政府又将取得的景区门票等税收收入投入景区周边的民居改造和当地乡村旅游的发展中，改善当地老百姓的生活环境，带动老百姓共同致富；政企联手共担社会责任的同时带来了良好的经济效益和社会效益，使得景区的开发与地方经济发展及老百姓脱贫致富形成互惠互利、良性循环的可持续健康发展之路。

第二，注重软硬件的双重打造，将旅游服务引入现代元素，利用场地资源引进娱乐业态，盘活项目，为周末游、周边游的游客提供新产品，与智慧城市实现无缝连接，真正实现旅游产业的现代化和多元化方向发展；游客人数不断创新高的同时重文化塑造、创新营销、品牌打造引起良好的社会反响，进一步提升了景区知名度，取得了口碑与效益的双丰收。

湖南省

HUNANSHENG

49

中国旅游好案例
A GOOD CASE
OF TOURISM IN CHINA

天门山

一、案例背景

湖南省张家界市是全国知名度很高的旅游城市，山岳资源十分丰富。张家界原名大庸，本是湘鄂渝边界的“划外之地”，长期以来“养在深闺人未识”。20 世纪 80 年代，张家界得益于吴贯中的一篇散文《失落的明珠》及一系列文学艺术采风活动而逐步成为旅游地区，通过滚动发展，张家界凭借后发优势与“异质思维”，不断聚集人气，率先成为全国第一个国家森林公园、第一批世界地质公园、第一批世界自然遗产地及第一批国家 5A 级景区。天门山是张家界景区开发的第二波，如何在群山耸立的张家界打破山岳型景区观光开发的传统定式思维，走出一条“自然 + 人文，境界 + 体验”的新感觉之路，其在先期定位和后期营运中进行了大胆探索与有益实践。

天门山景区坐落在拥有“峰林王国”和“武陵绿芯”两大美誉的张家界，因自然奇观天门洞而得名，现为国家 5A 级旅游景区，张家界的第二个国家森林公园。自开发伊始，天门山凭借豪气冲天的营销及策划多种极限运动而成为中国旅游景区当之无愧的新锐。

二、案例做法

（一）为传奇而生的天门山

2001 年，由天津宁发集团控股的张家界天门山旅游股份有限公司正式开始对天门山进行开发建设，并于 2005 年 9 月 6 日正式开园纳客。之前 1999 年及 2006 年，天门山先后有两次轰动世界的大事件发生：一是 99 张家界世界特技飞行大奖赛，来自 9 个国家的 11 名世界级特技飞行大师成功地穿越天门山洞；二是 2006 俄罗斯空军张家界天门山特技飞行表演，这为成功开发天门山景区吸引了足够的关注度。从 2005 年到 2018 年的十多年来，天门山公司一直以“异质理念、传奇手法”打造世界级一流精品景区为目标，创造了世界山岳性景区快速开发极速成长的奇迹。截至目前，天门山景区的建设开发已投入资金约14亿元，陆续建设完成了亚洲最长高山客运索道——天门山索道、天下第一公路奇观——99弯通天大道、东方天空之路——国内首条玻璃栈道、全球首个山体隧道扶梯——穿山自动扶梯，以及长约10千米的环山高空栈道、山顶森林观光缆车、天门山寺、世界首台实景音乐剧《天门狐仙》峡谷剧场等主要项目。

其中天门山的99道弯入选全球最奇险公路名单，足见天门山的传奇追求，基础设施也是旅游吸引物。

由于是第一次开发，天门山的每一项基础工程及景区建成都有一批拥趸者慕名前往。由于开发的时序把握得较好，营销做得引人入胜，每一步都获得了良好的经济回报。在今后较长一段时间里，天门山景区的开放面积将进一步扩大，目前正在建设3S索道，景区正在朝着年接待600万购票人次的能力迈进，业绩不断突破，传奇不断刷新。

（二）每一次的营销都成为传奇

十多年来，天门山一直坚持系统谋划、大手笔投入、突出创意、广泛覆盖的品牌营销策略，不遗余力地提升天门山的影响力和市场认知度。同时，也以提高张家界作为目的地的市场吸引力和促进张家界总体客流增长为基本宗旨，景区的传奇开发助推了城市的繁荣兴旺。

1999年，张家界政府主办的“飞机穿越天门”引起巨大轰动，天门洞一时名扬天下，但因当时天门山尚未进行开发建设而并未借此活动完整宣传天门山。不过此活动的巨大影响力和其中的精神价值激起了天门山之后不断推出以“传奇”为品牌内涵、以“不可思议的极限挑战”为活动形式、以“匪夷所思的悬念”为惊爆亮点的事件营销活动的发端和冲顶，成就一个景区的非凡意境，成就一座城市的光荣与梦想。

多年来，天门山公司策划并组织的活动有：“2007法国蜘蛛人徒手攀爬天门洞”“2008、2009新疆达瓦孜传人挑战极限坡度高空钢丝”“2010天门山索道钢绳中外高空王子对决挑战”“2011高山极寒冰冻活人”“2011翼装飞行穿越天门”“2012法国轮滑人挑战天路”“2015—2016天梯速降赛”“2017世界跑酷大赛”“2012—2017翼装飞行世界锦标赛”“2018女子高跟鞋挑战高空走扁带”等大型极限挑战活动，吸引了国内外主流媒体的广泛关注和报道，产生了巨大影响。

以天门山“翼装飞行”系列赛事为例：2011年9月24日，全球顶尖的“翼装飞侠”，来自美国的杰布·科里斯在天门山成功挑战人类首次无动力翼装飞行穿越天门洞。翼装飞行首次在中国亮相，“穿越天门”挑战 12 年后再次呈现，举世震撼。“翼装飞行穿越天门”活动由此获评“2010—2011 中国最具影响力的十大旅游营销事件奖”，其纪录片《天门》被美国国家地理频道买断并于 2013 年 11 月起在德国、法国、意大利、俄罗斯、新西兰、挪威、土耳其、爱尔兰、西班牙、印度、日本、韩国等数十个国家的电视台播出，全世界数亿观众通过纪录片中的独特视角，欣赏到张家界绝世美景尤其是天门山的雄奇险峻，对张家界和湖南旅游资源在全世界提高知名度及展示资源特点起到巨大作用。

2012—2017 年，张家界天门山先后承办了六届翼装飞行世界锦标赛。其中，2012 年的首届翼装飞行世锦赛被美国《时代周刊》评为“2012 年度全球 25 项最棒的发明创新之一”，这也是唯一一项在中国境内产生的“发明创新”。《时代周刊》还评价，这次比赛是一个前所未有的创新，不仅创造了翼装飞行运动的竞赛方式和规则，也是人类运动史上第一次在空中进行的飞行比赛，足以载入世界体育史册。

天门山景区对于传奇活动策划的孜孜追求，一直秉承以下几个特点：广泛收集全世界范围内相关信息，从新闻价值角度和可操作性上进行论证；活动内容一定包含巨大悬念成为公众关注热点；活动过程精彩无比、扣人心弦，内涵丰富，审美价值极高；挑战方式前所未有，独创新颖，几乎不可复制；与天门山资源条件紧密结合并完美呈现景区产品卖点；充分利用媒体资源，电视、网络、纸媒全面覆盖，媒体报道深度、广度俱佳。

除了极限赛事活动，天门山景区还利用自身奇险的自然景观资源，与红牛、梅赛德斯·奔驰、路虎等多个世界知名品牌合作，进行汽车挑战活动及广告片拍摄。2017 年下旬，世界知名品牌越野车——路虎在天门山天门洞 999 级天梯进行史无前例的“汽车挑战天梯”纪录片拍摄，并于 2018 年年初进行全球投放播出，天门山绝美风光以不一样的方式又一次亮相世界。

自开业以来，天门山公司在形象宣传方面已累计投入资金超过 2 亿元。天门山因先进的营销理念、准确的形象定位、优秀的形象策划包装能力、不断创新出奇的活动，成为全国旅游景区中市场营销工作的佼佼者，成为外地很多景区研究和模仿的标杆。其中，“天门山玻璃栈道扶墙族”的营销案例，不仅给景区带来火爆客流，更是引爆了全国各地的玻璃栈道修建及出游热潮，成了行业经典营销案例的典范。成功的形象宣传不仅使得天门山客流不断增长，也对张家界旅游形象的整体宣传和市场吸引力的提升起到明显作用。

三、案例成效

随着景区品牌影响力的迅速提升和市场美誉度的不断增强，天门山已逐渐成为充满传奇色彩的中华名山，也在世界范围内对越来越多的客源市场产生巨大吸引力，景区客流增长迅猛，景区接待游客量逐年攀升。2012 年，景区年接待人数首次突破 100 万人次；2016 年景区客流量继续强势增长，全年接待游客突破 300 万人次大关，达 376.9 万人次；2017 年景区年接待游客 386.7 万人次，实现营业收入约 8.36 亿元。

四、案例启示

（一）无奇不有

天门山景区成功的关键是传奇，从景区打造、文化塑造到景区营销，无不以传奇为核心诉求，在世界范围内游客越来越追求新奇的大背景下，天门山的传奇追求是实打实地达到了经济与社会的双重效益，景区不仅实现了良好的收益，而且市值不断翻番，更为张家界城市经济带来了巨大繁荣。

（二）同中求异

在拥有十万大山美誉与实质的武陵山地区，在同城有武陵源和张家界大峡谷两大山岳型景区的大竞争背景下，天门山将山岳型景区的异质元素进行了合理表达，那就是走文化、仙侠与宗教的衬托之路，整个景区请著名武侠小说家金庸先生题书“天门仙山”，景区有提质扩大的天门山寺，营销的有天界佛国，打造的有云梦仙顶，拿来的有天门狐仙，传说的有鬼谷炼丹、李自成藏宝等一系列人文现象。文化的异质亮出了与同地区自然景区的鲜明差异。

（三）异中求优

风景的独特、人文的厚重、建设的超越，若不能以优质的管理与服务相对接，则景区就不能实现良好的口碑与效益。长期以来，景区通过狠抓安全管理，及时排查安全隐患，严格景区经营秩序，实施统一营运，申报国家 5A 级景区实施标准化管理等一系列举措，确保景区的管理服务体系达到并超越同行管理水准。

50
中国旅游好案例
A GOOD CASE
OF TOURISM IN CHINA

洪江古商城

一、案例背景

洪江古商城坐落于湖南省怀化市洪江区，处沅水、巫水汇合处，是周边黔、滇、湘、桂、渝五省地区的集散地，尤其以桐油、木材、白蜡、鸦片等物资的集散而声名远播，享有“西南大都会”“小南京”“湘西明珠”等美誉，曾经成为湘西南地区的经济、文化和宗教中心。现仍保存完好的明、清古建筑（窨子屋结构）如商行、钱庄、青楼、烟馆、酒家、作坊、寺院、报馆、客栈、戏台、学堂等共380余栋，总面积近30万平方米。洪江古商城在旅游发展中，突出的问题是商业业态缺失。没有商业的“古商城”不是真正意义的商城。现在的古城仅仅恢复了历史交易场所的参观功能，适应游客的商业业态处于待开发阶段。一方面，古城经营者无法获得效益，原住民很难得到实惠；另一方面，游客也无法获得周到的服务和消费欲望的满足。

党的十八大后，中国的经济、社会发展步入“新常态”，中国经济增长速度呈现L形，面临着较大的经济下行压力，旅游产业成为新常态下中国经济增长的新引擎。随着全球旅游业的兴起和发展，文化遗产地开始成为世界旅游的热点。由于旅游业的兴起，旅游收入为文化遗产的保护提供了物质基础，人们对文化遗产保护的认识不断得到强化。可以肯定地说，旅游的发展对文化遗产复兴发挥了重要的作用。但另一方面我们也应该清楚地意识到，由于旅游开发中的激进和管理中存在的欠缺，旅游业发展给文化遗产保护带来的压力在不断加大，这已成为我国文化遗产地面临的普遍问题。因此，如何科学处理好文化遗产保护与旅游发展二者的关系，实现保护与利用的协调，是目前许多遗产地必须解决的重大课题。洪江古商城在遗产保护和旅游管理模式上的探索与发现具有一定的借鉴意义。

二、案例做法

（一）转变思路，更新模式

目前，洪江古商城景区由湖南洪江古商城文化旅游产业投资股份有限公司管理运营，公司于2011年5月成立，由怀化市洪江区管理委员会、湖南日报报业集团有限公司、凤凰古城旅游有限责任公司、大汉城镇建设有限公司、全国人大代表谢子龙先生五方注资1.2亿元组建而成，由叶文智先生担任公司董事长，洪江区城建投资公司代表洪江区管委会作为股东。管理模式从以前的政府单一转让资产经营权的模式转变为多方投入资产共同运作。

（二）复兴格局，完善业态

洪江古商城景区管理部门邀请了国内著名的旅游规划公司，做了两大方面的设计：一是复兴格局。即按照明清时期古城的街巷格局，复兴三大古城要素，首先是沿沅江、巫水恢复水码头，码头是洪江古商城的灵魂所在。主要包括贵州码头、福建码头、江西码头、洪盛码头、辰沅码头、五宝馆码头等十几个古码头；其次是整理会馆。包括福建会馆、贵州会馆、江西会馆、宝庆会馆、长沙会馆等。最后整理恢复相关的会馆与码头之间“冲”（街巷）的格局，将码头、会馆、商业街及“冲”连为一体。通过整理和恢复，古城的性格和风貌得以体现。二是完善业态。规划中整理出上百个临街门面和老字号铺子，利用这些门面和店铺，在古商城内部，商业业态主要服务于旅游者，商业形态主要为民宿客栈、文创展示、旅游购物、老字号店铺及特色小吃，沿河地带及码头商业业态主要以餐饮、休闲及酒吧等适合游客和当地居民消费的商业空间。通过整理和完善，洪江古商城现已形成以古水码头、滨河休闲和古城店铺及客栈为主体的多层次、全方位商业消费格局，使游客能够更深入地品味古商城文化。

（三）宣传推介，扩大影响

在洪江古商城的开发利用工作中，管理部门十分重视旅游宣传推介工作，着力“中国第一古商城”品牌形象建设。通过策划大型活动，形成旅游宣传的规模效应。组织策划了中国第二届财富论坛洪江古商城总冠名、中国旅游论坛十佳古城评选、“新潇湘八景”评选等活动。同时，先后发起并开展了“探访古商城古夜郎和平之旅”大型媒体采风、“千辆自驾车畅游洪江古商城”“王跃文点评洪江古商城”等活动。在首届湖南湘商大会上，洪江古商城被有关专家认定为湘商文化的源头，受到广泛的关注。

三、案例成效

2014 年，洪江古商城景区成功获批国家 4A 级旅游景区，随着景区内苏州会馆、徐复隆商行、洪江报馆等多个新景点建成开放，2018 年 1—8 月，全区接待游客 331.21 万人次，同比增长 13.51%；旅游收入 11.22 亿元，同比增长 18.04%。洪江古商城旅游的发展大大促进了地方经济的发展，扩大了当地就业人数，促进社会稳定。

四、案例启示

（一）树立具有影响的品牌，加强商业业态开发

洪江古商城凭借深厚的文化底蕴打造“中国第一古商城”的品牌。秉承“今天的精品，明天的文物，后天的遗产”这一理念，加强文化保护，加强本土文化意境的营造。在古城景区打造中要依托当地特色，树立具有国际意义和影响的品牌。

洪江古商城不光是经营木材、药业、桐油这三个主业，还包括金融业、政府的服务、军队的服务以及各种娱乐服务业的配套服务都非常突出，可以看到一个完整的商城的题材。

（二）努力优化发展环境，积极招商引资

古城类景区面临保护的压力较大，管理部门应制定出台加快旅游产业发展的相关优惠政策，广泛吸引各类资本兴办旅游业，加大旅游招商引资工作。

广东省

GUANGDONGSHENG

51
中国旅游好案例
A GOOD CASE OF TOURISM IN CHINA

东部华侨城

一、案例背景

东部华侨城坐落于广东省深圳市大梅沙，占地近 9 平方千米，主要包括大峡谷生态公园、茶溪谷休闲公园、云海谷体育公园、大华兴寺、主题酒店群落、天麓大宅六大板块，是国内首个集休闲度假、观光旅游、户外运动、科普教育、生态探险等主题于一身的大型综合性国家生态旅游示范区。

东部华侨城紧紧围绕"生态、文化、康体、娱乐、亲和、品质"六大战略要素，整体推进战略规划、策划设计和施工建设工作，成就了具有新兴旅游特质的世界级度假旅游目的地。

二、案例做法

（一）尊重自然、师法自然、回归自然

保持山形地势沟壑的完整性和森林生态系统的原始性，遵循自然规律在青山、绿水、茶田和湿地之间营造悠闲、情趣、浪漫和欢乐，为都市人享阳光之美、听天籁之声、寻森林之幽、品茶溪之韵、悟人生之道创造条件和提供便利。

东部华侨城不仅把这种文化深深地植根于战略规划与施工建设之中，而且还精心策划了大型音乐舞蹈晚会《天禅》《天音》和《天机》，贡献了最具艺术品位的文化经典巨作，把天人合一演绎得美妙绝伦。

（二）健身益智的公众体育运动

大峡谷的峡湾森林、发现之旅、地心之旅、太空之旅、激流之旅和云中部落六大主题

项目，为回归自然的人们提供了互动参与的体验活动。

茶溪谷的童真体验、自然艺术、茶岭闻香、竹溪寻幽、森林氧吧和锦绣湿地六大主题项目，为现代都市的人们提供了品茗游园的健身活动。

云海谷的“五线两营地”主题项目，为休闲健身的人们提供了高品质的公众户外运动。东部华侨城不仅是珠江三角洲地区的生态旅游区，而且是国内一流的开放性公众体育公园。

（三）艺术性的大众化娱乐活动

依托自然的生态环境和独特的主题意境，通过艺术的提炼和技术的深化，将三洲田的山水、茶溪谷的茶艺、大峡谷的神奇、风情小镇的精彩、体育公园的活力和《天禅》的气势磅礴整合成人们陶醉其中的阳春白雪和下里巴人。

东部华侨城的娱乐活动是野趣的，人们远离都市的尘嚣来到这里享受回归自然的纯粹；是大众的，开放性的自然环境为人们忘情山水展开了宽阔而美妙的怀抱；是动态的，大峡谷、云海谷、茶溪谷、体育公园和风情小镇形成了具有韵律感的娱乐线索，随山就势布局的参与性项目与娱乐性活动为人们构筑了流连忘返的欢乐世界。

三、案例成效

美国主题娱乐协会（TEA）与美国 AECOM 集团联合发布的 2017 年全球主题公园数据报告，华侨城主题公园游客量达到 4288 万人次，其中东部华侨城游客量为 396 万人次，继续蝉联世界主题公园集团四强位置，领跑亚洲同行。

东部华侨城是华侨城集团开发的国内首个国家级生态旅游示范区，是国家 5A 级旅游景区和国家级旅游度假区，是“精彩深圳、欢乐之都”流光溢彩的一张城市名片。其以城市化内涵拓展、功能配套主题化等措施构造的多元化产品体系和可持续发展的理念，具有全国性及国际化的普遍意义。

四、案例启示

（一）城市生长与生态融合

强化项目功能与城市、区域的内在发展规律契合，与周边旅游度假资源的一体化，实现与周边的都市休闲、乡村旅游、度假酒店、商业街区和休闲地产等资源整合、协同管理、营销发展，整体打造新型的旅游度假目的地。

（二）主题场景与度假空间

项目地处深圳，靠近香港特区，对市场需求把握得比较精准，对于客户群有准确的判断，选择最合适的发展路线，因地制宜，建设独具特色的主题公园集聚，强化主题游乐场景与度假空间的相互驱动融合，构造山地休闲度假地。

（三）创造市场与主客共享

不仅仅是迎合市场，更重要的是创造市场，用创新引导市场。启发游客思维，激发消费欲望，将潜在客源变为实实在在的经济效益，敢于发掘新思路，干出新天地。

（四）文化衍生与产业集聚

在华侨城构造区域内，文化氛围具有开放性和创造性，它决定着所在城市的文化特色绝不是摒弃外来文化和拒绝外来事物的自我崇拜，而是一种兼容并蓄的文化情怀，培育了度假生活融合发展的土壤。

横琴长隆

一、案例背景

广东长隆集团集主题公园、豪华酒店、商务会展、高档餐饮、娱乐休闲等营运于一身，是中国旅游行业的龙头集团企业。目前，长隆集团旗下共拥有广州长隆旅游度假区和珠海长隆国际海洋度假区两大世界顶尖综合旅游度假区，组成了一个宏大和顶尖的中国长隆旅游目的地。

珠海横琴长隆国际海洋度假区地处与澳门近在咫尺的中国国家级开放新区——珠海横琴新区，集主题公园、豪华酒店、商务会展、旅游购物、体育休闲于一体。度假区首期总投资超过 200 亿元。首期建成三大项目，包括全球最大的海洋主题乐园——长隆海洋王国，中国最大的海洋生态主题酒店——长隆横琴湾酒店和汇聚全球马戏金奖节目的长隆国际马戏城。

二、案例做法

（一）高水准的项目，世界领先的产品

长隆看准全球顶尖的技术，引进一流和领先的项目。长隆旗下各大主题乐园开创了多个全国乃至“世界第一”。

长隆野生动物世界是国内动物种类最多、种群最大的野生动物主题公园，诞生了全球唯一存活的熊猫三胞胎和全球唯一的考拉双胞胎。

长隆欢乐世界是集全球顶尖游乐设施和大型演艺于一身的新一代游乐园，创造了八项亚洲及世界之最。

长隆国际大马戏是 20 多个国家马戏精英和众多动物明星联袂打造的全球最大的马戏表演。

珠海长隆海洋王国一举拿下六项吉尼斯世界纪录：最大的水族馆、水族箱、亚克力板、水族馆展示窗、水底观景穹顶及全球最大的 5D 影院。

（二）持续地创新，保持项目的新鲜度和生命力

永远保持自我扬弃的姿态，永远追求创新。作为世界一流的野生动物园，香江野生动物世界继 2004 年首创国内自驾游观赏动物模式后，又创造了国内同行独一无二的新的旅游概念——夜间看动物。

野生动物园经营理念不断更新之时，长隆又勇敢果断地踏进游乐园市场，以过亿巨资打造国内新一代游乐园的典范之作———长隆欢乐世界。

长隆欢乐世界继首期 60 余项世界顶尖游乐重磅推出之后，在不到一年的时间内，又全面升级，国际特技剧场、四维影院、大摆锤等 5 大王牌项目震撼登场。

长隆还注重不断挖掘项目的深度，丰富每一个主题项目的内涵，及时对项目进行创新。如香江野生动物世界 2006 年接连引进澳洲国宝树熊考拉和中国国宝大熊猫。长隆欢

乐世界也充分抓住节日的契机和设备的特点大搞创意活动，如十环过山车上的婚礼、减压节等，在社会中引起良好的反响。

（三）针对性强且贴心的服务，成为业内标杆

在长隆，所有的商业、餐饮均为长隆自营，为了保证餐饮等其他二次消费产品的服务质量，长隆仍然尽可能地将每一个餐厅、商店的消费体验做到最好。每一位服务人员在自己的岗位上尽职尽责的同时，也与游客有着良好和谐的互动。

每一个游客在长隆都可以找到被重视、被尊重的感觉，服务员主动打招呼问好，微笑回答游客的问题。为了保持救生员昂扬的工作状态和积极的服务态度，长隆要求救生员每半小时进行一轮换岗，在保证救生质量的同时也避免因工作疲劳向游客出言不逊。

小孩子在长隆更是享受 VIP 的待遇。当宾客带着孩子在酒店办理入住时，长隆的吉祥物“卡卡虎”就会在一旁陪伴孩子玩耍。

三、案例成效

978.8 万客流量、全年 365 天开放、20 ~ 24 岁的年轻游客比例高达 34.3%、五大世界纪录认证游园之最、八大世界行业标杆……

2014 年，国际游乐园和景点协会博览会上珠海长隆海洋王国摘取了“主题公园杰出成就奖”，成为首个获得这一奖项的中国主题娱乐品牌。与此同时，广州长隆旅游度假区作为亚洲唯一代表闯入本年度“全球最佳主题乐园奖提名名单”，这也是中国内地主题公园首次获得这一业内顶级大奖的提名。

2017 年，长隆集团旗下的珠海横琴长隆海洋王国 5D 城堡影院获得全球主题娱乐协会颁发的“杰出成就奖”，是唯一一个获得该奖项的中国本土旅游品牌。

四、案例启示

（一）长隆元素无处不在，主题极致化

长隆度假区内处处可见主题元素，极致化氛围营造，除了传统的造型结合等方面，酒店的主题化体现令人惊叹。例如企鹅酒店主题房间，随处可见企鹅的元素：床单、洗手间、浴袍、洗漱用品等。长隆酒店的白虎自助餐厅，可以看着真实白虎和火烈鸟用餐，就

连员工的工作服也处处体现了长隆的元素。酒店主题特色鲜明并且与景区无缝对接，餐饮上的主题体现则更是无处不在。

（二）集群化的筹建运营理念，分步实施的落地步骤

珠海长隆以海洋动物元素为关键、以乐园为核心吸引物，通过几大乐园联动主题酒店、科学馆、商业等多样业态形成“乐园 + 酒店”集群发展路径，进一步丰富产业链，实现游览内容产品优势互补、覆盖各个年龄段游客，整体竞争力强，更能使资源使用效率最大化，四季皆可游玩。

（三）强强联手，旅游与娱乐融合的典范

长隆在产品开发上实行的“高举高打”战略进一步延续到营销策略上，永远选择“第一”和“最好”，与顶级媒体和顶级电视节目强强联手，极大地提升了长隆在主流媒体上的影响力，其“娱乐营销”战略已经成为一本实用的市场推广教科书。

巽寮湾

一、案例背景

巽寮湾滨海旅游度假区位于广东惠州的稔平半岛西南部，紧连大亚湾，毗邻深圳、香港地区，总面积约 105 平方千米。度假区滨海旅游资源得天独厚，拥有中国并不多见的岸线旅游资源，极其珍贵稀罕，海岸线长 27 千米，依山傍海分布着七山八湾十八景，尤其以“石奇美、水奇清、沙奇白”而著称，有“天赐白沙堤”“中国的马尔代夫”等多种美誉，自然生态环境优美，气候宜人，文化底蕴深厚，是广东省知名的滨海旅游度假区。

2017 年，巽寮湾滨海旅游度假区被认定为省级旅游度假区，目前正在全力创建国家级旅游度假区。巽寮湾将以打造成为“国际级旅游度假目的地”“粤港澳重要旅游基地”“珠

三角滨海旅游首选地”“惠州旅游龙头”的四个发展定位，加快旅游配套设施建设，主动参与和融入粤港澳大湾区的建设，不断提升巽寮湾的知名度和美誉度。

二、案例做法

（一）政府统一保护、规划和管理

巽寮湾滨海旅游度假区管理委员为惠东县人民政府的派出机构，代表县政府对度假区行使统一保护、统一规划和统一管理的职能。

管委会自成立以来，按照惠州市委、市政府的要求，在县委、县政府的统一领导下，切实认真履行职责，着力从盘活土地入手，加大资源保护的工作力度，增加建设投入总量，逐步完善基础设施和配套设施。

与此同时，紧密配合有关部门，在《巽寮旅游区总体规划》的基础上，编制《巽寮滨海旅游度假区控制性详细规划》，用于指导区内的开发建设和管理。

（二）实施“旅游兴区”“项目兴区”战略

巽寮依托优质的海洋资源和得天独厚的生态环境，积极实施“旅游兴区、项目兴区”发展战略，大力发展以滨海旅游为主导的旅游产业，初步构建形成了“一轴三区”的产业发展格局。

一轴：以金海湾大道为主干线；南区：为“世外桃源”，主要打造高端旅游休闲区；中区：为“深蓝小镇”，主要打造旅游服务核心区，主要建设项目有游客服务中心、天后宫岭南民俗文化街、海尚湾畔酒店、铂尔曼酒店、银滩路、海公园、海世界、国际会议中心、漂流等；北区：为“绿之海洋”，主要打造生态旅游观光区，主要建设项目有中航城、华南国际帆船俱乐部、体育公园等。

（三）不断转型升级，打造旅游品牌

巽寮湾在传统酒店、餐饮行业等基础上，全力开发海上和山体运动休闲项目，推进休闲渔业、游艇、帆船、漂流等特色旅游项目建设。

陆续引进了岭南书院、冰雪乐园、海趣馆、水母馆、巽秀剧场、龙腾峡山海漂流、华家班汽车特技表演、派啊沙滩音乐狂欢节、极速卡丁车、金融街游艇会等休闲娱乐项目，从单纯的沙滩游、海中游变成集游艇、帆船、漂流、海钓、文化表演等游乐项目多元化为

一体的业态，培育和打造出富有巽寮特色的旅游品牌。

三、案例成效

近年来，随着厦深高铁、惠州机场、广惠高速东延线及海湾大桥等重大交通基础设施的建成使用，深圳、东莞、广州等珠三角核心城市前往巽寮湾更加方便快捷。2017 年，巽寮湾旅游接待人数达 403.5 万人次，实现旅游综合收入 99727.6 万元，基本形成集旅游观光、休闲度假、会务服务、水上娱乐和特色风味于一体的旅游服务体系，已经成为珠三角乃至粤港澳地区的重要旅游目的地。

巽寮湾先后被评为“国家 4A 级旅游景区”“全国最佳休闲名镇”“全国特色景观旅游名镇”“广东十大美丽海岸”“广东滨海旅游示范景区”“广东省国民旅游休闲示范单位”“惠州市民最喜爱景点”。

四、案例启示

（一）打造知名的文化旅游品牌

作为妈祖文化的传承地，巽寮湾大大小小的天后宫多达 11 处，其中，2010 年，中区天后宫被原址扩建成天后宫岭南民俗文化街，天后大殿供奉的妈祖神像为广东省最高妈祖神像，高达 5.3 米。

近年来，通过积极传承和挖掘利用妈祖文化，成功举办了五届中华妈祖文化旅游节、首届南粤妈祖文化旅游周活动暨甲午海祭大典等重大节庆活动，打造成了知名的文化旅游品牌，有效提升了景区知名度。

（二）“以节扬名，以节活市”的营销政策

巽寮湾按照“旅游 + 文化、体育、时尚”等各类新颖元素，大力开展特色旅游活动。成功举办了国家级职业模特选拔大赛、六届妈祖文化旅游节、休渔放生节、沙滩音乐节、房车展、彩色跑步、巽寮湾马拉松等主题活动，吸引了大量游客前来参观体验，有效促进了地方文化与旅游的整合互动。

（三）“请进来，走出去”的旅游宣传策略

实施“请进来，走出去”的旅游宣传策略，巽寮湾知名度和美誉度在国内外，特别是在珠三角地区得到了明显提升。与主流网站、报刊、电视、广播电台和自媒体等合作，主动让媒体“走进来”；积极参加全国各地旅游推介会，加大投入制作宣传手册、视频等，主动让自己“走出去”，把巽寮旅游的特点和亮点宣传出去，提升对国内外游客的吸引力。

广西壮族自治区

GUANGXIZHUANGZUZIZHIQU

54
中国旅游好案例
A GOOD CASE
OF TOURISM IN CHINA

涠洲岛

一、案例背景

涠洲岛，位于广西壮族自治区北海市北部湾海域中部，北临广西北海市，东望雷州半岛，东南与斜阳岛毗邻，南与海南岛隔海相望，西面面向越南。总面积 24.74 平方千米，最高海拔 79 米。岛内景区包括鳄鱼山景区、滴水丹屏景区、石螺口景区、天主教堂景区和五彩滩景区等。

涠洲岛是火山喷发堆凝而成的岛屿，有海蚀、海积及熔岩等景观，有“蓬莱岛”之称，是中国地质年龄最年轻的火山岛，也是广西最大的海岛。

涠洲岛旅游资源独特，可供游览的景点和参与的项目较多，作为火山地质公园，仅火山奇观游憩就很吸引人，加上天然的海景更是让人向往。同时，天主教堂、圣母堂、三婆庙和谐共存于一岛，其多元文化也能让游客感受到不同的风情。岛上风光虽美，但由于交通状况未改善，配套设施不太完备，接待能力跟不上等原因，无法满足游客吃、住、行、游、购、娱等方面的需求。游客上岛多是进行观光游，未能形成休闲度假氛围。根据《北海涠洲岛旅游区发展规划》的总体目标，把涠洲岛打造成“一湾、一岛、两翼、三区、一海”的大格局。

二、案例做法

（一）优先启动“一湾”南湾风情度假湾

区域范围与特点：东至芝麻滩，西至火山口，北至湾背，南至海域，面积约 6.0 平方千米（含海面面积）。优势在于：一是优质资源荟萃，拥有相对平静的海湾、火山地质景观集中、沙滩、小镇、民俗等；二是拥有难得的内湖环境，半封闭式的空间便于营造欢乐的氛围，合适的高差便于营造层次递进的排式建筑景观风貌，具备立体空间开发的条件；三是处于门户位置，能形成很好的带动效应；四是小镇粗具规模，具备开发基础。要解决的问题主要是处理好与海军的关系，对渔民和部分居民的搬迁安置。区域的发展定位、方向与目标是该区域的开发，既可以近期形成观光、体验旅游的驱动区域，也可以成为休闲度假旅游的最初动力和主要载体。它是地质遗迹景观的集中区，作为申报国家 5A 级旅游景区及世界地质公园的主体部分。建成兼具主题娱乐、休闲运动、餐饮、购物等多功能的国际风情海湾旅游休闲区。

（二）强力推进“两翼”：石螺湾休闲度假区、东岸国际社区

石螺湾休闲度假区北起大岭，南至蕉坑，东至新安村，西至海边，面积约 2.6 平方千米。优势是拥有高品位的火山悬崖、鲜花海岸、五彩珊瑚和洁白沙滩，劣势是海岸线相对较短、滨海区面积不大。该区域是涠洲岛超豪华度假酒店的集中区域，以超豪华度假村、高星级度假酒店群为启动项目，逐步完善配套，形成旅游度假区。 东岸国际休闲社区北起沟门村，南至芝麻滩，西至百代，东至海边，面积约 4.1 平方千米。优势是拥有很长的海岸线、宽阔的沙滩、滨海区面积大、教堂、盛塘古村落，劣势是滨海资源特色不明显。本区域的开发以海景高尔夫、海景高尔夫别墅和教堂婚庆基地等为启动项目，逐步完善配套设施，形成旅游度假区。

（三）协调发展“三区”：热带农业休闲区、西港物流控制区、北岸高端生态旅游度假区

热带农业休闲区北起城仔村，南至湾背村，西至山仔，东至盛塘，面积约 5.5 平方千米。优势是毗邻“一湾两翼”处于岛心位置、拥有热带气候条件和肥沃的土壤、独特的乡村建筑，劣势是没有水面。本区域的开发要以“绿心花园”理念为指导，与北海现代农业科技园区互动，以名、特、优的热带农业品种为主，农业种植与景观建设结合，农庄发展与乡村休闲结合，打造甜蜜的生活空间和生态休闲空间，为后期休闲地产开发留下优质的后备发展空间。西港物流控制区北起上后背塘，南至大岭村，东至山仔，西至海边，面积约 3.3 平方千米。优势是属天然良港、拥有优质海滩、客货运的主要港口，劣势是有原油码头与南油码头、有油气加工厂、景观视觉效果较差、存在油气泄漏的潜在风险。本区域的开发要保留港口的公共服务功能，控制物流区的发展，进行景观优化，对区内个别项目开展搬迁的可行性论证。北岸高端生态旅游度假区东起盛塘，西至山仔，南至城仔，北至海边，面积约 7.6 平方千米。优势是拥有成片的防风林、野生动植物数量多、优质海滩、

珊瑚礁、相思湖、月佬湖等资源。本区域的开发要保护并提高森林覆盖率，维持海岛生态链，开发小体量的鸟巢式高端生态村。

（四）做活做亮“一海”：海洋休闲运动区

区域范围与特点：以涠洲岛及斜阳岛周边的海域为主，以远洋为辅。海水清洁，温度高，年变化小，常年可下水游泳。海洋气候有利于开展帆船、帆板、冲浪等运动。生物种类丰富，是良好的渔场。在深海区有随海流前来的金枪鱼、旗鱼、鲨鱼等远洋性鱼类，便于开展深海垂钓项目。区域的发展定位、方向与目标为：涠洲岛休闲运动的主要区域、海岛休闲度假旅游的最初动力和主要载体。

（五）标杆打造“一岛”：斜阳岛顶级休闲度假岛

区域范围与特点：位于涠洲岛东南方14千米的斜阳岛，面积1.9平方千米。优势在于：一是涠洲岛的离岛，拥有难得的封闭环境；二是拥有成片的台湾相思树林，具有良好的生态植被和地质地貌的多样性；三是岛上地形适度起伏，便于旅游项目的布局。要解决的问题：一是旅游开发要争取军方的许可，实现封闭式开发；二是要解决进入性问题，采取直升机与游艇两种进入方式；三是要解决淡水、污水处理等基础设施问题，适度共享本岛的基础设施。

三、案例成效

改革开放以来，涠洲岛的旅游业发展一直得到中央和地方政府的高度重视。随着国务院批准实施《广西北部湾经济区发展规划》，涠洲岛所在区域的开发上升为国家战略。中国—东盟自由贸易区也已经建成。北部湾区域的经济社会格局正在发生前所未有的变化。新的形势为涠洲岛旅游业提供了难得的发展机遇，并赋予其崭新的历史使命。

首先，涠洲岛旅游业将作为参与东盟合作的先头产业之一，促进中国—东盟自由贸易区由共识走向务实。相比其他产业，旅游业在中国—东盟自由贸易区成员国之间的合作障碍较低，有条件成为最先进入实质性合作层面的产业。

其次，中国最新的国家旅游发展战略提出产业升级、结构优化和综合社会效益。涠洲岛作为后发展的旅游地，有条件通过理性规划和科学管理，走出一条符合中国旅游产业转型和旅游战略的创新发展道路，形成真正具有复制和借鉴价值的示范模式。

最后，涠洲岛独特的资源特征和综合优势，使其有条件发展成为中国最具国际竞争力的全季候型海岛度假目的地。在这一发展过程中，涠洲岛将作为我国新兴的海岛型旅游度假目的地，承担起产业分工职能，并成为广西经济社会发展新的增长极。

四、案例启示

涠洲岛抓住创建国家5A级旅游景区和广西特色旅游名区的机遇，以打造“国内一流、国际知名的休闲度假海岛”为定位，扎实推进海岛保护与开发，重点实施“高端定位、旅游统筹、对接国际、南湾突破、创新示范、生态持续”的开发战略举措，高标准打造休闲度假海岛。

（一）高端定位

一是立足区域战略高度，从国家区域战略布局需要来谋划涠洲岛的发展；二是面向高端市场，重点开拓社会精英、名流、新贵、达人等群体，以高端市场吸引中高端市场；三是推进精品建设，打造龙头项目，深化游客体验；四是提升整体品质，从旅游环境、设施配套、服务提供等各环节全面优化提升涠洲岛的旅游品质，打造高品质的旅游目的地。

（二）旅游统筹

一是坚持以旅游发展为主导，确立旅游兴岛战略定位；二是强化政府主导和资金投入，积极引进战略投资商，加快推进重点项目建设，实现旅游发展新跨越；三是以旅游统筹全岛经济发展，统筹村落整治和建设，统筹社会文化的营造，强化旅游的引领和带动作用，推进基础设施建设、乡村聚落、农业发展等的旅游化改造，促进旅游与乡村建设、农业等其他行业发展的融合。

（三）对接国际

一是强力推进国际化运作，争取国际著名的度假酒店集团的进入，打造引领性的高端项目；二是全面实施要素国际化改造，在签证、免税、支付手段、电视频道等方面有所突破，营造国际游客方便、舒适、快捷的消费环境；三是全面开拓国际客源市场，特别是在老牌海岛休闲度假客源市场（如美国、英国、法国、德国等）上有所突破，让涠洲岛真正跻身于世界海岛休闲度假旅游的目的地之列。

（四）南湾突破

一是要优先启动南湾旅游项目建设，打造风情度假海湾，建设涠洲岛海岛度假旅游的主基地；二是要发挥南湾的牵动引领作用，强力推进两翼开发，并带动中间地带的乡村和农业的旅游化发展，建设绿心花园，实现涠洲岛旅游发展的整体突破；三是积极推进南湾与斜阳岛的差异定位和联动发展，共同推进整体目的地的建设和发展。

（五）创新示范

一是要树立创新意识，深化机制改革，推进模式更新；二是依托高层关注和文化与旅游部联系点的工作机制，力争成为国家综合改革试验区；三是积极引进新产品、新技术、新业态，发挥在全国海岛旅游发展过程中的示范效应，成为国内海岛旅游新标杆，比如，迎合低碳经济时代，加强节能减排新技术的引进，建设绿色经济示范区。

（六）生态持续

本着可持续发展的理念，坚持生态式开发的原则，把涠洲岛建设成一个融绿色、生态、低碳、宜居为一体的健康度假空间，成为世界绿色旅游经济的典范。一是要树立绿色发展理念，坚持生态化开发、强化绿色管理、建设生态旅游目的地；二是要构筑绿色旅游产业体系，核心在于形成高端化、高质化、低碳化、生态化的产业结构，大力发展生态高效农业，重视景区内建设的“绿化”措施，重视绿色环保型酒店的建设；三是提倡绿色消费方式，大力宣传绿色消费价值观念，在社区和游客中形成自然、健康、适度、节俭、生态的绿色消费环境和氛围，引导资源节约型、环境友好型、低碳排放型的消费模式的建成；四是完善绿色发展保障，政府需要切实加强对发展绿色经济的引导，创新绿色发展机制。

印象刘三姐

一、案例背景

1961 年电影《刘三姐》的诞生，一大批游客是被影片中秀丽的桂林山水、美丽的刘三姐、动听的山歌吸引前来，为了游览桂林山水、寻访刘三姐和广西山歌。至此，刘三姐集团、刘三姐香烟等一系列有关刘三姐的企业不断涌现。然而，如何借由刘三姐的精神以及文化，将广西壮族的文化具象化，将桂林秀丽的山川河流打造成具有民族性、文化性的景观，使之作为独有的旅游资源，并在巨大的客源市场中占领一席之地，是桂林市、广西壮族自治区乃至民族旅游界共同面临的一大难题。

《印象・刘三姐》作为中国・漓江山水剧场的核心工程，是全球最大的山水实景剧场，其兼具艺术性、震撼性、民族性和视觉性，历经五年零五个月的精心打磨，囊括 1.654 平方千米水域、12 座著名山峰，于 2004 年 3 月顺利完工，并正式投入演出使用，成为广西民族文化旅游的活名片。

二、案例做法

（一）缘起漓江峰间

1997 年，随着音乐电视剧《刘三姐》的播出与风靡，广西旅游业迅速发展，广西壮族自治区文化厅下达了对如何利用广西原有文化底蕴，将民族文化与广西旅游结合起来的指示。为贯彻落实广西壮族自治区党委、政府关于唱响漓江山水、拉动广西旅游特别是桂北经济旅游区的号召，按照“三个代表”重要思想的要求从事先进文化工作，中国・漓江山水剧场于 1998 年年底确定将当年电影《刘三姐》主要拍摄之地——阳朔的漓江与田家河交汇处选为剧场，立足于漓江之畔，崛起于山川之间。

山水为台，青草为倚，星空为幕——这是一座与地球同龄的剧场。山峰时隐时现、水面如明镜、细雨如烟加上轻风拂过竹林的轻吟、月光洒落地面的斑驳光影随时都会进入演出，成为美妙的插曲。无论晴天或烟雨，这里都会有一番美的享受。

（二）集萃民族风华

任何项目的起初，都是一个突如其来的灵感，《印象·刘三姐》的灵感，源于山歌的熏陶、民族的风情以及漓江的渔火。自古以来，广西的壮、汉、瑶、侗等民族喜歌善唱，这种民族性格使他们很自然地创造出歌仙刘三姐的传说来。人们把刘三姐作为歌唱活动的精神性因素，为获得创作灵感的激发而崇奉之。因而，如果说刘三姐象征着广西先进文化，那么《印象·刘三姐》就是对广西少数民族文化风华的一剪缩影，山歌文化与自然山水的融合，象征着广西人民对大自然的依恋以及对强权的不屈。

《印象·刘三姐》将刘三姐文化与山歌融入山水中，引导游人纵情于山水，高歌于竹林，真实地参与到广西少数民族的文化中，亲身参与和描绘一个五彩斑斓的少数民族纯美画卷，将民族风华浓缩于一方剧院，使之脱离初级的旅游模式，创建文化场景，营造场所记忆，注重文化植入，将之打造为具有地标特色、不可复制的民族旅游项目。

（三）演出巅峰巨作

作为世界上最大的山水实景剧场，《印象·刘三姐》有全球最具魅力的导演，最久远传唱的民族山歌，集漓江山水风情、广西少数民族文化及中国精英艺术家创作之大成，是全世界第一部全新概念的山水实景演出。

方圆 2 千米的漓江水域，12 座背景山峰，广袤无际的天穹，歌圩几乎全部被绿色覆盖，绿化率达到了 90% 以上，里面种植有茶树、凤尾竹等，加上所植草皮。其中，《印象·刘三姐》的灯光、音响系统均采用隐蔽式设计，与环境融为一体，水上舞台全部采用竹排搭建，不演出时可以全部拆散、隐蔽，对漓江水体及河床不造成影响。观众席依地势而建，梯田造型，与环境协调，同时也考虑到了行洪的安全。另外，100 多亩建设用地上，鼓楼、风雨桥以及贵宾观众席等建筑散发着浓郁的民族特色，这些构成了迄今世界上最大的山水剧场——《印象·刘三姐》。

用著名导演张艺谋，《印象·刘三姐》总导演本人的话说："它是一场秀"，它秀的是桂林山水，秀的是民俗风情，秀出了天人合一的境界。以戏为引，引为广西先进文化，引为民俗风情，将之融于山光水色之中，打造集经济与旅游于一身的民族特色景点。

（四）引领周边经济

作为广西特有的民族特色旅游景区,《印象·刘三姐》具有一定的游客基数和市场，在文化的引领方面也具有一定的消费引导，在文化的创作过程中，除了要考虑文化演出本身是不是一个好的作品、好的精品外，还要考虑是否能带动相关产品的销售以及周边产业的发展。2015 年阳朔经济的数据显示,《印象·刘三姐》带动当地 GDP 增长 5%，为阳朔经济发展做出了一定的贡献。

三、案例成效

《印象·刘三姐》自 2004 年 3 月公演以来，每年高达 500 多场演出，累计接待观众超过千万，已成为广西民族旅游的活名片，刘三姐文化的先锋传播者。

2017 年国庆黄金周,《印象·刘三姐》于 10 月 3 日、4 日连续两天各演出四场，10 月 1 日—4 日接待游客超过 4.5 万人次，创历史新高。截至 2017 年 12 月 30 日，累计销售门票 162 万张，票房总收入 2.1 亿元，净利润近 1 亿元。

四、案例启示

《印象·刘三姐》给全国旅游的启示可以概括为：文化与景色并重，旅游带动经济发展。

将文化或民俗作为切入点，结合地形地貌，使之具有不可复制性，打造具有地方特色的旅游景点。在《印象·刘三姐》中，以刘三姐文化作为切入点，结合山歌、民俗风貌以及漓江渔火等元素，将之融于漓江山水剧院以及表演之中，打造具有广西特色不可复制的山水剧院，融入地域文化性，使漓江山水具有标志性和文化性，形成标志性旅游景点。

同时，旅游景点还应借鉴同类旅游项目成功经验，以旅游业为核心，带动周边经济发展。在《印象·刘三姐》中，以漓江山水剧院为经济核心，发展周边产业，敢于创新，发展旅游业但不局限于旅游，使当地市场中心化，带动当地经济发展。

海南省

HAINANSHENG

56
中国旅游好案例
A GOOD CASE OF TOURISM IN CHINA

三亚南山

一、案例背景

南山文化旅游区位于海南省三亚市，属热带海洋季风性气候，森林覆盖率为85%，其空气质量和海水质量居全国首位，是一座展示中国佛教传统文化的大型园区。景区的南山，面朝南海，坐落在中国唯一的热带滨海城市——三亚市的西南40千米处，是中国最南端的山。历来被称为吉祥福泽之地。据佛教经典记载，救苦救难的观音菩萨为了救度芸芸众生，发了十二大愿，其中第二愿即是“常居南海愿”。而中国传扬千古的名句“福如东海，寿比南山”，则更道出了南山与福寿文化的悠久渊源。生态的和谐，文化的熏陶，即使人们在游历山水之时受到潜移默化的教育，又能满足人们拓展精神世界的需求，激励人们追求更高层次的价值取向——这是南山人对“大教育”的诠释。而南山倡导的“大旅游”理念，则是致力于创造一个闻名全球的文化旅游景区，使中国传统文化的精髓汇集展现于此，并成为世界游人关注的焦点之一。特别是1993年中国国务院宗教局和海南人民政府批准兴建三亚南山寺，并在寺前的海中塑108米高的海上观音圣像这一规模宏伟、意义殊胜、佛理底蕴丰富的“世界级、世纪级”的佛事工程后，三亚经济得到空前发展。与此同时，它的建成填补了海南历史文化旅游的空白，进一步突出海南大生态旅游优势，为中国旅游添光增彩。

二、案例做法

（一）南山文化初定位

南山历来被称为吉祥福泽之地。中国唐代的著名大和尚鉴真法师为弘扬佛法，五次东渡日本均未成功，第五次东渡漂流到南山，他在此居住一年半之久并建造佛寺，传法布道，随后东渡日本终获成功。生态的和谐、文化内涵的丰裕使得南山景区自建设之初就向高品质方向看齐，南山文化旅游景区的决策层更是高瞻远瞩，在建设伊始便树立起“大生态、大文化、大教育、大旅游”的系统化发展理念，并将“环保先行”“文化精品”等先进思想不断融入景区项目规划、建设、运营和管理过程中，打造出以生态为根本，以文化建设为内涵，以生态工程、生态文化、生态教育、生态旅游为主要内容的景区生态系统建设。使得景区在自身建设高品位高质量国家级风景区的同时，力求每一位来访的游客都能得到心灵的一份慰藉与升华。

（二）南山文化新媒体强势营销

为加大南山文化旅游区的宣传力度，提升景区知名度，提高旅游景区的经济效益，与此同时，贯彻落实南山文化旅游区“大文化、大教育”理念。三亚南山文化旅游区于2013年建立新媒体部门，利用新媒体快速、及时、共享、活跃等特点，对三亚南山文化旅游区自身情况进行充分调研后，多角度、深层次建立起新型旅游营销体系。综合对比国内其他宗教文化旅游景区，将“竞争对手”以往营销手段进行细致分析，从中汲取效果好的营销手段，并融入新思路、新手段，运用新浪微博，进行话题营销。与此同时，采用微信公众号、南山文化旅游风景区官方网站、南山文化 App 等新媒体手段对景区公众形象进行打造。特别是 2017 年 8 月，综艺节目《极限挑战》在南山寺拍摄取景，南山新媒体利用此节目在微博、微信、百度等媒体进行大力宣传，并将南山文化巧妙融合到节目中去，此举一时间吸引不少粉丝到南山进行游玩。

（三）构建南山文化四位一体管理体系

经过近 10 年的经营发展，南山景区现已构建起“四位一体”的经营管理模式。打造出以企业化经营管理体制为依托，以系统化、国际化、人本化管理理念为指导，以准军事化、标准管理体系、游客满意系统管理为主要内容的新型经营管理模式。南山公司现作为景区的经营企业，不但要负责景区开发，还要承担资源与环境保护的义务。根据现代企业化经营要求，实现景区的所有权与经营权分离，企业资源开发权与保护权统一，全面整合三亚南山旅游文化景区的各种资源，按市场化运作方式对景区进行运营和管理。“和谐南山”始终是南山公司的企业发展战略之一，南山景区在自身建设的同时，自觉主动承担社会义务，带动周边社区经济社会发展和环境改善。而南山公司自成立以来始终坚持并贯彻落实这项战略，通过“敬老爱老”“扶苗育苗”，发放长寿老人赡养金、修建爱心小学、资助贫困学生、捐献科技书籍等活动支持社区社会保障和文教事业发展。通过提供就业机会，资助修建豆腐加工厂、养猪场、养鱼池或进入园区工作等方式，带动周边村民脱贫致富。据景区相关部门介绍，自开园以来，“和谐南山”系列措施赞助社区社会福利事业的费用累计达1000多万元，周边村镇社会经济得到空前发展，村民人均收入得到提高。

（四）举办南山长寿文化节

中国传扬千古的名句“福如东海，寿比南山”，道出了南山与福寿文化的悠久渊源。南山为助力海南国际旅游岛建设，让更多的国内外游客走进三亚探索长寿奥秘，了解国际旅游岛“长寿文化”内涵，开创三亚健康产业、旅游产业结合发展的创新模式，擦亮海南健康长寿品牌。每两年定期举办三亚市南山长寿文化节活动，不仅邀请海南岛90岁以上老人参与活动，并向全世界老人发出邀请，欢迎来到海南岛共同参与这场“长寿之宴”，该文化节一般持续一周左右，而大部分老人是和自己的家人一同前来，因此，一个文化节将带动南山周边吃、住、行、游、购、娱等多方面发展，同时也实现南山文化旅游区“大旅游”的目标。

三、案例成效

2017年，三亚南山文化旅游区共接待购票入园游客489.47万人次，同比增长30.76%，创下历史新高。带动南山周边18个村庄的村民就业，增加村民收入。同年9月，三亚南山第二届世界太极文化节成功在南山景区举办，来自中国、美国、加拿大等38个国家和地区的260多位各流派太极名家和2000多名代表齐聚三亚，上万名太极拳爱好者在南山以拳会友、问道竞技。此次活动让三亚南山的旗帜借势遍插全球。

四、案例启示

三亚南山给全国旅游的启示是既要“创新”又要“科学”。“创新”指要敢于突破宗教旅游项目发展模式，尤其要敢于引入新的发展理念，将宗教文化和社会主义核心价值观相结合，实现对民众的爱国教育和尊老爱幼美德的传承。

“科学”一方面是指科学的发展理念是景区内涵式、特色化发展的“指南针”，南山景区决策层提出“大生态、大文化、大教育、大旅游”发展理念，是对国际旅游发展态势的精准把控，高瞻远瞩；是对南山景区发展总体方向的正确指引，也是对景区项目建设和运营管理的崭新诠释。坚持自身特色与国际先进经验相结合的思想，把南山景区生态特色与文化内涵进行完美结合，体现出景区科学开发和科学管理。另一方面，生态旅游景区可持续发展的内在要求是坚持内涵式、特色化发展。南山景区把生态建设作为基本准则、对佛教文化、园林文化、福寿文化、海洋文化等多种传统文化内涵进行挖掘、利用、整合、创新。无不体现出南山独特性和包容性的文化形象，同时也把景区推向国际化发展，体现国际化特色与水平。

亚特兰蒂斯酒店

一、案例背景

海南省三亚市是国内外知名的具有热带海滨风景特色的旅游目的地，2017 年全市接待过夜游客 1831 万人次，旅游总收入 406.2 亿元。三亚・亚特兰蒂斯酒店所处的位置是海棠湾，位于三亚市东北部海滨，自 2005 年 5 月三亚市政府开始启动海棠湾规划至今，陆续建成 30 余家高端酒店，另有万达国际影城、301 解放军总医院海南分院、三亚国际免税城、三亚・财经国际论坛永久会址等配套项目，独缺高端的沉浸式娱乐产品。

复星集团看好旅游度假市场，看好“13 亿人一个三亚”，看好集吃、住、游、购、娱于一身的全要素旅游综合体酒店。从 2012 年 4 月 19 日签署“三亚・亚特兰蒂斯”项目合作意向书开始，到 2018 年 4 月 28 日，复星集团花了 6 年时间、投资了 110 亿元建造、由柯兹纳国际管理的三亚・亚特兰蒂斯酒店正式启幕。

二、案例做法

（一）构建“快乐时尚产业”生态圈

复星集团秉承“中国动力嫁接全球资源”的核心发展理念，接连投资了法国地中海俱乐部（Club Med）、加拿大太阳马戏、英国老牌旅行社 Thomas Cook、印度线上旅行社 Make My Trip、日本北海道星野度假村等全球优质旅游产业相关品牌，结合自主品牌爱必侬、复星泛秀等，打造全球旅游产业链。

其中，三亚·亚特兰蒂斯酒店是复星集团布局“快乐时尚产业”生态圈的锚点。借助三亚·亚特兰蒂斯酒店，复星集团希望能够将国际业务与国内业务全线打通，既能将其旗下资源串联起来成功实现全产业链的整合，又能同时引入国际客源和将国内产品反向输出到国际市场。

（二）秉承光芒，超越想象

三亚·亚特兰蒂斯酒店是继巴哈马天堂岛亚特兰蒂斯度假酒店、迪拜棕榈岛亚特兰蒂斯度假酒店之后的世界第三座、中国首座亚特兰蒂斯度假酒店。在数万种海洋生物的注视和陪伴下入眠，这样的住宿体验唯有这三处才能实现。亚特兰蒂斯度假酒店以消失的亚特兰蒂斯大陆之谜为主题，只选择优质资源，面向全球客源市场，打造酷炫的度假方式。目前，迪拜棕榈岛亚特兰蒂斯度假酒店年营业额约为 6 亿美元。

三亚·亚特兰蒂斯酒店以海洋为主题，是集 1314 间全海景酒店客房、21 家餐厅、海底世界与水上乐园、休闲娱乐、会议与活动等功能为一体的娱乐度假目的地。在这里，可享受五彩斑斓水族景观的水底套房多达 5 间，比迪拜多 2 间，睡眠时与 86000 尾海洋生物仅一窗之隔；米其林主厨管理的 12 间不同主题的国际餐厅，在结伴游弋的海洋生物中，享受定制美食；将建筑与滑道相结合的水上乐园滑道有 15 条，比迪拜多 4 条，水温全年恒为 28℃，其中，激流过山车、“海神之跃”是令人兴奋的世界顶级水上滑道；有可与海洋动物零距离接触的海豚湾互动区；还将开放拥有 1800 个观众席位的、由多种海洋动物与多国演员精彩呈现亚特兰蒂斯主题表演秀的海豚湾剧场等。

（三）打造体验式商业

体验式商业，是指区别于传统商业的以零售为主的业态组合形式，其更注重消费者的参与、体验和感受，并对空间和环境的要求也更注重体验性。三亚·亚特兰蒂斯酒店可以说是体验式商业的典型案例。

具体来说，三亚·亚特兰蒂斯酒店以史前亚特兰蒂斯文明和海洋为文化主题，增强了场所的感染力和消费的文化性；除了酒店客房，增加了餐饮、电影院、AHAVA 水疗、健身中心、炫动俱乐部、“血拼之旅”、水世界、海豚湾、失落的空间水族馆、海狮乐园等体验型业态；较之观光客源，中国旅游市场度假客源占比逐渐增加，把握度假消费者偏好，关注功能的便利性，三亚·亚特兰蒂斯酒店打造将吃、住、游、购、娱集于一身的一站式综合旅游度假目的地。

三、案例成效

2018 年春节期间，三亚·亚特兰蒂斯酒店试运营，开了 400 多间房，几乎订满。另外，每天还有 5000 多名游客过来参观，除了酒店的收入，还有餐饮、水世界门票收入等。今后，三亚·亚特兰蒂斯酒店将力争每年为三亚带来超过 200 万人次的国内外游客，其中 20% 左右会入住亚特兰蒂斯酒店。

四、案例启示

三亚·亚特兰蒂斯酒店给全国旅游的启示包含以下三个方面。

第一，植根中国，放眼全球。复星集团匠心打造的三亚·亚特兰蒂斯酒店是复星旅游版图中的重要一环，连同现有的和未来将更多关注的全球优质旅游产业相关品牌，聚焦中国消费升级，提升全球化产业整合能力，为满足全球家庭健康、快乐、富足需求的长期目标而努力。

第二，瞄准客源，满足需求。近年来，国内旅游度假需求迅猛增长，针对度假客源，为满足其不同年龄段休闲、度假、娱乐的需要，从而提供高端、便利、个性化的产品和服务。

第三，比较优势，红海脱颖。三亚休闲度假游市场发展迅猛，国际酒店品牌抢滩登陆，海棠湾高端酒店林立，配套商业也不少，独缺高端的沉浸式娱乐产品。三亚·亚特兰蒂斯酒店秉承巴哈马天堂岛亚特兰蒂斯度假酒店和迪拜棕榈岛亚特兰蒂斯度假酒店的光芒，汇集酒店、娱乐、餐饮、购物、演艺、高端物业、国际会展及特色海洋文化体验八大丰富业态于一身，突出比较优势，争取在红海中脱颖而出。

58
中国旅游好案例
A GOOD CASE
OF TOURISM IN CHINA

蜈支洲岛

一、案例背景

2000 年举办的首届中国海南岛欢乐节，海南省接待国内外游客 1007.57 万人次，突破 1000 万人次大关，这一年海南开始实施 21 国人员团队入境旅游 15 天免签政策，公安部批准海南增加芬兰等 5 国为入境免签证国家，使入境海南免签证国家由 21 个增加到 26 个。

1992 年，海南省对全省旅游进行了统一规划，一部“旅游发展规划大纲”通过海南省政府召开的专家评议，成为我国第一个全省性的旅游发展规划大纲。彼时的海南，大海和沙滩是游客最为向往的地方。蜈支洲岛也于 1992 年开始开发筹备，用了 4 年时间进行“开荒”，历经 25 年 4 个发展时期，经过两代人的共同努力成为如今的国家 5A 级景区，其中的酸甜苦辣唯有老一辈的“开荒者”才能深刻体会。

2000 年，海南旅游迎来了第一个春天，而刚刚经过市场及 1998 年超强台风的双重打击，蜈支洲岛在整顿修缮一番之后也在这一年重新开业，并于第二年在海棠湾内正式成立三亚蜈支洲岛旅游区。而当时的海棠湾还是一个没有“酒店群”、没有免税店的偏僻湾区，且景区距三亚市内较远，交通不够便利，如何吸引游客成为一大难点。

二、案例做法

（一）基础设施建设

重新开业的蜈支洲岛又面临着国内暴发大面积非典病毒的非常时期，游客极其稀少，生意门可罗雀。2004 年在公司资金困难的情况下，不惜斥资增添和引进国外经典的海上娱乐项目，建设林旺镇至后海码头 4.8 千米的水泥路，修建岛上后山电瓶车环岛路，铺设海底水管电缆、光缆及修建配电，一步步开展全岛基础设施建设，蜈支洲岛也由此从艰苦奋斗期（1997—2004 年）迈入稳定成长期（2005—2010 年）。

2006 年，蜈支洲岛通过国家 4A 级旅游景区评定，并于 2007 年实现全岛水、电、网的全面覆盖。2008 年，海南省接待游客量首次突破 2000 万人次，达到 2060 万人次。蜈支洲岛也迎来了日益增多的客源市场，知名度也在逐渐提升，也就在这一年蜈支洲岛珊瑚酒店及岛上夏季码头开工建设，全面展开了对全岛的开发。

（二）文化植入，打造爱情岛婚拍基地

2009 年，海南国际旅游岛建设正式上升为国家战略。2010 年，海南东环铁路正式通车运营，大大完善了海南岛交通枢纽，为海南各地优质的旅游景点提供了便捷的交通条件，将来岛游客以最短的时间输送到各个城市、各个景点。2011 年，全国第一家市内离岛免税店在三亚开业，蜈支洲岛也由此进入了高速发展期，开始更加注重品牌文化的打造和自身定位。

依托古老的爱情传说——蜈哥支妹的故事，“情人桥”“情人岛”“情人街”“情人谷”等一批以爱情文化为主题的景点应运而生，共同构成了蜈支洲岛“爱情岛”文化，形成了自身鲜明的特色。“爱她，就带她去蜈支洲岛”“在蜈支洲岛说爱你”等也成为蜈支洲岛对外宣传的一大亮点。而在海南话里代表我爱你的“哇哎噜”也成了蜈支洲岛岛人日常对客的打招呼方式，并赋予了欢迎、热情等新的含义。LOVE、KISS 等用树杈搭建成的字体造型也成为游客打卡拍照的必选场景，三亚各大婚拍影楼也纷纷选择蜈支洲岛作为婚拍地点。

2013 年，冯小刚《私人订制》取景蜈支洲岛，让全国各地的观众对这座小岛充满了向往，蜈支洲岛的知名度也开始一路高涨。并以“私人订制”命名岛上的泳池，成了游客心中的经典打卡胜地，同时景区还推出蜜月、旅拍等“私人订制”婚纱拍摄服务，进一步增强了爱情岛文化。2015 年，蜈支洲岛更获三亚 TOP10 婚拍基地称号。

（三）整合营销，满足客源市场需求

2015 年，蜈支洲岛推出“一价全包”产品，将门船票、潜水、海上娱乐项目、沙滩体验项目及海岛特色餐饮等价值 7000 多元的产品进行打包销售，一经推出就受到市场欢迎，这也是蜈支洲岛第一个套票产品，也是海南旅游业内整合销售成功的经典案例。

之后，蜈支洲岛还继续推出了满足年轻人需求的“极限运动”套票及“大玩票”套餐。两种套票两种特色：一种追求极限挑战，另一种追求高品质游玩，满足了不同人群的

需求，以极其高的性价比受到市场欢迎，赢得了游客的青睐和好评。

2018年，蜈支洲岛结合市场需求及以往游客对单个项目的喜爱程度，将现有项目进行打包联合推出具有针对性的全新产品——“海岛玩家”，它不仅包含了20个热门项目，还配备有“海岛管家”“金牌教练”全程贴心服务。此外，还首次推出“24小时畅玩”模式，打破时间界限，打破走马观花式“一日游”游玩模式，使游客能够尽情尽兴地享受海岛深度游。

（四）兼顾生态，走可持续发展道路

“环境就是银行，资源就是财富”，从2012年开始，蜈支洲岛与国家海洋局和海南大学海洋学院共同携手，在蜈支洲岛周边海域投放数万立方的人工鱼礁和8艘报废渔船，建设南海第一个开放水域“蜈支洲岛海洋牧场”，此后数年累计投放1400个水泥型人工鱼礁，21艘31米长的船形礁，数十万尾鱼苗投放，投入资金超过3800万元。

现在，这些努力已经得到了大自然的回报，人工投放的环形不锈钢礁盘和水泥鱼礁上，已经生长出了不少新生珊瑚和贝类藻类，礁盘上覆盖的珊瑚礁较投放前厚度已经达到了四五厘米，与此同时大量食草性生物、小型鱼类、大型鱼类再聚集，新的食物链和稳定的生态系统重新形成，蜈支洲岛海域已经成为海南周边渔业生态资源最丰厚的海域之一，海底生态保护和恢复效应明显。

良好的成绩也引来了媒体的争相报道，包括央视、人民网在内的众多媒体都对蜈支洲岛海洋牧场的建设和发展情况予以关注，并做出了高度的认可和评价，未来蜈支洲岛将继续依托高校的科研和技术资源指导，对海洋牧场进行更加深入、科学的建设，并将在全国首创海底生态公园的开发，实现生态效益和经济效益的共赢。

（五）创新是法宝，员工是基石

在创建国家5A级景区的过程中，蜈支洲岛提出了“有了5A级的员工，才会有5A级的景区”的口号，通过举行全体职工动员大会、定期通报、加大内部宣传教育、设立“T·A”天使服务团、督训师训练团等形式，加强全体员工的创新意识和素质提升。

同时，通过建立管理微信群，专设“金点子小组”和“创新实干团”的组织模式，将景区实时信息有效共享，合理调配人力物资，时间上从“小时时代”提升至“分钟时代”，并按年度、季度、月度实行“金点子”奖励机制，激发了全员参与创新的热情，有力地促进了旅游区的经营管理水平的全面提高。

近年来蜈支洲岛还多次外派管理人员入校进修、在职充电，用常态化学习敦促着管理团队不断年轻化、高学历化。为此还成立了行业内的第一个“企业商学院”，采用“请进来培训、走出去学习”相结合方式，将景区的管理者和员工通过这一平台联系到一起，共同分享先进的管理理念、丰富的管理经验，打造开放式的沟通学习平台，将管理人员在外学习掌握的知识，以讲师方式全部分享给其他管理者和员工，带动团队共同学习进步，迅速提高全员管理意识和水平，为提升景区品质服务、高效管理和创新经营提供了重要思想与智慧的保障。2017 年，与海南大学旅游学院共同开设的远航人才旅游管理专业培训计划，面向高校和社会广泛选拔一批具备高潜质、高素质的可塑性人才，通过各项考核使他们成为符合蜈支洲岛发展战略的中高层管理者，为企业的长远发展保驾护航。

此外，景区 1700 多名员工，人人都充当着安全员、清洁员、服务员、推销员和演员，确保景区安全、干净、文明，不仅节约了管理成本，更是给游客提供了最好的服务。“五员”文化是蜈支洲岛旅游区文化底蕴中最核心的组成部分，每位员工都扮演着五种角色，时刻促销，时刻服务，时刻清洁，时刻保障游客安全，时刻化身为演员为游客演绎一场舞蹈，送上一份微笑，以此建立了一套严格的蜈支洲岛用人标准。

三、案例成效

历经 20 多年、两代人的不懈努力，蜈支洲岛从一个无名的小岛飞跃到 2017 年接待游客达 300 万人次，年增长幅度超过 15%，营业收入 9.6 亿元，缴纳税款 1.4 亿元的海岛型标杆景区，于 2016 年 11 月 4 日获国家 5A 级景区授牌，并先后荣获“2015 十大优秀文化企业”“2016 年度国内最佳旅游景点”“2017 中国体育旅游十佳精品景区”“首批国家体育旅游示范基地”等殊荣和称号，赢得了国内外游客的青睐与赞誉。“中国有个海南岛，海南有个蜈支洲岛”也已成为游客口口相传的美言佳句，全国各地的游客也因此慕名而来。

四、案例启示

蜈支洲岛的成功绝非偶然，首先是漫长的 25 年艰苦发展历程，厚积而薄发，打下了坚实的基础；其次是在兼顾生态和效益的前提下，在不断地丰富旅游产品、完善基础设施建设过程中始终坚持着打造适合于自身的鲜明特色文化。无论是爱情文化，还是海上游乐方式所孕育出的海上娱乐文化，都充满了浓厚的吸引力，成为“吸金点”。加上早期的开发和定位，让蜈支洲岛有力地占据了市场份额，成为游客打卡必选的旅游目的地。

而成熟的人才管理体系也是蜈支洲岛取得成功必不可少的因素。其发展过程中始终追求走创新发展道路，征集全员创新点子，对改善现有不足、提升服务品质具有着实时监控和促进作用，促进服务品质的不断完善和提升，以此给予游客良好的游玩体验，树立了良好的市场口碑。

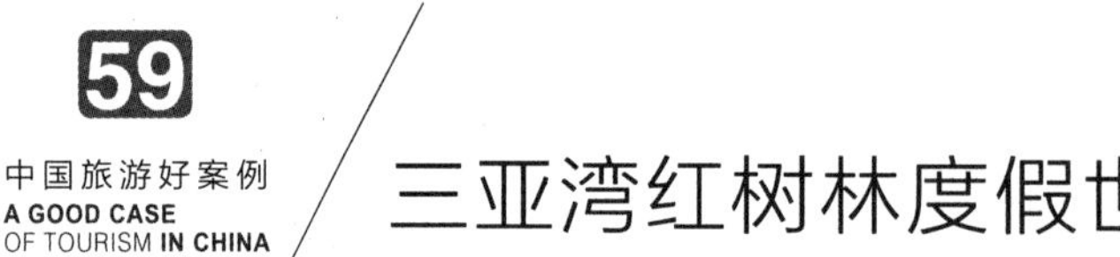

59 中国旅游好案例 A GOOD CASE OF TOURISM IN CHINA 三亚湾红树林度假世界

一、案例背景

三亚位于海南岛的最南端，北靠高山，南临大海，因其优越的自然条件被称为“东方夏威夷”。近年来随着“中国国际旅游岛”——海南岛的开发建设，更是跃升为国际一线度假目的地，每年接待上千万来自全球各地的游客，也吸引了大批国际一流的度假酒店纷纷来此落户。

然而，相比这些高大上的“硬件”，三亚的度假市场却略显“贫瘠”，大部分游客、市民的休闲方式数十年不变，“有度假酒店，却没有度假生活”是许多人对三亚的印象。

同时，随着消费不断升级，单纯的观光旅游已满足不了消费者的需求，休闲度假旅游在整体旅游市场上呈快速增长之势，中国已经进入新度假时代。

二、案例做法

2012 年，三亚湾红树林度假世界将“度假目的地综合体”的概念第一次带到国人面前。68 万平方米总建筑面积，拥有七大主题酒店约 3700 间客房，还有 71 家特色餐厅、13 个影视外景基地、儿童探险王国、亚马孙热带丛林水乐园、今日艺术汇、红树林奥特莱斯、“1+X”红树林影城、今日 X 书屋等丰富业态。

与一般酒店不同，人们在三亚湾红树林度假世界，就如同回到了一个巨大的“家”，衣食住行、吃喝玩乐全部覆盖，游客可自由穿行其间，尽情体验精彩的度假生活方式。

（一）定位：度假目的地综合体

三亚确定海南国际旅游岛的定位时，正值三亚湾红树林度假世界所有设计方案完结，当时项目中还包含 30% 住宅业态。项目随即决定方案停调半年，去掉了所有住宅业态，全力打造度假目的地综合体。

三亚湾红树林度假世界不是房地产，也不是传统酒店，它不卖“睡觉”，只卖“生活”。

（二）首创“1+X”度假生活方式

三亚湾红树林度假世界首创“1+X”度假生活方式，“1”是主题，“X”是各种生活元素，主题不断变化，生活元素随之不断丰富、向外延展。红树林用若干个“1+X”和“互为 X”的方式将各种业态融合在一起，让所有年龄层的人都能在其中长时间停留。

（三）重资产运营模式

和国内大部分的文旅地产开发商的运营模式都不同，三亚湾红树林度假世界建成后，所有商业房间都不对外出售，大部分采取自营、合营模式，只有少部分出租。用通俗的话说就是“一个老板用一套房子开了 200 个店”，而不像传统商业中心“200 个老板用 200 个房间开了 200 家店”。因为只有这样，才能真正实现“1+X”度假生活方式，才能真正实现内容、人才、运营等资源的整合落地。

（四）红树林 4.0 商业模式

在空间设计上，4.0 商业消除了空间壁垒，化零为整，尽可能地消灭交通动线，把交通动线变成体验动线。以窄街连接大小广场，形成没有明显边界和清晰功能划分的开阔空间，并能随意分隔、组合、贯通、交融。人们在 4.0 商业空间里不仅可以购物，还能任意逗留，体验各种生活场景、吃喝玩乐以及新零售。其所营造的不再是传统意义上的商业空间，而是生活空间。三亚湾红树林度假世界目前正在将局部改造为 4.0 商业空间。

（五）猫喂猫 MVM 云平台

以红树林系列酒店为基石酒店，红树林品牌还推出猫喂猫 MVM 云平台，这是由一价全包度假服务、度假新零售电商、生活方式俱乐部三部分组成的度假平台，可为酒店、民宿等带来千万人次高端度假人群流量，以及智能化赋能、免费营销平台和全域旅游资源。

三、案例成效

自 2012 年开业以来，三亚湾红树林度假世界总客流量超过 1000 万人次。连续多年春节单月客流量超过 50 万；商街日均客流超过 4 万人，最高日达到 22 万人，并屡屡创下三亚最长时间“满房”纪录。

2017 年春节，三亚湾红树林单月营收首次突破 1 亿元。2018 年春节，仅仅 28 天，三亚湾红树林营收再次过亿，商业、娱乐和餐饮板块业绩提升较快，客房均价较上年同期提升了 20%。

三亚湾红树林度假世界也得到了消费者与行业的一致认可，并屡获殊荣，如：2015 年年度最佳度假目的地酒店、2016 年年度华南地区最受欢迎亲子酒店、第十三届中国酒店“金枕头”奖、2017 年年度海南省旅游饭店行业最佳亲子酒店奖、最佳会展场地奖、北京人喜爱的高端酒店奖、最佳亲子主题酒店和最受欢迎艺术度假酒店之称、2018 年三亚春节产量 TOP10 等诸多荣誉。

四、案例启示

第一，在人们消费习惯发生巨大变革的背景下，无论是消费品，还是房地产，都要实现从创新产品、单纯满足消费者对产品功能需求的层面，跨越到为消费者创造生活方式的全新发展定位层面，运营优先、社群管理未来将成为文旅项目重要的开发模式。

第二，以阿里巴巴和京东商城为代表的“电商”改变了人们的消费习惯，以携程和去哪儿为代表的 OTA 改变了人们的出行方式，互联网和大数据已经成为产业升级最为重要的工具。红树林也在搭建自己的猫喂猫 MVM 云平台，通过“云平台”来实现休闲购物和休闲度假的产业升级。

第三，文化是旅游的灵魂，旅游是文化的载体。文旅项目的地产属性将越来越弱，而文化属性则越来越强，做好长远规划、淡化“房地产”思维、突出文化体验以及与时俱进的融合创新，才是文旅产业健康发展的立身之本和长久之道。

第四，度假目的地综合体除了高资金门槛，考验的是对自然、文化、艺术、时尚、娱乐、购物、养生等度假生活元素的资源整合能力，任何一方面有欠缺，都可能造成盲人摸象。

第五，企业家不只要具备单向制造的能力，而是要有整合资源的能力，更要有塑造新的生产方式和生活方式的能力，并且将其同人们的生活融合起来。个人能力的需求不仅有客观观察力、商业敏感力和管理能力，更重要的是一种对人心的感悟，对人的情感需求的理解。

呀诺达

一、案例背景

旅游资源可以分为自然旅游资源、人文旅游资源两大类。经过多年发展，这两大类旅游资源的开发利用方式，在全国范围内已经出现比较僵化的现象——自然旅游资源的开发利用，高度依赖景观震撼形成观景系统；人文旅游资源的开发利用，除名胜古迹景区模式之外，就是主题公园模式。

禀赋一般的自然旅游资源，以及不适合发展主题公园模式的主题人文旅游资源，如何走出一条创新型的开发利用之路，是摆在中国旅游界面前的一个课题。

21 世纪初的一天，海南旅游传奇人物张辉、张涛兄弟，从飞机上往下看，看到保亭县的一片原始次生林，他们萌生遐想，后来成为海南省龙头旅游区的呀诺达的孕育源头。

保亭县地处大三亚旅游圈，荒山野岭无数，热带森林旅游资源具有相对优势，传统黎族文化长期处于“有说头，没看头，更没玩头”的状态。保亭县自然旅游资源和人文旅游资源开发利用创新，具有重大意义。

二、案例做法

呀诺达（海南呀诺达雨林文化旅游区）的发展颇有故事，并且故事还在延续。呀诺达旅游发展的故事里，有很多创新的做法，在此不完整地概括为“六个创新”。

（一）名称创新：先声夺人关注

呀诺达原名不叫“呀诺达”，曾用过“热带香巴拉”等名称，后来，经过深入头脑风暴，大家想到了本地语言中表示“一二三”的发音是“呀诺达”。“呀诺达”在本地语言中，还带有吉祥福运的色彩。

后来，旅游区名称被最终确定为“呀诺达”，“呀”被赋予创新的寓意，“诺”被赋予承诺的寓意，“达”被赋予践行的寓意，将旅游区名称与开发企业的文化融为一体。

呀诺达的命名，一方面是创新，能够先声夺人地引起关注；另一方面是本地文化特色以及文化寓意等。

（二）模式创新：准主题生态园

主题生态园，是中国旅游专家魏诗华提出的一种自主题公园模式之后的前沿旅游发展模式，与主题公园模式的相同点是都赋予一定区域以某个特定的文化、故事主题，与主题公园模式的不同点是不用过多的大规模人工建设和现代科技项目，而是尊重自然、保持自然、提升自然，营造“主题环境”，赋予某个自然环境区域以某个特定文化主题、主题故事，创造生态区的旅游吸引力。世界上最典型的主题生态园是英国康沃尔郡的伊甸园。

对于禀赋一般的自然旅游资源，以及不适合搞主题生态园的主题人文旅游资源而言，主题生态园是值得考虑的创新开发利用方式。

应该说，呀诺达尚未做成英国伊甸园式主题生态园的完整效果，但已经成了一个“准主题生态园”模式的旅游区，将雨林文化、黎族文化、时尚文化植入保亭县三道镇这片原始次生林的自然生态中，呀诺达雨林文化旅游区主题文化的植入做得巧夺天工，就连雨林文化也是人为植入的，呀诺达主游线那么多奇特的植物，一方面是“游线找植物”；另一方面也有移栽和园艺手段。

（三）IP 创新：植入直至游客

呀诺达开业时（2008 年），我国旅游界还没有 IP 这个话题，但十年过去了，全国目前仍然罕有在旅游 IP 植入方面达到呀诺达水平的项目。

一般旅游 IP 植入，主要是一组 IP 形象的空间植入，通常是动漫形象，呀诺达也有此类“雨林精灵”动漫 IP 形象，但不限于此。

在呀诺达，有这样的规定：旅游区工作人员遇见任何游客，乃至工作人员互相遇到，都要打出“V”形手势，笑着向对方说“呀诺达”，这明显是借鉴美国夏威夷波利尼西亚民族村“阿罗哈”的听觉 IP 植入方式。加上摇动的“V”形手势之后，更形成了呀诺达雨林文化旅游区的行为 IP 植入方式。

目前，摇动着“V”形手势互相问候“呀诺达”，已经成为呀诺达雨林文化旅游区乃至海南旅游的一种文化。游客也互相问候素不相识的人“呀诺达”，在与旅游区工作人员以及演员互动时也高呼“呀诺达”，呀诺达雨林文化旅游区的 IP 创新植入已经延伸至游客。

（四）管理创新：快乐统一管理

呀诺达雨林文化旅游区的管理，其实是统一而严格的，但却用“快乐”的方式开展，举几个例子：

工作人员遇到游客，必须摇动着“V”形手势问候“呀诺达”，这一要求，必然让工作人员的脸上充满笑容，身上散发出友好的气息。

当某种音乐响起时，旅游区的几乎所有工作人员都要载歌载舞起来。

与大多数旅游区不同，呀诺达的门区消费业态场所，不租赁，只分成，对商户进行部门式管理，游客统一交费，如此一来，所有门区的经营商户都纳入呀诺达的管理体系中，统一着装，统一培训，统一要求。

呀诺达在卫生、安全等方面的游客管理，不但做得很到位，而且还催生了旅游消费营利项目。起先，呀诺达给每一位导游配备一个黎族同胞编的小筐，当游客随地乱扔垃圾时，导游人员都主动捡起来放到小筐里，这种管理不是强硬的，而是引导性的，游客很快就不好意思随地乱扔，不仅如此，游客还因此关注到了挎在导游身上的小筐，这种小筐遂成了热销的旅游商品。游客管理，可以是创意的、亲切的、快乐的。

快乐管理还有一个体现——雨林警察，雨林警察也是呀诺达旅游 IP 的组成部分，在主游线入口处，所有游客都要了解“雨林警察”定下的规则，甚至有一些仪式感，类似宣誓。

呀诺达管理的特殊之处不胜枚举，在管理的共性上，则和所有高水平企业一样，追求品质，讲求人性，严格要求。

（五）二销创新：形成营利体系

呀诺达雨林文化旅游区注重在自然游览和活动中增加游客的体验性和消费引导，利用游线空间、游客咨询、媒体传播、标识系统等一切目的地空间，采取硬广告和软宣传等信息形式，突出项目卖点，针对各个具体的旅游消费项目，进行大力营销、促销，由此实现二次营销，比如：品尝野茶等主题系列活动；亲近动物，雨林结缘；业态创新（雨林食府、宝膳堂、乐客 VR 互动体验馆、雨林休闲吧、雨林“喷雾系统”）等。

服务人员通过特色包装（服饰、语言等）来不强制、不硬性地引导游客消费。呀诺达的景区服务人员做到了有创意、有亲切感地去实现呀诺达景区的二次营销。

创造了“快乐旅游区派”旅游吉祥物组合，推介旅游消费项目。呀诺达雨林文化旅游区多次创新“雨林家族”类产品，将卡通形象和景区形象融合起来，比如雨林精灵、迎宾巡游、时来运转等，这些有特色的旅游纪念品能够激发游客的购买欲，拓展营销。

（六）哲学创新：善行旅游旗帜

在多重创新的基础上，上升到哲学层面，提出“善行旅游”。目前，呀诺达与联合国教科文组织合作的“善行旅游”项目，是联合国教科文组织在中国范围内首次与企业进行的文化旅游项目合作。

三、案例成效

呀诺达雨林文化旅游区于 2006 年开始动工建设，2008 年开始对外试营业，在 2012 年即被评为国家 5A 级旅游景区，速度之快令人称羡。目前，呀诺达还被选为中国最具影响力景区、全国文化产业示范基地、全国科普教育基地、全国休闲农业与乡村旅游五星级景区、海南省重点文化产业园区等。2014 年，呀诺达入选海南省旅游景区协会的会长单位，成为海南旅游景区的龙头代表。

四、案例启示

多少年来，旅游区发展“投资大、周期长、见效慢”成为一种思维定式，而呀诺达4000万元投资起家，试营业四年即创建成功国家5A级旅游景区。

多少年来，少数民族文化旅游，都沿着云南民族村、深圳锦绣中华的路子在走，而呀诺达不需要那么多民族演员的成本，就体现了本地民族文化。

多少年来，为了点燃游客的快乐激情，各地景区做了很多事情都无法很好达到这个目的，而呀诺达用“一个手势＋一个词”做到了。

颠覆旅游发展的传统观念，从呀诺达带来的启示开始。

重庆市

CHONGQINGSHI

61
中国旅游好案例
A GOOD CASE OF TOURISM IN CHINA

天坑地缝

一、案例背景

天坑地缝位于重庆市武隆区。以天坑地缝为代表的旅游目的地武隆是世界自然遗产地和中国户外运动基地。2015 年 12 月，联合国授予武隆“中国可持续发展城市范例奖”。2016 年 11 月，被国家旅游局确定入围全国第二批“国家全域旅游示范区”创建名单。

作为中国南方喀斯特的重要组成部分，重庆武隆喀斯特是深切型峡谷的杰出代表。它孕育出三个独立喀斯特系统，即芙蓉洞洞穴系统、天生三桥喀斯特系统和后坪冲蚀型天坑喀斯特系统。传统意义的天坑地缝是指武隆峡谷喀斯特地貌的天生三桥喀斯特系统（其核心段长约 2.1 千米，由天龙桥、青龙桥和黑龙桥三座天生桥，青龙天坑和神鹰天坑两个天坑以及神鹰峡谷等要素组成，构成“三桥、二坑、一峡谷”的峡谷喀斯特体系）以及龙水峡地缝。天坑地缝完整地记录了峡谷喀斯特的演化阶段，是武隆喀斯特的代表性景区。

二、案例做法

（一）战略思维：让资源与市场之间实现无缝对接

县域经济是国民经济的重要基础。在社会主义市场经济条件下，县域经济作为一个相对独立的经济单元，必须立足自身优势，积极参与市场竞争，在竞争中实现超越，谋求发展。“上兵伐谋”强调的是战略的突出地位。制定正确的发展战略就要做到“伐谋”。武隆发展旅游 20 年来，旅游战略的路径清晰可循。武隆的发展战略实质上是全县围绕旅游利用县域整体资源的总体战略。这些战略包括：旅游兴县战略（1995—1999）、生态旅游战略（1998—2002）、旅游强县战略（2004—2008）、旅游富民战略（2010—2014）、绿色崛起富民兴区战略（2016—2018）。

（二）遗产—体育—文化：旅游发展三部曲

1993 年 5 月，江口镇 5 位村民在距江口镇 3 千米的潘家岩半腰发现了芙蓉洞，这个喀斯特溶洞震撼了当时的全国媒体和大众，武隆县随后成立旅游局和国资委联合创办的芙蓉江旅游开发总公司，开启了政府主导旅游发展的第一步。2002 年，武隆仙女山草原被改建成适宜举办山地越野、负重越野等户外运动项目的理想场所，开始筹办山地国际越野挑战赛。2006 年，该赛事在国家体育总局认可下成功升级为“国际山地户外运动公开赛”。2007 年，赛事又升级为国家体育总局、国家广电总局和重庆市人民政府长期联合主办的国际 A 级体育赛事。武隆国际山地户外公开赛每年举办一届，已经成为国际户外运动顶级赛事，与英国“莱德加洛斯赛”、澳大利亚“艾科挑战赛”齐名，并称为世界三大山地户外运动赛事。2011 年大型实景演出《印象武隆》开演。武隆旅游发展 20 多年的历程展现出县域旅游发展三部曲：以“芙蓉洞、天坑地缝”为代表的自然遗产开发，到“仙女山—国际山地户外运动公开赛”为代表的户外体育赛事举办，再到大型实景演出《印象武隆》为代表的文旅产品演绎。

武隆区通过对“遗产、体育和文化”三个主题的谋划，创新提出了基于武隆特色的旅游、体育、文化“三位一体”关联产业互动与品牌组合营销的发展模式，这一模式成功带动当地现代服务业及相关产业的多元化发展。在此模式下，武隆旅游成功探索出“世界遗产”“体育赛事”“民俗文化”三大王牌，并结合自身特色，充分挖掘资源优势，把文化作为旅游业升级发展方式和结构调整的着力点，从而使旅游的文化内涵建设得到不断加强，铸造出世界级旅游文化新名片。另外，武隆旅游发展到今天，旅游吸引力逐年增加，不仅靠推广宣传，以营销为中心的产品打造助推了这种硬实力。一旦将旅游和文化，旅游和体育有机地融合起来，丰富旅游产品，使旅游的市场、产业的发展更加有可持续性。

（三）武隆印象：文旅结合典范

2011 年 2 月，武隆与张艺谋、王潮歌、樊越等著名导演合作，打造了中国西部第一部反映喀斯特山水和巴渝文化的大型实景演出——《印象武隆》。该演艺的内容以老纤夫的故事为主线，以真实“天坑地缝”为实景，将即将消失的巴渝民俗形式（如“号子”“哭嫁”等）以及最具重庆特色的人文元素（如“棒棒”“麻辣火锅”等）相融合，可谓精彩纷呈。2012 年 4 月 23 日成功公演后，平均上座率达到 75% 以上。可以说，《印象武隆》是武隆从世界遗产观光旅游到户外运动旅游再到地域文化旅游发展的成果之一，成为中国县域旅游升级转型的样板。

文化是旅游的助推器。武隆旅游产业发展的重中之重是依靠文化来提升旅游的品位和质量，从而实现旅游业可持续发展。申报世界遗产迈出了武隆旅游通向世界的第一步，重点发展户外运动应了国际休闲文化趋势，联合中国知名导演打造“印象武隆”提升了地方文化内涵。从国际经验来看，文化创意将成为武隆区旅游发展努力的方向，在开发旅游产品的同时，同步注意地域文化的挖掘包装，全方位打造文化品牌。

（四）全域智慧旅游

武隆规划将县域全境（2901 平方千米），整体打造成一个生态得到最大保护、景观得到充分展示、人与自然和谐相处的世界级大公园——中国武隆公园。中国武隆公园已经超越了一般意义上的景区和旅游区。它是一个“点—线—面—域”的全域智慧旅游系统。从典型的旅游区，比如天生三桥、芙蓉洞，到仙女山旅游环线，再到整个县域一带四区的旅游布局，这是一个从点到线到面的旅游发展路径。但武隆并未止步于此，它要发展全域旅游，实现产业融合的景城一体化。

三、案例成效

旅游业给武隆带来的经济效益变化可以说是一个神话。武隆全区（县）的游客接待量，从 1994 年的 12 万人次增加到 2017 年的 2802 万人次，单是旅游收入就从 200 万元增长到 87.2 亿元。2017 年全年接待境外游客 1502 万人次，较上年增长了 1.9 倍；主要景点接待游客 725 万人次，较上年增长 48.1%；实现门票收入 50501 万元，较上年增长 32.7%。产业数据显现出旅游引擎的强大动力。同时，重庆市武隆是旅游实现脱贫的最好案例。成功之处表现在三个方面：一是每年游客接待量和旅游总收入的持续攀升，形成了具有经济学意义的规模效应；二是旅游业基础设施和公共服务的不断转型升级，形成了具有文化学意义的集聚效应；三是旅游业扩大就业和带动产业的稳健倍增向好，形成了具有社会学意义的乘数效应。

四、案例启示

武隆在县域旅游的发展问题上，可谓另辟蹊径，走了一条与众不同的发展道路。业界都在说旅游业经历了观光旅游、休闲旅游，正在进入度假旅游。其实，这是不正确的，至少是以偏概全的。因为观光旅游、休闲旅游、度假旅游是相对于旅游需求而言的，应该界定为旅游者的消费活动，根本就不是旅游供给者的生产活动。武隆发展旅游业的经验就在这里，武隆是在做旅游供给，而不是在做旅游需求！所以武隆把自己做成了旅游目的地，而不是旅游客源地。

旅游学告诉我们，旅游供给者是提供满足旅游者消费的产品和服务，从事的是生产活动，而不是消费活动。这一点至关重要！武隆县之所以少走了弯路，少交了学费，20 多年来，一路高歌猛进，关键就在于武隆把自己定位为旅游供给者，发展的是旅游经济。纵观武隆旅游业 20 年，武隆县域旅游是在满足旅游者观光、休闲、度假、学养的旅游消费中，探索了旅游供给的基本规律，着力发展了旅游业的要素经济、载体经济、内容经济和融合经济。

四川省

SICHUANSHENG

62
中国旅游好案例
A GOOD CASE
OF TOURISM IN CHINA

宽窄巷子

一、案例背景

“少不入川，老不出蜀”，位于“天府之国”腹地的成都，是一座名副其实的“慢城”，也是抢占经济发展快车道的西部经济重地。集闲适与现代于一身的“锦绣之城”，同时展现着悠闲与宁静、繁华与洒脱的时代形象，并通过一处处文化古迹演绎着千年古城的时代活力。便捷的交通、深厚的文化底蕴以及丰富多样的文化形式是成都成为现象级“网红”的法宝，而其中的宽窄巷子便是典型代表。

宽窄巷子位于四川省成都市青羊区长顺街附近，由宽巷子、窄巷子、井巷子平行排列组成，全为青黛砖瓦的仿古四合院落。宽窄巷子是成都现存的较成规模的清朝古街道，是中西文化融合的结晶，也是老成都民俗文化的缩影，与大慈寺、文殊院一起并称为成都三大历史文化名城保护街区，具有独特的历史价值和艺术价值。

成都能给游客以休闲安逸的感受，但是整个城市缺少能够集中特色的休闲区域。宽窄巷子的保护更有效地带动了整个城市文化的发展，是历史文化街区旅游开发的成功案例，其在保护和传承建筑遗产、非物质文化遗产等方面具有极大的示范性作用。

二、案例做法

（一）文为“魂”

宽窄巷子作为国内著名的历史文化保护区，其一砖一瓦都充分体现了老成都的传统文化，茶馆、戏馆、画馆……都带有浓厚的成都特色。同时，这些保留明清时代建筑格局的古建筑生动地散发着历史的厚重气息，引发出游客时光倒流的无限遐想。

在宽窄巷子中，既有传统中式建筑，也有近现代西式老建筑，宽巷子集中了整个街区最多最完整的老建筑；窄巷子既有清末民初的建筑，也有早期西式洋楼。宽窄巷子的这些古色古香的老建筑是北方的胡同文化在成都以及在中国南方的“孤本”。街区里的每一个角落都能触摸到老成都的历史痕迹，宽窄巷子不仅承载着成都长达300年的记忆，更体现着老成都独有的生活味道。

（二）人为“根”

宽窄巷子旅游发展中，人本尺度、休闲导向是灵魂。通过精准研究游客休闲需求的差异，有针对性地提供多种服务项目，宽窄巷子将成都各种休闲特色集中起来统一进行开发打造，如井巷子引人入胜的文化墙和特色小吃、民俗工艺，又如窄巷子的古风茶馆和西式酒吧、咖啡馆，丰富多元的文化内涵通过这些精巧美妙的有形展示，结合细致周到的服务，真正让人有舒适轻松的愉悦之感。

（三）慢为“调”

宽窄巷子以旅游休闲为主题，再现了老成都的“闲慢”生活，以安静、悠闲的生活为基调，以特色创新为途径，成功唤起了人们对老成都的亲切回忆，吸引众多游客慕名而来，去品味缓慢的下午和时光的停驻。

宽窄巷子中的宽巷子重点突出“闲生活”，以精品酒店、私房餐饮、特色民俗餐饮、特色休闲茶馆、特色客栈、特色企业会所、SPA为主题的情景消费游憩为特色，成功再现了闲适有趣的老成都生活。宽窄巷子中的窄巷子重点突出“慢生活”，以各西式餐饮、轻便餐饮、咖啡、艺术休闲、健康生活馆、特色文化主题店为主要内容，展示了老成都文化中的院落文化。游客在宽窄巷子中游览，可以细细品味成都的风土人情和几近失传的老成都民俗。

三、案例成效

宽窄巷子先后获2009年中国特色商业步行街、四川省历史文化名街、2011年成都新十景、四川十大最美街道等称号。

根据调查显示，宽窄巷子是外地游客来成都最喜欢去的景点。2016年4月，国务院总理李克强考察成都，夜访宽窄巷子，随后很多游客慕名而来，使宽窄巷子的知名度与影响力得到了迅速提升。2017 年“十一”黄金周期间，宽窄巷子接待游客 68.2 万人次，成为成都吸引游客数量最多的景区。

四、案例启示

（一）集中设置能够体现文化原生项目

宽窄巷子通过举办宽窄巷子茶会、街头音乐季、跨年摇滚音乐会、宽窄讲堂、井巷子市集等大量活动，向大众呈现最精彩鲜明的成都特色，不仅丰富了游客的浏览体验，还加深了游客对成都文化的深层认识。宽窄巷子集中了大大小小的特色店铺，成功发挥出“1+1 ＞ 2”的集群效应，无形中提升了景区的传播影响力，让游客不知不觉沉浸其中、意犹未尽，树立了别具一格的特色形象。

（二）营造充分的休闲氛围

在成都宽窄巷子中突出的是休闲，注重的是氛围的营造和自在的生活形式。捏糖人、掏耳朵、川剧变脸……一处处活灵活现的文化小品让游客屡屡驻足欣赏。宽窄巷子里常有真人在宽窄巷子的中心地带打扮成清代铜雕与游客进行互动，他们常常一动不动，不仔细辨认，完全不知道是所谓的行为艺术。张弛有度的空间设计让商家和游客都能找到自在的空间，这些都让宽窄巷子的休闲氛围得到充分展现。

（三）注重和周围的联系

宽窄巷子这样的文化街区不是独立存在的，是在保护老成都老建筑的基础上形成的以旅游休闲为主、具有鲜明地域特色和浓郁巴蜀文化氛围的复合型文化商业街。宽窄巷子中包括了大量的居民区，在它的更新与改造中，不破坏其人文环境显得尤为重要。

宽窄巷子从保护街区居民的生活真实性着手，在保护地区建筑环境以不干扰街区居民日常生活为代价，保证了历史街区原有居民不流失。同时，宽窄巷子景区考虑到了周围交通疏散、停车和交通线路等的安排和与周围街区的联系，使这种适度的热闹既为游客带来舒适体验，又让当地居民能够适得其所。

（四）充分挖掘历史文化内涵

宽窄巷子在改造过程中充分尊重街区文化特色，同时注重挖掘出其丰富的历史文化内涵，使其既能体现地域、社会、文化和经济特色，又满足现代人的居住、生活、工作和游憩的生活特点，也让居住其中的当地人认识到历史文化延续的重要性。

老成都小吃、茶馆、川戏、古建筑……宽窄巷子里热闹与幽静相辅相成，车水马龙与古朴沧桑交相辉映。宽窄巷子是成都这个城市古老又年轻的缩影，也成为中国文化建设与旅游融合的典型。

郫县徐家大院

一、案例背景

2016 年，农业部、国家发改委、财政部等 14 部门联合印发了《关于大力发展休闲农业的指导意见》。成都市是我国最早发展农家乐旅游的城市之一，在农家乐模式经营和管理等方面成绩突出，形成了“政府主导、集体运作、农户参与”的农家乐旅游发展的基本模式。

被誉为“中国农家乐第一家”的徐家大院，毫无疑问，就是四川乡村旅游的典型代表。徐家大院由具有川西浓郁特色的仿古小楼与农家平房构成。院中有院，独具特色，并保留有第一代农家乐、第二代农家乐的原真场景，活态地向人们展示了中国农家乐起源及发展的历程。

二、案例做法

（一）不断创新升级永葆竞争活力

全国大力发展粮食生产的20世纪80年代，徐家大院所在的村党支部在充分尊重农民意愿的前提下，面向成都及周边市场，引导农民发展花卉种植产业。形成“一户一品，一品一景”的花卉特色村。正是依靠这一特色产业，农科村掘到旅游产业的第一桶金。

徐家大院作为诞生在农科村的中国第一家农家乐，在发展乡村旅游的过程中，全面推行《农家旅游服务规范》。根据经营集约化、服务规范化、产品特色化效果，评定“星级农家乐”。川西古蜀文化、农耕文化、汉儒文化、蜀绣文化、川派盆景文化等元素也在新建农家乐中充分融合体现。“徐家大院”不断转型升级，成了能够满足观光、住宿、休闲、培训等多种需求的“第四代”农家乐。

（二）政府大力支持确保服务品质

在徐家大院的开发建设过程中，首先是地方党委、政府投入了大量资金对整个景区的道路、绿化等环境进行了深度的提升美化，使得农科村焕然一新；其次是政策的倾斜，使得徐家大院所在的农村科的农家乐规模越做越大，不管是农家乐数量还是单个农家乐的规模上都有跨越式的突破；最后，旅游行政部门和其他相关部门提供了大量免费培训机会和经费，培训对象涵盖了包括厨师、服务员、管理者各类从业人群，在专业上从礼仪礼节、市场营销、项目策划、销售管理等各方面开展有计划的培训。通过不断的培训，不仅提高了服务质量，而且提高了村民的自身素质。

三、案例成效

2016年第一季度数据与2015年同期相比，徐家大院2016年第一季度短租平台注册用户数量增长了125%，活跃用户数增长44%，这说明民宿使用量呈现直线上升趋势。2016年第一季度数据还显示，房客入住民宿的时间段由原来的3.82天上升到4.97天，入住频率同比上升42.5%。除了节假日，周末出行预订频率有所提升，徐家大院旅游发展形势良好，正在成为成都新民宿发展中的重要标杆，胡锦涛等党和国家领导人曾来院视察。

四、案例启示

（一）挖掘乡土文化内涵

成都徐家大院在充分利用乡村资源的基础上，注重挖掘乡土文化内涵，特别注重对当地民宿文化和农耕文化的深度挖掘，在此基础上以创新为抓手，培育旅游产品，将农家乐品牌特色化、差异化。积极发展“食、住、行、游、购、娱”等要素配套设施，让游客吃农家饭、住农家屋、享农家福，既能享受到淳朴的农村气息，也能享受到专业的旅游服务，打造综合性的农家乐经营管理模式。

（二）乡村旅游管理规范化

在徐家大院的发展过程中，地方政府牢牢抓住乡村旅游行业管理，强化政策和资金落地支持，不断引导徐家大院在乡村旅游开发经营过程中精准定位，强化管理的规范化，使其具有持续健康发展的原动力。通过管理规范化工作的实施，徐家大院的从业人员的从业素质得到不断提高，并以徐家大院为典范，带动徐家大院所在的农科村区域化乡村旅游的整体发展。

建川博物馆

一、案例背景

建川博物馆位于成都市大邑县安仁古镇，由民营企业家樊建川创建，包含30余个博物馆和主题广场组成的博物馆群，馆藏文物逾800万件，其中国家一级文物404件。该博物馆群的蓬勃发展，对保护和传承文化遗产，特别是创造未来文化遗产，承担着重大责任和历史使命，也对高水平的文化旅游发展建设起到了积极的引领示范作用。

2015 年，由国务院发布的博物馆行业首部全国性法规《博物馆条例》正式施行。我国博物馆众多，但形成影响和规模者寥寥，随着国民生活水平不断提高、文化需求快速变化，如何在新时期办好博物馆，切实发挥博物馆征集、典藏、陈列和研究功能，已成为社会各界关注的议题，而建川博物馆在办馆过程中的经验和开发成效，值得借鉴。

二、案例做法

（一）聚馆成群，全面开发

建川博物馆以“为了和平，收藏战争；为了未来，收藏教训；为了安宁，收藏灾难；为了传承，收藏民俗”为主题，建设抗战、民俗、红色年代、抗震救灾四大系列、30 余座分馆，是国内民间资本投入最多、建设规模和展览面积最大、收藏内容最丰富的博物馆。

建川博物馆聚落不仅将多种内容的博物馆聚在一起，并且建设了各类配套设施，如酒店、客栈、茶馆、各种游乐项目等，通过综合主题陈展形成了一个集藏品展示、教育研究、旅游休闲、收藏交流、艺术博览、影视拍摄等多项功能于一身的新概念博物馆。

（二）巧接地气，灵活变化

建川博物馆地处四川，许多藏品与四川有千丝万缕的联系。在建馆布展时，非常注重乡土藏品的收集展览，在具体项目上多有创新。如以“为了教训，收藏灾难；为了未来，收藏过去”为主题的抗震救灾系列馆，注重时代重大事件的展示，反应迅速。在“5・12”汶川地震后建成的汶川大地震博物馆，收藏并展出了温家宝总理在救灾现场喊话用的话筒、邱光华机组直升机的残骸及其日记遗物、“背妻男”吴加芳的摩托车、可乐男孩喝过的可乐瓶、学生的书包饭票、学校食堂最后一次伙食的记录、范跑跑的标志性眼镜等地震期间存留的物件，使博物馆的展品更具有时代特征。

（三）不忘初心，红色收藏

红色收藏已成了展现历史、保护历史、凝聚历史的重要载体，建川博物馆连续六年举办红色收藏交流活动，给民间红色收藏搭建一个交流平台，有效推动了民间红色收藏活动发展，也带动了博物馆所在地的经济发展。

三、案例成效

建川博物馆自建馆以来曾荣获全国文化产业示范基地、省市爱国主义教育基地、成都市国防教育中心、成都市文化建设突出贡献单位、四川省非国有博物馆先进单位、四川省旅游骨干企业、国家 4A 级旅游景区等荣誉。

四、案例启示

（一）化零为整，综合开发，发挥集聚效应

建川博物馆不仅积极为当代特色物件征集、当代文物征集提供公共化服务和发挥博物馆社会教育功能，还在博物馆不断多样化、丰富化的背景下，逐步融入商业，如古玩店、旅游商店、国民大食堂、龙门镇客栈等，拓展产业链，聚集业态，以计算综合收入增长代替单一计算门票收入，使得博物馆群有一本可观的经济账。

（二）尊重历史，不忘初心，守护精神家园

建川博物馆在建设开发中，秉承“今天的精品，明天的文物，后天的遗产”这一理念，成功吸引全国游客走进红色旅游景区、接受红色教育、传承红色文化，推动全社会增强对红色精神的历史认同、情感认同和价值认同，促进红色旅游发展，培育和践行社会主义核心价值观，为全国博物馆旅游文化树立典范。

65
中国旅游好案例
A GOOD CASE
OF TOURISM IN CHINA

大英中国死海

一、案例背景

位于四川省遂宁市大英县的中国死海，是北纬 30° 上的一道神奇景观。它原身是一个地下古盐湖，形成于 1.5 亿年前，由于人在湖中漂浮不沉，而其盐含量类似中东的死海，故被誉为中国死海。

中国死海的核心是死海旅游度假景区，占地 2000 亩，规划控制地 5000 亩，是一个由现代水上运动、休闲度假、康养保健等要素融合的旅游度假胜地。总投资 10 亿元，是景区新常态下旅游开发的典型，其中的诸多做法值得借鉴。

二、案例做法

（一）深入挖掘文化内涵

死海旅游度假景区将中国传统文化与技术在古老资源上进行了一次创新，将四川传统的卓筒井、盐卤和古老而独特的井盐资源依托现代科技手段创造出新的旅游方式和旅游内涵，中国死海通过旅游的方式将中国传统文化的精髓传递给旅游者，其突出彰显的“盐文化”精神，是中国传统文化中责任、诚信以及和谐精神的有形载体，是资源与科技、古老与时尚、传统与现代充分结合的新一代旅游产品。

（二）资源优势重重叠加

良好的资源优势加准确的市场定位等于成功的产品，中国死海的成功印证了这一市场定律。中国死海的出现满足了现代人对体验式旅游的需求，是四川省第一个也是唯一一个大型的漂浮度假景区。

中国死海突破了传统的单纯以自然景观、历史文化景观、人造景观等内容的发展模式，利用自身拥有的独特的地下盐卤天然资源，将特种体验与时尚娱乐、健康养生相结合，创造出了独具特色的“死海漂浮”。

除神奇的漂浮外，盐卤黑泥浴、盐疗SPA、五星级度假酒店以及各种大型水上游乐项目等满足了游客多样化的休闲需求，受到了游客的普遍欢迎。

（三）节事活动常有常新

中国死海每一年都会根据需求推出不同风格的主题活动，如重庆胖哥闹死海、红颜铁马自助游、房车嘉年华、CCTV世界地理频道快乐家庭死海之旅、2009—2010死海黑泥狂欢节、暖冬热漂节等大型主题活动，欢快有趣的活动体验博得了大量游客的好感，甚至一度出现了游客如织的火爆场面，曾连续两年出现在《新闻联播》里。

三、案例成效

大英中国死海是国家4A级旅游景区和健康疗养度假区，曾获2005年度中国死海四川发团量第一、2006年度中国死海最佳合作伙伴、2007年度区域销售冠军等荣誉称号。大英中国死海作为一个集健康性、新颖性、时尚性和趣味性于一身的综合旅游度假胜地，已逐渐成为四川旅游界的一匹“黑马”，获得越来越多人的关注。

中国死海的出现打破了川东旅游环线冷而不兴的旧格局，不但整合了遂宁旅游资源，而且在带动遂宁旅游业全面发展的过程中起到了举足轻重的作用。2017年上半年，遂宁市接待游客2458余万人次，同比增长22.67%，实现了旅游收入191.57亿元，同比增长23.34%。

四川省委书记张学忠曾在第二届四川旅游发展大会上这样评价中国死海，“现在很多地方结合资源特点，发挥比较优势开发旅游项目，走出了很好的路子。遂宁市的‘中国死海’旅游项目，就是一个充分利用地方资源开发旅游比较成功的案例”。

中国死海利用其独特的资源优势和品牌特色，将遂宁旅游融入巴蜀三条骨干旅游环线之中，其独特的开发理念和经营思路也成为行业内热议话题，促进了遂宁旅游发展量质齐升的良好态势。

四、案例启示

（一）重视现代人的休闲需求

中国死海突出休闲、度假、健康等旅游元素，准确地把握住了现代游客的旅游需求，利用丰富多彩的个性化打造，充分满足每一位游客的休闲之旅。

旅游消费在都市人的消费结构中所占比重越来越大的当下，旅游消费中的精神、文化等因素的吸引力不断增强，人们也逐渐接受了通过类似不辞辛劳、长途跋涉、上山下海等方式来开展旅游活动。

中国死海所带给人们的消费形态是很舒适、很健康、很快乐！痛并快乐着，累并幸福着。

（二）加快旅游产业的集群化发展，延长产业链条

中国死海充分利用现有资源，准确定位，打造成体验式的旅游度假区。除水上娱乐项目和特色健身项目外，中国死海将众多的休闲运动项目融入游客轻松愉快的行程中，成功打造出了集配套餐饮、度假酒店等旅游设施于一身的大型休闲度假项目。

贵州省

GUIZHOUSHENG

66
中国旅游好案例
A GOOD CASE
OF TOURISM IN CHINA

大小七孔

一、案例背景

荔波县位于贵州省南部，地处黔桂两省三地七县交界，拥有南方喀斯特世界自然遗产地和世界生物圈保护区两张世界级名片，被誉为“地球绿宝石”。大小七孔景区属于亚热带湿润季风气候，四季分明，平均气温在15℃左右，由于纬度较低，气候冬无严寒，夏无酷暑，是国家5A级旅游景区，以喀斯特地貌所造就的奇山秀水再加上著名的避暑之地著称。近年来，荔波县始终坚守发展与生态两条底线，巩固树立“绿水青山就是金山银山”的绿色发展理念，通过弯道超车、跨越发展，探索出一条生态旅游发展之路，打响荔波在中国乃至世界的生态旅游品牌。

荔波大小七孔风景区位于荔波县城南部30余千米的群峰之中，景区全长7千米，山水秀美精巧，景致古朴幽静。丰富的旅游资源加上政策的引领以及人民对于旅游市场的需求，休闲旅游市场的需求和休假方式的调整，政策扶持的有力推动，大小七孔景区成为游客的旅游新宠。

二、案例做法

（一）发展愿景

从区位条件分析显然是得天独厚的。大小七孔景区是游客进入荔波县城的西大门，景区山水资源较为丰富，山岳峡谷众多，对于户外探险游客具有较强吸引力。山水娱乐资源和产品又能与周边的人文景观形成互补，产品得以迅速延伸，形成辐射效应。因此，打造好山水娱乐休闲产品，可以与周边形成联合产品线路，满足游客休闲度假的需求。

第一，从自然资源角度看，项目地生态环境优良，森林覆盖率高，空气清新，气候宜人。集山林、峡谷、河流等多种类型生态资源于一身，且组合良好，易于产品开发，打造生态休闲度假旅游地优势明显。

第二，从文化的角度看，项目地拥有人文历史、地质遗迹、绿色生态三种文化本底。尤其是纯天然的峡谷水系和闻名遐迩的小七孔桥与大七孔桥，据此可以打造该地具有文化特色的旅游项目。

第三，从区域的角度看，地处漳江风景名胜区，交通便捷，极易与之互联互通，接受辐射，旅游需求旺盛，发展潜力巨大。

第四，从旅游市场的角度看，“游山玩水找乐”依然是游客的最爱。本项目所规划的产品是黔南州水域娱乐市场最直接、最快捷和最经济的补充，打造好差异化产品会产生强大的虹吸效应。依托项目地优越的区位交通条件，珍贵的峡谷水资源，浓厚的历史文化底蕴，优良的生态资源环境，打造国际一流、国内知名的国家级风景名胜区。

（二）总体定位

小七孔景区定位是国家级风景名胜区，国家5A级旅游景区，中国最美丽的地方之一。大七孔景区定位是东方凯旋门。

（三）形象定位

中国喀斯特，地球绿宝石。

（四）功能定位

集峡谷观光、滨水游乐、农业观光、养生度假、餐饮住宿、文化体验等于一身的国家级风景名胜区。

（五）产品定位

文化型观光休闲旅游度假产品。

三、案例成效

随着景区提质扩容、一票一体经营，景区游客出现井喷式快速增长。大小七孔景区、水春河景区、樟江风光带联合申报国家5A级旅游景区、全省旅游度假区、贵州省100个示范景区，得到一系列省、国家级旅游称号，并不断唱响“世界遗产地、地球绿宝石”的国际化旅游品牌。

提质扩容后，大小七孔景区联通，线路优化，有效分散游客游览，“黄金堵”不再明显。景区2016年提质扩容发展后，景区面积变大了，东西门外扩，景区窗口形象更大气；新建或改造A级旅游厕所22座，营造更好的旅游环境；新建20多千米栈道贯穿游览全线，真正实现了道路的人车分离，游客在景区内的游览体验更舒适，满意度也显著提升，真正向高品质的、世界级旅游景区迈进。

景区快速发展，提升基础设施、丰富景区业态，带动6000多人就业，带动5个乡镇12个村959户贫困户脱贫致富，成为贵州省旅游景区发展的典范。

四、案例启示

大小七孔景区发展给旅游发展的启示主要有三点：

第一，保护生态是景区长久持续发展的旅游根本。比较本地资源立足世界旅游的核心竞争力优势，以中国旅游市场发展趋势、区域市场发展需求为导向，抓住世界自然遗产的生态吸引力，引入世界生态旅游发展经验，成功打造山水生态旅游景区的典范，对西南、贵州等区域生态旅游发展具有借鉴意义。

第二，提质扩容、共建共享是景区实现合作共赢的旅游基础。党的十九大提出发展优质旅游，注重旅游质量的提升。景区提出提质扩容战略，从旅游品质、基础设施、服务质量等方面做出大胆突破，并结合乡村振兴发展，鼓励村民通过多种形式参与旅游开发，获得“旅游饭”，实现共建、共享、共赢，是一种新模式的探索和发展之路。

第三，一体经营是景区管理与效益双赢的发展策略。从管理、效益角度出发，面对资源的同质化、门票贵、景区乱收费等现象，景区大胆尝试一体化经营，联票化发展，实现综合竞争力的提升，对全国旅游发展具有可借鉴意义。从游客角度，真正实现门票减负，增加出游选择，实现从心理到行动的可行性。

67
中国旅游好案例
A GOOD CASE
OF TOURISM IN CHINA

天龙屯堡古镇

一、案例背景

屯堡文化形成于600多年前，明洪武年间平定西南后，为解决征南军队给养，在永固边陲，朱元璋下令征南将士就地屯田戍边，随后又将江淮一带的大量民众迁移至云贵一带屯垦，沿黔中古驿站设屯堡，战时为兵，平时为民，由此形成了特殊的明代移民群体，经长期历史演变，形成了独具一格的有别于周边各少数民族文化的文化体系“屯堡文化”。

屯堡古镇，作为一个守候六百年、传承六百年、记忆六百年，仍然坚持江南汉文化道统的族群，大明遗风的探寻之地。走进屯堡，就从现代文明穿越到了600多年前的明代历史。当地的屯堡人坚守着先民留下的文化，同时，经过长期的耕战耕读生活，他们又创造了自己的地域文化。由于旧时云贵高原的交通不便，以及屯堡人对于汉族文明传承的自身优越感，使其在数百年来保持相对的封闭性和排他性，造就了世界唯一的大明遗风。

二、案例做法

（一）屯堡文化的横空出世

天龙屯堡古镇作为屯堡文化各种类型的集中体现和典型代表，保留了屯堡文化丰富的历史遗存，各种文化类型齐全，在黔中屯堡村寨中具有鲜明的特色和个性。古镇具有600余年历史，至今较完整地保存着众多明清建筑群和明代军事遗址，最为突出的是天龙屯堡人依旧完好地保持着600多年前明代江淮汉族人的语言、服饰、戏剧、歌谣、宗教、民风民俗、饮食等。

旅游开发前，古镇居民人均纯收入在1400元以下，古镇内杂乱无章，乱堆乱放，卫生环境条件差，臭气熏天，污水横流，垃圾堆如小山，对古老的石头房子、古建筑等随意乱拆，无人管理。

进入20世纪，屯堡文化的独特现象逐渐引起外界的关注和重视，天龙屯堡古镇因保持完好的文化遗存被誉为活体的屯堡文化艺术博物馆。2000年，天龙镇被列入全省重点保护与建设的13个民族村镇之一，有着经商天赋的屯堡人对此嗅出了开发"屯堡文化旅游"的商机，提出了"屯堡文化旅游"的理念，筹资组建了天龙屯堡文化旅游投资开发有限公司，引入了同样对开发屯堡文化旅游有着极大兴趣的贵州风情旅行社，天龙镇也及时明确了走"旅游强镇"这条符合天龙发展实际之路，三方提出了"远学丽江，近学青岩，打造屯堡旅游精品"的口号，共同研讨如何将天龙屯堡古镇打造为贵州西线旅游的亮点等问题。

旅游公司、旅行社负责研究如何实施挖掘内涵、产品设计、产品打造、线路设计和宣传推介；天龙镇政府成立屯堡文化开发与保护办公室，对屯堡文化资源进行收集整理和开发管理；天龙村支两委成立"农民旅游协会"负责制定村规民约、村民思想引导、内部环境改善。在屯堡文化旅游的筹备过程中，各方各自履职，协力前行。街道脏怎么办？调来消防车逐条清洗。垃圾、粪便乱堆怎么办？镇村安排垃圾车清运。院落环境差怎么办？村民自觉打扫整理。民居破旧怎么办？政府、公司投资进行修缮。游客怎么组织？公司、旅行社研究线路，对接市场。经过近一年的紧密筹备，诸事皆备，2001年9月，天龙屯堡文化旅游区正式开始运营。

（二）贵州西线旅游的重要文化品牌

从2001年接待游客以来，到天龙观光旅游、考察的世界各国以及我国港、澳、台的政府官员、专家学者、游客络绎不绝，贵州西线旅游线加入了重要的文化内涵和文化品牌，先后成功举办了2002中国贵州民间艺术游首游式暨屯堡文化节、2005年中国·贵州黄果树瀑布节屯堡文化周天龙屯堡《大地诗章》实景演出、2006年中国·贵州黄果树瀑布节天龙屯堡文化活动周、2007年中国·安顺（平坝）屯堡文化节、2009贵州·平坝（天龙）蔬菜瓜果节等。其中，2007年的屯堡文化节的办节效果和品牌效应最为突出和明显，参加活动的有省内外、市、县300家党政、企业单位、群众团体，中外120家媒体、80家旅行社作了宣传报道，新华社网上进行现场直播，参加人数达12万人次。

（三）解读"天龙模式"

天龙屯堡旅游的发展壮大，得益于原国家旅游局魏小安所说的"天龙模式"，即"政府＋公司＋旅行社＋农民协会"，模式中的各个组成，各负其责，各司其职，同心同德，共谋发展大计。

在旅游运作中，政府敢于大胆让利于外，本着“我让你发财，你助我发展”的思路，努力营造宽松的投资环境，政府负责投资景区的非经营性基础设施建设，管理景区内的公共事务，协调、处理各种问题。政府先后筹资 844 万元、申请旅游国债资金 300 万元和世行贷款 750 万元，用于河道治理、景观整治、民居改造、步道建设、道路改建等基础设施建设；指导完成天龙屯堡旅游投资开发有限公司收购及改制，引入贵旅投集团投资 5 亿元实施天龙屯堡景区升级改造；牵头完成了天龙屯堡旅游区 6 平方千米的地形测绘，编制了各类指导性、科学性、可操作性强的建设规划、保护规划，出台了《天龙屯堡遗产保护与建设暂行规定》《天龙镇人民政府关于加强保护屯堡文化的通知》等文件，从政策和法律上科学地规范旅游村镇建设，加快天龙屯堡旅游开发，加强保护屯堡文化遗产。

旅游公司负责屯堡文化的挖掘、包装、整合与宣传，把屯堡文化资源转变成商品资源。经常拜访贵阳各家旅行社，了解、落实促销人员对景区旅游的要求。遵循现代企业管理制度，使旅游业市场化、商品化，开拓屯堡文化旅游国内外市场。特别是在华东市场的拓展上，求新求变，一改传统营销模式，主打“亲情牌”，邀请当地游客到天龙屯堡寻亲、寻根、做客，积极走访客源市场旅行社和办事处，开发长线旅游客源地。

旅行社本着互惠互利的原则，负责组织国内外的客源到天龙屯堡观光旅游。整合各方力量，帮助天龙屯堡加入贵州西线旅游新联盟，共享资源，共谋发展，为天龙屯堡引入巨大客流。

农民旅游协会负责向旅游公司提供人力资源，积极推进更多的农户参与旅游，协助公司处理农民与公司发生的矛盾纠纷，协助公司做好景区内部管理、景区环境整治，行使农户从公司中分益的职责。天龙村委更是提出了“谁破坏了天龙旅游，谁就是天龙的罪人”的口号，竭尽所能地协调村民与旅游发展的矛盾，全体村民都以“旅游发展我发展，我与旅游共兴衰”的心态来支持旅游发展，历年来无一起阻挠、妨碍旅游发展的事件发生。

三、案例成效

自天龙屯堡旅游投入运营以来，游客逐年呈梯级递增，2001—2007 年，共计接待游客 163.58 万人，总收入 1.29 亿元。十年磨砺，十年发展，2018 年上半年，天龙屯堡接待游客 57 万人次，完成旅游收入 3.9 亿元。

天龙屯堡获得了世界旅游组织的观察点、中国十大古村落、全国农业旅游示范点、全国乡村旅游学习示范点、中国屯堡文化之乡、中国屯堡文化研究基地、中国历史文化名镇、全国文化产业示范基地、贵州7张人文名片之一等称号。

四、案例启示

天龙模式得到了原世界旅游组织秘书长弗朗西斯科利、国家旅游局领导和业内专家的好评和肯定。天龙模式带动了天龙屯堡文化旅游从无到有，从小到大，从大到强，带动了当地经济社会和谐发展，帮助当地村民决胜脱贫攻坚战。

通过发展屯堡文化旅游，一是较大提高了天龙屯堡文化的知名度，同时也提高了市、县、镇的知名度。省内外多家媒体先后多次报道天龙屯堡。旅游让更多村民真正了解外面世界，同时提高了自身素质，开阔了视野。二是推进镇域经济的发展，解决当地劳动力就业问题，政府、公司、农户有一定收入的同时也使天龙经济得到了加速循环，活跃了天龙的市场经济。天龙镇的村民从传统的种植业中解放出来，从事商业、饮食服务、交通运输等与旅游相互配套的服务业。三是为我们做好乡村旅游开发做了有益的尝试，通过十多年的旅游开发，证明实行“政府主导、企业化运作、群众参与”是乡村旅游、文化旅游发展的重要条件，能够有效解决传统文化的保护与发展、旅游市场的运营专业化、企业与村民的利益分配等问题，是促进旅游产业更好更快发展、构建和谐旅游的关键。

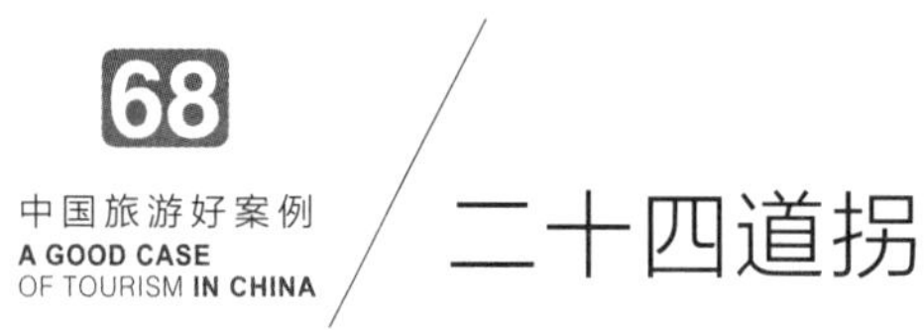

二十四道拐

一、案例背景

（一）基本情况

贵州晴隆二十四道拐位于贵州省晴隆县城南郊1千米处，二十四道拐古称鸦关，意为乌鸦都飞不过去的关口，雄、奇、险、峻，有“一夫当关，万夫莫开”之势，是史迪威公路的形象标识。全长约 4 千米，有效路面宽 6 米，从山脚的第一拐到山顶的第二十四拐，直线距离 350 米，垂直高度 250 米，斜度 60° ，斜坡上以“S”形顺山势而建，蜿蜒盘旋至关口。

（二）历史地位

二十四道拐公路于 1935 年开工建设，由江苏阜宁的工程师邹岳生先生探测设计，由西南公路局局长曾养甫督工动工，于 1936 年竣工通车。“二战”时期，国际援华物资先经过滇缅公路到达昆明，再经过滇黔线内的二十四道拐送到前线和重庆，二十四道拐成为中缅印战区交通大动脉的咽喉要塞，担任着国际援华物资的运输任务。太平洋战争爆发后，约瑟夫·史迪威受任美军中缅印战区总司令兼盟军中国战区总参谋长，负责维持滇缅公路的运输。为了保证每个月 15000 吨援华物资的运输，1944 年，美国的公路工程部队 1880 工兵营进驻晴隆，修筑滇黔公路，对二十四道拐进行维修，保证了援华物资的运输。

（三）发现过程

在很长的历史时期里，在人们的常识乃至史家的研究中，二十四道拐并未与晴隆建立起直接联系。许多专家和学者认为这段改变历史的弯道，是在云南省的某个地方。这种观念的改变源于美国随军记者约翰·阿尔贝特拍摄并发表在 1945 年 3 月 26 日的一张二十四道拐老照片。2002 年，云南抗战史专家戈叔亚经过多年艰辛探索，最终在晴隆县城以西 1000 米处找到这张照片的原型，确定了二十四道拐位于贵州晴隆的历史信息，从而改变了部分史家认为二十四道拐在云南某个地方的判断。

（四）获得荣誉

1988 年，晴隆县将二十四道拐定为文物遗址加以全面保护；2006 年，国务院批准二十四道拐为全国重点文物保护单位，2010 年二十四道拐被贵州省委省政府确定为全省爱国主义教育基地；2014 年 9 月，二十四道拐被公布为国家首批抗战纪念遗址；2015 年，二十四道拐被命名为全国爱国主义教育基地。

二、案例做法

（一）规划引领

2013年，晴隆县通过在全球范围内征集规划创意方案的方式，由省旅游局组织专家评审遴选，确定华汇集团·浙江诗画江南文化发展有限公司为项目规划方，按国际化景区的标准，重新编制《史迪威·晴隆二十四道拐遗址公园建设发展规划》，景区标准定位全方位提升。

（二）政府主导

2013年，为实施“旅游名县”战略，加快推进景区建设，经晴隆县委县政府研究，决定成立贵州晴隆二十四道拐文化旅游开发总公司，对二十四道拐景区进行开发建设，2015年，引进国内知名的旅游投资运营综合服务商——北京达沃斯巅峰旅游投资管理有限公司对二十四道拐景区进行专业化、标准化、品牌化包装、管理和运营。

（三）完善设施

加大旅游投入力度，投入资金3.6亿元，建设了安南古城、游客接待中心、观景台防空堡垒、帐篷酒店、史迪威小镇民宿酒店、汽车旅馆、汽车赛道、马帮山寨、美军加油站、木屋酒店等旅游项目，并配套了旅游厕所、停车场、水、电、路、信等基础设施。

（四）强化宣传

32集电视剧《二十四道拐》于2015年在央视热播，拿到了2015年中央八套最高收视率，在第十一届中美电影节上荣获优秀电视剧“金天使奖”，受到了社会各界的广泛好评。2015年以来，成功承办三届国际山地旅游大会晴隆分会场系列活动（中国汽车拉力赛、中国汽车场地越野锦标赛、彝族火把节、二十四道拐学术研讨会等），成功举办纪念中国人民抗日战争胜利暨反法西斯战争胜利70周年系列活动、黔西南州首届旅游发展大会等活动和会议，邀请了各级领导和广大专家学者参与和共谋晴隆县山地旅游发展，吸引了众多汽车、滑翔、徒步等体育运动爱好者广泛参与体验旅游，增强旅游的可参与性，扩大消费面。

（五）助力扶贫

将旅游扶贫作为产业扶贫的重要抓手，出台了《晴隆县脱贫攻坚全域山地旅游扶贫作战方案》，启动实施“旅游扶贫十二项行动”，通过春季攻势、夏季比武、秋季攻势、冬季决战，对标对表，狠抓落实，2017 年通过旅游带动 1844 名贫困人口脱贫，完成全年目标的 104.18%，圆满完成旅游扶贫既定的目标任务。

三、案例成效

2016 年，二十四道拐遗址公园共接待游客 79.21 万人次，普晴林场美军加油站、马帮山寨共接待游客 12.18 万人次左右，自驾车辆 48 万辆左右，旅游收入（观光车）980 万元左右，旅游业带动其他行业收入 7 亿元左右。2017 年，接待游客 129.3 万人次，增长 66.3%，旅游总收入 10.56 亿元，增长 77.8%。2018 年上半年景区接待旅游人数 118.9 万人次、旅游业带动其他行业总收入 7.64 亿元。

2017 年 9 月，贵州省旅发委批准二十四道拐景区为国家 4A 级旅游景区。

四、案例启示

（一）统筹发展全域旅游

树立大旅游、大产业、大市场的理念，统筹考虑、一体规划，科学合理布局旅游产业，促进“旅游 +”多产业相互融合、共同发展，依托景区、林区、草地、茶园、特色民族村寨和少数民族文化布置多个旅游点，形成全景式打造的全域旅游布局。

（二）大力发展乡村旅游

紧紧抓住当前乡村游、短线游、本地游、近郊游升温的有利时机，以景区周边、交通主干道沿线和县城郊区为重点，突出乡村民俗和乡土文化，积极发展具有较强参与性、体验性、高中低档相结合的标准化、特色化农家乐聚集区。

（三）强化提升景区质量

紧紧围绕二十四道拐国家 4A 级旅游景区，完善景区旅游服务设施，提高景区服务水平，提升旅游从业人员服务技能，创造良好的旅游环境。

（四）全力推进旅游体制改革

理顺旅游体制机制，坚持政企分开、政资分开、所有权与经营权分离，坚持权利、义务、责任相统一的原则，推进旅游公司平转实，履行好旅游开发投资融资、项目建设管理、景区运营管理等职能，进一步推进旅游体制机制改革。

云南省

YUNNANSHENG

火山热海

一、案例背景

火山热海分别位于云南省腾冲市城北 23 千米的马站乡和城南 8 千米的清水乡，由中国四大火山群之一的腾冲火山国家地质公园和中国三大地热区之一的腾冲热海国家风景名胜区组成，总规划面积 51.2 平方千米，是国家 5A 级旅游景区。

区域内以发育的断裂构造、年轻的火山活动遗迹和强烈的地热显示为特征，是我国休眠火山与高温地热的唯一并存区，有我国单位面积数量最多、类型最丰富、保存最完整的新生代火山锥 99 座，其规模和完整性均居全国之首，有较高的科考和观赏价值，被誉为天然火山地质博物馆；更有独具自然美学和中医理疗价值的地热温泉 88 处，其显著特征为喷气孔、冒气孔、冒气地面、热沸泉、热喷泉、热水泉、热水喷爆等高温地热景观，温泉为重碳酸钠型水，以硫黄泉、碳酸氢盐泉、氡氟泉为代表泉质，具备出水温度极高、水质极软、酸碱度适宜、矿化度极高的特点，达到了饮用矿泉水和医疗矿泉水的标准，通过沐浴、熏蒸、饮用、拔水罐等疗法，对风湿病、妇科病、皮肤病、肝胆疾病及神经系统、血液循环系统、呼吸系统、消化系统等 50 多种疾病都有较好的辅助治疗和康复疗效，被誉为百态温泉、养生天堂和中国温泉胜地。目前已是集旅游观光、休闲度假、生态 SPA 康体休闲、科普科考旅游和户外运动于一身的综合性国际旅游胜地，享誉海内外。

二、案例做法

（一）念好“整”字诀

火山热海按照“保护资源、恢复景观、完善配套、提升品位”的开发理念，先后投入 6.5 余亿元对景区环境和景观进行了全面的整治和提升改造。整合自然生态、温泉泡汤、特色美食、祈福文化、养生休闲等优势资源，加大医养相结合的多层次、智能化养生服务体系和产品体系建设，并整合利用集团公司航空主业资源、同业旅游资源，共同推出旅游精品线路、共同包装旅游产品，开展点对点精准化联合营销，拓展国内外旅游市场，形成群聚发展效应，让火山热海独特的自然资源禀赋为旅游发展增添无限魅力。

（二）用好“转”字诀

火山热海依托独有的地质地热资源禀赋，结合国家“健康中国”战略，对我国 12 种医用中的 8 类矿泉资源进行提取和多年的淬炼，并应用先进质量管理方法、新技术和新业态，做好核心产品延伸设计和跨界融合产品顶层设计，打造具有高附加值和自主知识产权的创新型产品，推出“归于热海·疗养腾冲”系列疗养产品（含六步自然疗法、地热熏蒸色基疗法、太极调息、水中康复疗法、火山石能量石磁场康体修复等多种疗法）和“温泉道”系列疗休养产品及 O2O 健康管理新模式，在业内率先搭建了“温泉健康综合管理平台”和“温泉疗休养产品体系”，进一步提高核心产品的价值和产品档次，实现了从单一的旅游观光到健康产业的成功转型，通过转型升级，加强综合效益评估，摆脱门票经济“依赖症”。

（三）打好“创”字诀

火山热海始终致力于管理服务模式创新，融合卓越绩效、景区等级评定与划分、温泉等级评定与划分、旅游标准化及服务标准化、6S 管理等多体系的科学手段和方法，创新推出基于生态链的火山热海现代旅游服务管理模式，倾情打造一站式温泉管家服务和四时五季养生、贵宾专属服务、安睡佳饮等十大特色服务，2016 年“十一”黄金周被国家旅游局首次“红榜”表彰为“旅游服务最佳景区”。国家旅游局在第四次全国厕所革命推进大会上授予厕所革命标准化引领先进单位代表、荣获第三届全国温泉金汤奖优秀行业品牌，并荣获第三届云南省人民政府质量奖；同时，全力推进国家 5A 级旅游景区、全国火山及温泉旅游产业知名品牌创建示范区、全国低碳旅游实验区、全国五星温泉等创建工作，并成功通过创建验收，火山热海品牌价值及品牌效应得到全面提升和凸显。

（四）做好“对”字诀

基于对旅游业在国民经济的战略性地位和现代服务业认识的不断深化，火山热海自 2008 年便开始了“对”标建设，进一步实现了标准化管理、精细化服务、科学化发展。

2008 年，成功导入“三标”体系（即 ISO 9001《质量管理体系》、ISO 14001《环境管理体系》和 GB/T 28001《职业健康与安全管理体系》)，2010 年导入了标准化服务体系；2011 年 7 月被保山市“质量兴市”工作领导办公室评为服务标准化示范单位；在后续几年时间里，火山热海不断探索，注重实践，并结合工作实际对原有的标准和体系进行了新的修订和完善，实施标准化品牌战略；2012 年导入旅游标准化体系，建立了包括《旅游基础标准》《旅游保障标准》和《旅游提供标准》三大体系，共 21 个子体系，609 个标准，其中包括国家标准 109 个，行业标准 27 个、地方标准 33 个，企业标准 440 个；标准全面覆盖了公司经营管理各环节、各岗位，并顺利通过了国家级验收。2013 年 7 月，被腾冲市人民政府授予国家级旅游服务标准化试点先进单位，同时，2008—2017 年，火山热海设计推出《温泉管家服务体系》和编制《温泉管家实物》教材，在温泉行业内为首创，处于业内领先水平；参与起草了《温泉企业服务质量等级划分与评定》（LB/T 016—2016)、《旅游温泉水质特性分类》（LB/T 021—2016）两个国家行业标准和《旅游温泉标识使用规范》（DB 53/T 256—2008)、《温泉旅游服务规范》（DB 53/T 257—2008)、《温泉旅游服务场所等级划分与评定》（DB 53/T 258—2008)、《SPA 经营场所等级与评定》（DB 53/T 259—2008）四个地方行业标准；对进一步提高火山热海旅游服务质量和服务水平，促进旅游品牌培育和发展方式转变，增强区域发展质量和竞争力，提供了难得的历史性机遇。

三、案例成效

火山热海立足资源优势，充分发挥国有资本的引导、撬动和孵化作用，主动融入国家和行业发展战略，景区实现了由小到大，由弱到强的嬗变，产业实现了“一业支撑”到“多业并举”的蜕变，规模不断扩大，资产总量、游客接待量不断增长，营业收入、经营利润稳固上升，顾客满意度逐年攀升，品牌价值及品牌效应得到全面凸显，并于 2015 年 11 月 24 日被全国温泉旅游企业星级评定委员会评定为全国首批五星温泉，2016 年 8 月 3 日，被国家旅游局正式批准为国家 5A 级旅游景区，成为云南滇西首个国家 5A 级旅游景区。据统计，截至 2017 年年末，资产总额达到 5.03 亿元，累计接待中外游客 1063.59 万人次，累计实现经营收入 12.2 亿元；游客服务满意度达到 95.24%，游客表扬率达到 76.43%，国家旅游局信息中心于 2017 年全国 5A 级旅游景区网评正面评价达到 92.59%（全国正面评价值为 72.15%，超出全国正面评价值 20.44%)，负面评价为 7.41%（全国负面评价值为 27.85%，低出全国负面值 20.44%）；先后与北京、广西、西藏等多地 50 多家单位达成合作，仅 2017 年，接待各类机构疗养 145 批次，共计 4000 余人，实现疗养业务收入 1132 万元，同比增长 72%，产品结构得到进一步优化。并先后获得中国温泉胜地、全国首批五星温泉企业等 60 余项国家及行业殊荣，在不断实现量的巨大突破时，更是保证了质的稳步提高，充分显示了优势产业的勃勃生机和无限活力，为推动腾冲沿边开放、经济社会快速发展做出了巨大贡献。

四、案例启示

一是要积极融入国家战略和行业供给体系，以健康休闲生活为核心价值，加速推进康养与医疗、养老、体育、旅游、现代农业等业态的融合发展进程，拓展气候康养、生态康养、滋补康养、运动康养、民族康养等养生品牌，拓展产业宽度，形成主业突出、板块均衡、上中下游业务协同发展的经营格局。

二是要注重精细管理，打造独有的管理模式、服务标准体系和服务方式，规范化、人性化、个性化的接待服务，是火山热海旅游区富有魅力的品牌，火山热海创立了温泉私人管家式服务体系，形成了基于生态链的火山热海现代服务管理模式，并通过实施全员参与服务质量监控和动态提升活动，识别服务盲点，建立了“质量圈”，游客在观光游览和休闲度假时，既可尽情地享受贴心的服务，又可体味大自然赋予的独特魅力。

三是要强化品牌培育和推广，品牌是企业的形象，是企业占有市场，获取最佳效益和良好信誉的有力保证与象征。火山热海建立旅游产品创新体制，大力实施品牌战略，并依托集团公司、当地政府和行业等资源，强化品牌意识，不断塑造具有自身特色的旅游产品，形成独有的精品旅游品牌，以应对不断变化的旅游者的需求。

普者黑

一、案例背景

普者黑景区以优美的自然风光而著称，被誉为世间罕见、中国独一无二的喀斯特山水田园风光。景区位于祖国西南边陲的文山州丘北县境内，多年来，由于交通不发达、地区经济落后等原因，普者黑这块瑰丽的宝地一直鲜为人知。

普者黑，彝语意为盛满鱼虾的湖泊，素有鱼米之乡的美誉。景区景观以“水上田园，彝家水乡，荷花世界，岩溶湿地，候鸟天堂”几大特色为主，随着《爸爸去哪儿》《三生三世十里桃花》的拍摄和播出，景区受到来自世界各地的旅游爱好者的青睐。

二、案例做法

（一）以人为本的包容性与开放性

普者黑景区自 20 世纪 90 年代末开发以来，一直没有收取景区门票，游客可根据自身游览偏好，选择自由徒步、登山、乘船、赏荷、摄影、垂钓等方式进行游览，其中只有乘船需要购买船票，其余游览项目均为免费。

随着“全域旅游”概念的提出，旅游景区的发展主线由传统的门票经济向产业经济转型，普者黑景区的包容性与开放性与之不谋而合。

（二）不断完善的硬基础和软服务

近年来，景区以创建国家级旅游度假区、国家 5A 级旅游景区为推手，不断完善景区道路、标识、标牌、厕所、绿化等硬件设施，引进高端休闲度假酒店，为游客提供安全、舒适、卫生、便利、快捷的旅游大环境。

同时，强化旅游从业人员服务意识、服务技能、服务水平的培训。通过请进来、走出去的方式，对区域内的旅游直接、间接从业人员进行培训，为游客提供贴心舒适、温馨满意的服务。

（三）宣传营销的创新性与跨界性

2013 年与湖南卫视综艺节目合作，拍摄了《爸爸去哪儿》第一季第三期，景区一夜成名，受到了国内外旅游者的关注，实现了景区到综艺的跨界营销。

2016 年与华策影视剧组合作拍摄并播出了电视连续剧《三生三世十里桃花》，随着电视剧的热播，景区游客呈井喷式增长，2017 年景区旅游直接收入首次突破亿元。

（四）旅游规划的特色化和高端化

随着高速公路、普者黑机场、云桂高铁相继开通运营，景区通达性不断提高，客源市场和游客群体多样化格局已形成，为满足不同游客对旅游产品的需求，景区在旅游产品的策划、规划过程中，紧扣旅游产品的特色化和高端化主题，结合地方民族文化元素，开发特色客栈、特色手工艺品、特色民族饮食等旅游产品，满足不同游客群体的个性化需求。

三、案例成效

（一）游客大幅增长，景区知名度提升

通过强化景区硬件设施建设和提升软件服务、强化旅游营销推广，景区知名度不断提升，受到了社会各界的好评，荣获最具网络人气景区、全国最佳旅游摄影景区、最具发展潜力景区等称号。景区已被评为国家级风景名胜区、国家 4A 级旅游景区、国家湿地公园。

（二）带动相关就业，旅游扶贫见成效

随着旅游业的发展，带动了观光农业、采摘经济、农村手工艺、餐饮业、住宿业等相关产业的发展，实现景区周边村寨村民直接、间接就业岗位近 20000 余人次，人均 GDP 实现了数倍甚至数十倍的增长。

四、案例启示

旅游业的发展需要多元化的资源要素。

一是要用前瞻性的战略眼光，做好科学合理的旅游项目策划、规划，以策划规划引领项目落地。

二是合理科学的顶层设计，真抓实干的人才队伍，健全完善的体制机制，是一个地方旅游产业发展的原生资源。

三是环保生态的自然景观和个性多样的民族风情，气候、水文、地理、人文等均是旅游业发展的核心资源，我们必须秉持“绿水青山就是金山银山”和“创新、协调、绿色、开放、共享”的理念，做好环境保护，实现产业的可持续发展。

四是随着互联网的快速发展，各种旅游线上平台给游客制订了多种多样的个性化旅游产品，若景区旅游产品大众化、同质化，就很难在市场竞争中站稳脚跟。所以，旅游景区要结合自身实际，开发个性多元满足新生代旅游者（“90后”“00后”）的产品，方能实现产业的可持续发展。

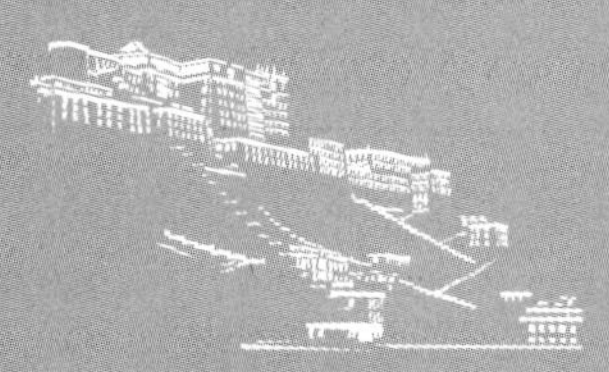

西藏自治区

XIZANGZIZHIQU

71
中国旅游好案例
A GOOD CASE
OF TOURISM IN CHINA

鲁朗小镇

一、案例背景

在旅游业兴起之前，鲁朗是一片原始林海和高山牧场。2011 年，广东省和西藏自治区共同把鲁朗国际旅游小镇建设项目列为重点援藏项目，2012 年 3 月，鲁朗国际旅游小镇项目正式启动并举行奠基仪式。

小镇以“建设世界一流旅游目的地”为发展目标，以“圣洁宁静、藏族文化、自然生态、现代时尚”为开发定位，打造成西藏从单纯观光向高原高品质休闲度假迈进的一座新地标。

由于地处高寒地带，鲁朗国际旅游小镇并无世界级经验或国内发达城市案例借鉴。而考验小镇的运营和发展的，不仅是对项目规划的执行能力，也是对地方政府的一次“大考”，在平衡扶贫与创收，社会效益与经济效益之间走出一条共享、共建、共赢之路。

二、案例做法

（一）高原旅游小镇初创

基于鲁朗地缘和区位优劣势，在消费升级、文旅产业融合的大背景下，解决钱、地、人三大核心要素，是鲁朗小镇能否实现既定目标的内在逻辑和基础动能。

一是解决“钱”从哪里来。鲁朗国际旅游小镇占地面积 1288 亩，总投资约 35 亿元，创全国旅游扶贫项目最大投资纪录。小镇开发以援藏建设资金为引领，并积极吸引社会参与，扩大多元投入格局。

二是解决“地”面怎么建。鲁朗小镇的开发已超越土地和地产概念，而是一个产、镇、人集聚的效益空间，包括市政、公建、水利及景观项目和商业开发项目。在进行度假产品开发和公共服务配套建设的过程中，激活了原本沉睡的资产，将被埋没的闲置资源要素盘活，转化为优势资源，让鲁朗特色的农牧业、民族文化、健康养生、酒店民宿、文创产品等产业构建起一个多元发展的生态链，营造出生态优美和生活幽静的居住空间，从而带来游客的流动和集聚，最终形成价值闭环。

三是解决“人”力资源配置。2010 年，广东省第六批援藏干部进驻鲁朗，旅游度假小镇概念由此诞生，从第六批、第七批到第八批，三批援藏干部的持续接力，为鲁朗带来了运营管理、职业教育、就业培训、培智扶智的软件建设。

（二）“乡村振兴”的新路径

围绕鲁朗小镇形成的旅游综合效益成为村民“移动的钱包”。村民的自我发展意识被唤醒，小镇从建设到运营，创造了大量的就业机会，提升了当地村民的就业技能。当地村民通过申请旅游扶贫基金，可以用于提升家庭旅馆档次和品质。

在鲁朗建设国际旅游小镇的背景下，周边乡村迎来了脱贫致富的新机遇；通过基础设施建设、文化建设、环境治理和社会工作等催生乡村社会的内生资源，包括自然禀赋、在地文化、人力资源等，恢复乡村魅力和乡村活力。

（三）旅游扶贫从“输血”到“造血”

从培育乡村内生发展动力入手，在挖掘和保护乡村在地文化的同时，对原有产业进行优化重塑，推动乡村文旅价值的提升和变现，强化自治能力的培育和提升，以此打造可持续发展的扶贫模式。

三、案例成效

历时五年建设，2018 年 1 月，鲁朗小镇升级为国家级旅游度假区，是整个青藏高原首个国家级旅游度假区。

鲁朗国际旅游小镇的建成，留给了鲁朗“不会走”的产业，成为整合乡村内外资源的重要平台和游客集散的中心。依靠西藏本地自然资源禀赋，努力发展绿色、特色产业，通过集聚发达省份广东的资本、人才、管理、创新等要素，成就以旅游特色小镇推动产业扶贫，从而实现从根本上脱贫的典范。

在旅游产业的带动下，2017 年，全镇农村经济纯收入达到 2943.42 万元，同比增长

1.07%，农民人均收入达到 22520.42 元，同比增长 21.12%，实现了社会效益与经济效益的统一。

四、案例启示

鲁朗小镇的探索和发展，在乡村振兴、生态文明、文化创新及休闲度假等多个层面进行大胆创新，实现整个区域的生态资本增值，为青藏高原旅游业未来发展提供了更大的想象空间，在世界第三极建设美丽、幸福家园具有示范意义。

一是小镇开发与建设上，一方面，在尊重自然条件，融入当地文化基础上实现了高效对接而非对立，证实了在高原地区实施景区建设及配套设施的可能性和可塑性；另一方面，旅游小镇反哺于在地经济发展，作为小镇的服务供应商，旅游资源进一步整合，周边村庄的村容村貌得以改善，形成共同监管、共同发展的绿色产业之路。

二是小镇运营与管理上，广东省援藏工作队与鲁朗景区管理委员会发挥着引导、推动和帮助的作用，用制度管权、管事、管人。

三是打造高原旅游小镇模式，从鲁朗国际旅游小镇以产业带动型的投资建设模式，反映出援藏 20 年发展的新路径：依靠西藏独有的自然资源禀赋和广东一流的旅游服务品质及组团式的援助项目，通过投资旅游项目向投资产业链的升级，不仅带动周边乡村的发展和贫困人口脱贫，同时提升了鲁朗交通、教育、医疗、文化等公共服务品质，实现从“输血”到“造血”的互惠共赢转变。

陕西省

SHANXISHENG

72

中国旅游好案例
A GOOD CASE
OF TOURISM IN CHINA

大唐芙蓉园

一、案例背景

“十二五”期间，曲江新区坚持文化立区，在全国文化建设中优势突出。2016年，曲江新区在加快转型升级的同时，依靠文化、旅游、科技三驾马车，打造品质、宜居、产业的新曲江。作为全国首个国家级文化产业示范区，西安曲江新区以“文化立区”为发展理念，文化建设高潮迭起。

大唐芙蓉园位于西安市曲江新区，在原唐代芙蓉园遗址上修建，总投资13亿元，占地1000亩，其中水域面积300亩，拥有世界最大的水景项目展示表演，以展示盛唐社会文化风貌为主要特色。大唐芙蓉园以其独特创意、盛况空前、精彩纷呈的文化艺术盛宴，迅速成为西部乃至全国的文化亮点和旅游热点，极大地丰富了市民文化生活，改变乃至颠覆了西安的生活方式和城市形态。

二、案例做法

（一）风带霓裳·市井繁华·梦回唐朝

大唐芙蓉园唐市，是集观赏、游乐、消遣、体验、交流、消费等多功能于一身的唐朝文化街，还原唐朝的繁华，真实的街景得以再现。以唐长安城的东西市为缩影，反映唐代众商云集，内外通融的商业文化，特色项目有手工艺、百戏、饮食、茶酒、文化、美术、书法等。唐市的日常演出，包括秦腔、杂技、舞狮、音乐诸多项目。古装小摊、活体雕塑、泥巴糖人、推车巡游、骑马逛街，抛绣球选亲、霓裳羽衣舞、西洋情调乐队更是为游客带来不同的感受，“唐街”“唐人”“唐风”呈现盛唐风采，让西安这座千年古都更有文化，让文化更有价值。

（二）百艺齐欢 · 精彩纷呈 · 沉浸唐朝

唐风雕塑贯穿大唐不夜城整个景观步行街的中轴线，南北长 1500 米。从北向南依次分为大唐佛文化、大唐群英谱、贞观之治、大唐文化艺术、开元盛世五个主题雕塑群。有着深厚历史文化的唐文化雕塑群可谓独具创造性和凝练力，是古城西安的精神形象，成为西安旅游的重要吸引物和标志。

（三）色香味美 · 诗词书画 · 品味唐朝

大唐芙蓉园、大唐不夜城有序调整圈内现有的商业业态，通过各种渠道引入国内外具有影响和实力的大型零售商，尤其是国际顶级或一流品牌的经营商，各地名品、陕西特色，包罗万象，吃喝玩游。更注重引入各式各样国际知名的零售服饰旗舰店、集合店品牌、科技数码企业等国内外著名品牌旗舰店。与此同时，还将差异化引入高端的精品生活超市、KTV 等娱乐设施以及国内外著名的娱乐公司，以形成亮点，带动周边消费，丰富曲江新区商业业态，提升整个西安市商圈的品位。

三、案例成效

作为中国第一个全方位展示盛唐风貌的大型皇家园林式文化主题公园，大唐芙蓉园填补了西安盛唐文化旅游的空白，为游客提供了一个了解和体验盛唐文化的绝佳去处。2005 年，主题公园曾经达到了国家主题公园游客游览的最高游客量，2005 年“五一”黄金周期间，游客总数竟一举超过秦始皇兵马俑博物馆，位居陕西省第一。大唐芙蓉园、大唐不夜城的创新发展，成功地吸引了全国各地的游客，在西安旅游项目中非常突出。它具有众多的世界之最，如全球最大的水景表演；首个五感（视觉、听觉、嗅觉、触觉、味觉）主题公园；全球最大户外香化工程，被称为“国人震撼、世界惊奇”，不可不游的旅游胜地。2018 年中国西北旅游营销大会暨旅游装备展上，入围“神奇西北 100 景”榜单。

四、案例启示

（一）创新设计理念，丰富主题内涵

大唐芙蓉园、大唐不夜城全新的景观设计理念、多元化的主题等创新元素，丰富了主

题公园的内涵，这些正是我国很多主题公园需要完善的地方，它为我国主题公园的快速发展提供了参考依据。大唐芙蓉园是世界最大的唐复古建筑群，是中国园林及建筑艺术的集大成者，建筑风格上是完整依照古代唐建筑的复原之后的模式而建设，拥有极高的审美价值与文化历史价值。大唐芙蓉园依托曲江生态历史文化架构，充分发挥复古特色与建筑布局，大力发展和建设极富自身特色的建筑群与建筑产业园，对于中国古建筑继承与发展做出了重要的贡献。

（二）“文化 + 旅游 + 城市”，深入挖掘历史文化

“文化品牌 + 旅游景点 + 城市运营”，深入挖掘文化，提升城市价值。

大唐芙蓉园、大唐不夜城在发展过程中，依托曲江丰富的遗产资源，深入挖掘并整合各类历史文化资源，打造具有地域特色的旅游景区和文化品牌，形成唐文化旅游集群，带动相关文化产业的发展。通过创意、策划实施周边重大文化和地产项目，形成文化产业规模经济与范围经济，最终提升城市的有形建筑、设施、环境，营造文化气息浓郁的城市文化氛围和市民高尚感受。

袁家村

一、案例背景

陕西省咸阳市礼泉县是一个以苹果而闻名的关中农业大县，当地的旅游资源十分丰富，其中以唐太宗的昭陵、唐肃宗的建陵以及昭陵博物馆等为代表的旅游景区点在 20 世纪八九十年代吸引来自海内外的游人纷至沓来。进入 2000 年以后，随着旅游产业的发展，陕西旅游形成了以东线兵马俑、华山为代表和西线以乾陵、法门寺为代表的旅游常规线路以后，礼泉县旅游逐渐被外界所熟识。

近年来，随着城市化快速推进，社会分工日益增强，城市居民闲暇时间越来越多，乡

村旅游几乎成为人们节假日和周末旅游的首选。袁家村就是在这种背景下，审时度势以乡村为依托，把农民组织起来，向城市人还原一个本真的关中民俗生活，从此开始了袁家村的乡村旅游之路，并获得中国十大美丽乡村的盛名。

袁家村北距昭陵 11 千米，南距关中环线 3 千米，福银高速穿境而过，地理位置可谓优越，在发展之初即以关中民俗体验地为定位，以关中民俗为突破发展乡村旅游。经过近十年的发展，逐步形成了康庄老街、小吃一条街、回民街、祠堂街、书院街等民俗文化街区，成为陕西关中最具代表性的旅游特色小镇和美丽乡村的代表。

二、案例做法

（一）坚持以关中民俗体验和关中特色小吃为发展路径

袁家村之前是普普通通的一个关中自然村，在发展乡村旅游的过程中第一个提出以村为背景，以全体村民参与为主，以原住民生活为展示内容，同时集中关中地区民俗和文化打造的一处旅游景区。以康庄老街和小吃一条街为主例，集合陕西关中特色小吃和非遗文化展示，以品类齐全、品种繁多的关中小吃紧紧抓住游客的胃，以亲身体验、实景再现陕西非遗文化紧紧抓住游客的眼，以老关中风车泥炉大碗茶紧紧抓住游客的闲，以陕西秦腔、眉户剧紧紧套牢游客的耳，有此四举，立刻让游客感觉到这就是记忆中的乡村、记忆中的关中老集，就是爷爷奶奶口中的关中印象。

袁家村党支部书记郭占武说：“如果说退回到 2007 年的袁家村，那是一个地地道道的关中自然村，没有什么旅游资源。能把旅游资源做到这个程度，我觉得我们最大的立足点就是因地制宜，专注于我们本来的样子，专注于我们能做的。我们袁家村的主题是关中民俗，我们为什么不做红色旅游，为什么不做唐昭陵，不做的原因是那些跟我们的生活都没什么关系，我们就要做关中地地道道的农村生活。我们说的话，我们的衣着，我们很多东西都是关中民俗的一部分。我就觉得这个东西能做，别的我们做不了，也不会做。”

（二）坚持以农村本色发展带动全体村民共同致富的美好愿景

袁家村是陕西礼泉县的一个小村子，曾是当地最小的行政村，全村 62 户 286 人，也是出名的“烂杆村”。20 世纪 70 年代初，在老支书郭裕禄的带领下，全村大力发展农业，很快成为全国农业战线的一面旗帜。20 世纪 80 年代开始，发展起村办企业，袁家村由传统的农业生产向工业生产转型，成了远近闻名的富裕村。2000 年以来，因为国家产业政策调整等原因，袁家村经济发展一度受到冲击。2007 年，袁家村再次提出转型发展，这一次选择了旅游服务业。目前，袁家村已经过了农家乐进入了乡村度假、乡村产业化发展的阶段，这其中最大的特点在于全民参与。

袁家村做乡村旅游的初衷，就是要带领所有村民参与致富。乡村旅游的发展不能离开农民和农村。乡村旅游必须围绕村庄做，所有在旅游上投资的村民都是受益者。袁家村的经验告诉我们，要推进乡村旅游的可持续发展必须将村民与乡村旅游融为一体。大家全身心投入村里的旅游事业中。乡村旅游的发展也让村民尝到了甜头，增加了收入。有些老人讲，现在是在天堂过日子，在村里吃得健康，生活得开心，能挣钱，能长寿，精神自然好。

（三）坚持创始人的个性引领与村干部的团结为核心

袁家村项目成功反映了村支部书记郭占武的个性，以及郭占武对袁家村发展及产业规划的把控，是这个项目创始人、操刀人以及执行人的完美结合。同时作为袁家村的支部书记、带头人带领村干部从自身做起，首先解放思想，具备奉献精神，吃苦在前、享乐在后。郭占武对村干部说：“当干部就不要想着与民争利，否则就没有威信。”袁家村的村干部没有一点特权，常常以服务员自居。近十年来，袁家村村干部用时间和真心赚回了两个字——“诚信”。群众信任村干部，村干部一心一意为当地谋发展，使得袁家村的发展越来越好。

（四）坚持请进来与走出去相结合的模式创新

袁家村在不断发展过程中，随着游客流量的逐年递增，自身的平台效应和价值溢出效应逐渐显现出来。在陕西西安以特色小吃出名的回民街也第一次集体在异地开街，100 多位商户到袁家村开了一个回民街，这是在陕西旅游的历史上第一次城市品牌进驻乡村。与此同时，袁家村于 2015 年 8 月正式进驻曲江银泰城，由于开业之后的火爆场面以及持续向好的市场反馈，袁家村相继进驻小寨赛格、东二环万和城，并计划在西安开十几家店，从而开创了“乡情、乡愁、生态、民俗”搬进城市的全新体验模式。

三、案例成效

2016年，袁家村接待游客约450万人次，旅游收入超过10亿元，袁家村村民人均纯收入76000元。它是国家4A级旅游景区、中国十大最美乡村、全国乡镇旅游示范村。目前陕西模仿和复制袁家村模式的大约有100个类似项目，而袁家村已经成为陕西乡村旅游的一张名片，仅2016年袁家村先后接待来自省境内外县级以上党政代表团近600个。

四、案例启示

袁家村的成功给我们以下几个启示：一是乡村旅游的发展要因地制宜，以市场为导向；二是乡村旅游要围绕乡村，村民参与，既有乡愁又有乡情；三是乡村旅游的发展同样需要创新和差异化，简单的模仿之路不可取；四是乡村旅游要发展必须要有个性鲜明并能团结带领广大干部和村民的带路人和创始人。

文安驿古镇

一、案例背景

文安驿古镇位于陕西延川县东部，紧邻210国道，距延安市50千米，距延川15千米。2011年被延安市确定为市级重点示范镇，2013年被陕西省确定为省级文化旅游名镇，是陕西省政府确定的美丽乡村建设试点镇。

2013年文安驿还是满是废墟的破落村落，2014年延川县人民政府、陕西大美术集团、陕西旅游集团共同开始对文安驿古镇进行修复和保护，签署了文安驿古镇保护利用项目合作协议。该项目是陕西省30个重大文化项目之一，规划用地4平方千米，投资6亿元。

文安驿古镇将文化复兴与新型城镇化相结合，是一个集千年古道驿站、百年窑居建筑群落、千名知青记忆、路遥《人生》小说原型于一身的文化旅游名镇。

在社会经济快速发展的今天，新农村建设一般都带着浓厚的现代文明气息。文安驿古镇建设将古村落保护与新农村建设相融合，使陕北的传统文化特色不仅得以保留，更是让传统文化得到传扬和发展，让收藏在禁宫里的文物、陈列在展馆的遗产、书写在书籍里的文字等传统文化都活起来，更是实现城市化进程和美丽乡村建设融合及平衡的一次实践。

二、案例做法

（一）党政大力引导，优势企业强强联合

文安驿古镇项目立项后，从中央到省都高度重视，2015 年 11 月 10 日，国家旅游局局长李金早来到安驿古镇文化产业园区调研。项目建设期间陕西省相关领导多次前来视察、指导，延安市政府、延川县委县政府全面配合，政府的大力支持推动了项目快速建设。延安市财政连续三年每年投入 1000 万元，同时县级财政也给予相应的配套资金。延川县人民政府提供土地，负责项目区域内的拆迁安置以及水、电、气、排水等工作实施；陕西旅游集团负责发起资金及限额投资；陕西大美术文化产业集团负责项目总体投资。

（二）文化是古镇的灵魂

文安驿古镇按照“千年古郡文安驿、心灵家园梁家河”的总体定位，以原生村民社区为延伸，立足古镇风貌保护，以丰富村域产业结构为着力点，着力表现驿站文化、黄河文化、陕北民俗文化、知青文化和延川文学艺术等多种文化主题。在多主题文化建构中，多维文化之间遥相呼应、互相交织，始终以驿站文化为核心，彰显当地本土文化特色。

（三）全面加强宣传力度，扩大宣传营销覆盖面

文安驿古镇利用微信、微博、景区网站等现代媒体平台多渠道积极推广景区景点、旅游线路等。2016 年 CCTV—发现之旅《美丽中华行》播出《窑洞里的古道春秋——文安驿古镇》，2017 年更是全面加强了宣传，如 4 月浙江卫视《奔跑吧，兄弟》节目组在文安驿古镇完成了第五季第六期的节目摄制；9 月“延川—乾坤湾号”京西线品牌专列正式启动，全面覆盖京西黄金要道，进一步巩固重要客源地；10 月中国旅游卫视《文明中华行》栏目组拍摄《大美延川　把心留住》旅游形象宣传片；在央视《朝闻天下》和各地播放延

川县旅游宣传片。

（四）保护与利用并举

文安驿古镇保护利用项目从一开始就坚持规划先行、保护为重，做到适度开发利用与修缮、保护相结合。在保持和恢复文安驿原遗址、遗迹的情况下，适当挖掘并充实其内涵，既尊重它的历史脉络、延续它的传统文化，又综合考量旅游市场、旅游需求等诸多因素。将文安驿保护纳入旅游开发与美丽乡村建设的大格局中，让文安驿古镇及其文化在保护中传承，在传承中发展。

三、案例成效

2015 年“五一”期间文安驿吸引了 0.72 万游客前来参观，国庆节日期间接待游客 3.6 万人次，2017 年游客达 173 万人次。它已成为全国 20 多所知名美术机构和院校的写生基地，日平均接待游客 1200 人次。2016 年文安驿镇被省政府确定为全省文化旅游名镇，2017 年成功入选第二批全国特色小镇，被陕西省政府评为文化旅游名镇建设先进镇，当选 2017 年度陕西旅游产业盛典“十佳特色民宿集群”。

四、案例启示

（一）把握旅游资源差异化开发方向

全国各地古城、古镇、古村落，所谓“三古”旅游资源的开发，早已蔚为大观，陕西也有很多这样的“三古”旅游资源。但文安驿是跟任何古城、古镇、古村都有差异的，那就是“古驿站”。

以文安驿为代表之一，中国古驿站旅游资源开始了开发利用，驿站，是中国古代完善的国家信息系统，也是国家统治的重要支撑，是中国系统性的伟大发明，其意义甚至胜过器物性的四大发明，可以和当代的互联网类比。

文安驿是一座残破的古驿站，它的吸引力之源来自塬上的敌楼、驿站边的城墙、驿站内的窑洞，也来自驿道和驿站体系。陕旅集团对文安驿的开发，就是按照“古驿站”的方向进行开发的，由于开发方向准确，做出的产品就像在古驿道和古驿站遗存体系上“土生土长”出来的，这样的“古驿站旅游产品”是有特色、有差异性的。目前，全国古城、古镇、古村落的开发很多，但古驿站的开发还很少，古驿站在全国有不少遗存。对于全国古驿站旅游资源的开发利用，文安驿是有启示作用的。扩大而言，对慧眼识别同一大类型旅游资源（如古文化旅游资源）中的不同小种类旅游资源（如古驿站旅游资源）的不同开发方向，文安驿也是有启示作用的。

（二）把握旅游产品差异化组合的方向

延川县目前依托“峡谷明珠乾坤湾、千年古郡文安驿、美丽乡村梁家河”进行发展，文安驿古镇驿站文化填补整个延川甚至整个延安旅游市场的空白，是对目前市场上乡村旅游、红色文化、知情文化、黄河文化、延川作家文化的一种必要补充。

梁家河村位于文安驿镇东南方向 5 千米处，是基层党建培训教育基地，也是知青文化风情的体验地，已成为延安红色旅游的重要一站，平均每天接待游客和学习培训者有两三千人，2017 年接待游客 100 万人次。文安驿、梁家河差异化旅游产品的组合，实现了参观、教育、培训在梁家河，精品住宿、特色餐饮、主题文化展示、人文体验、购物等在文安驿，构成了完整的旅游产业链，满足了游客的综合旅游需求。

文安驿古镇借助“延川·梁家河”品牌优势及天然的区位优势，扩大了自己的客源市场，实现了旅游差异化产品的组合，不仅对延安红色旅游产品的开发组合有一定的借鉴作用，对全国旅游产品的开发组合都有着积极的意义。

（三）把握旅游景区产品开发的精品意识方向

文安驿古镇对自身产品的要求是“精”而不是“粗”，是“新”而不是“旧”，是“唯我独有”而不是“人人都有”。文安驿古镇可谓是一件艺术品，它是在艺术家的独特视角、丰富细腻的情感世界、独特的审美标准与对艺术完美的那份坚持下精雕而成。建设按原貌重建，尊重传统，工艺原汁原味。景区积极探索避免雷同，突出自己的特色新路值得业内借鉴。旅游产品的开发应以其个性化、差异性为开发的内核，对产品进行高品位的规划，整合资源，挖掘传统文化，大胆创新，打造精品。

甘肃省

GANSUSHENG

75
中国旅游好案例
A GOOD CASE
OF TOURISM IN CHINA

敦煌莫高窟

一、案例背景

莫高窟位于敦煌市东南 25 千米处，开凿在鸣沙山东麓断崖上，是我国著名的四大石窟之一，也是世界上现存规模最宏大、延续时间最长、内容最丰富、保存最完好的佛教艺术宝库。莫高窟坐东向西，南北长 1600 余米，洞窟最早开凿于前秦建元二年（366 年），历经十个朝代保存了长达 1600 余年的洞窟 735 个，壁画 4.5 万平方米，彩塑 2415 尊和 5 万多件古代文物，是我国唯一符合联合国教科文组织世界文化遗产遴选六条标准的世界文化遗产，具有巨大的艺术价值、历史价值、科学价值和社会影响力。

然而，莫高窟的彩塑、壁画都是用泥土、木材、麦草等脆弱材料制成，在长期的自然力和人为因素影响下，产生了较严重的地质病害并缓慢地退化。随着旅游人数持续攀升，旅游服务设施亦供不应求，游客的参观体验及感受每况愈下，文物保护和开发利用之间的矛盾日益突出。

二、案例做法

（一）以研究保护为前提

莫高窟坚持以文物研究保护为前提，并贯穿于旅游开发利用的全过程。立法保护、规划引领：先后颁布实施了《甘肃敦煌莫高窟保护条例》（2003 年），制定了《敦煌莫高窟保护总体规划（2016—2025）》，为莫高窟保护、保存、利用、管理提供了法律和规划依据。研究本体、科学保护：与美国盖蒂保护所（GCI）、日本东京国立文化财研究所等国内外科研机构合作，开展了壁画和彩塑本体的科学保护，独创了灌浆回帖加固和壁画脱盐工艺，突破了莫高窟盐害壁画治理的难题，使许多洞窟精美壁画重现艺术魅力。敦煌莫高窟起甲壁画修复技术获国家文化部 1985—1986 年度文化科技成果奖一等奖。加固崖体、改造栈道：以“支”“顶”“挡”“刷”为主要措施加固了莫高窟南区危崖，因地制宜，根据石窟不规则外貌，逐段改造，完成后的栈道保持了莫高窟原有风貌，减少了游客参观隐患。遗产检测、风险预控：以风险管理理论为指导、以预防性保护为目标，建成了国内首个以物联网为基础的遗产检测和风险预控体系，可实时监测洞窟微环境变化，超负荷时自动报警，为洞窟保护和合理开放提供依据。人才培养、专业保障：始终坚持以人才为第一资源原则，制定旅游开放人才队伍建设规划，通过建立职工教育培训体系、拓宽职工成才渠道、完善工作运行机制、健全工作薪酬体系、创建良好工作氛围等造就了一支高技能人才队伍，拥有一支由博士、硕士、学士及多种学科的高、中、初级专业职称相配套的文物保护科技队伍，拥有一支能熟练运用中、英、日、韩、法、德 6 种语言的高水平专业讲解员。

（二）以跨界融合为手段

莫高窟试验采用数字化技术保存敦煌壁画，与国内外科研机构合作研究，克服了形状畸变、色彩偏差、图像拼接等技术难题，形成了一整套数字影像拍摄、色彩校正、数字图片拼接和存储等敦煌壁画数字化保存技术，建立了敦煌莫高窟数字影像档案，使敦煌艺术观赏空间得以极大地拓展。同时，莫高窟通过现代电影技术展示莫高窟千年历史文化背景、莫高窟的精彩洞窟艺术，并建设放映数字电影的莫高窟数字展示中心。加快文创品牌建设，深度挖掘敦煌文化艺术元素，开发兼具旅游纪念价值和实用价值的敦煌文化创意产品，2016 年被列为全国博物馆文化创意产品开发试点单位。以敦煌壁画服饰文化为主题的“绝色敦煌之夜”、以敦煌古乐与现代流行元素融合的“古乐重声音乐会”、以敦煌丝路特色音乐奏响的“天籁之夜·净土梵音音乐会”惊艳亮相第三届丝绸之路（敦煌）国际文化博览会，真正让敦煌壁画“走”出洞窟，使敦煌文物“活”出精彩，创造了文物旅游中“文化 + 旅游 + 艺术 + 科技”的产品创新典范。

（三）以游客需求为导向

为掌握客源信息、改进游客管理以及提高游客参观质量提供依据，使游客更加关注莫高窟遗址的保护，作为莫高窟的保护和管理机构，敦煌研究院每年分三次不定期通过游客问卷调查，提升游客管理服务质量和游客满意度。为应对旅游旺季大客流，莫高窟建立了参观预约制度，有计划、分时段接待游客，降低洞窟的利用强度，保证游客的参观质量。

旅游旺季通过“预约＋应急”措施成功应对了莫高窟特旺季大客流冲击的考验，有效减轻了洞窟的压力，减少了游客在敦煌的无序集聚和滞留，缓解了游客购票的恐慌和激动心情，维护了敦煌旅游市场秩序。同时，完善改进莫高窟参观模式，通过新华通讯社、中央人民广播电台、中央电视台、中国新闻社、《甘肃日报》等主流媒体，加大莫高窟旅游开放新模式宣传力度；制定发布《莫高窟旅游开放公告》《莫高窟应急参观指南》等政策性文件；升级莫高窟参观预约网系统，保证应急游客全天均衡分布，及时调整应急洞窟，安装通风设备轮流开放。

（四）以游客满意为标尺

莫高窟以标准化服务为基础，按照游客流线整体布局游客服务项目，通过完善服务程序、服务规范、服务监督、员工手册等管理规章制度，对人均参观占地面积、每批游客参观时间、参观洞窟数量等指标测算，有计划地向游客开放有价值的典型洞窟、开放洞窟轮流休息、编排参观线路顺畅合理、单日接待 6000 人次限流等标准，预约分时段错峰参观，保证游客参观质量。为让游客参观等候时更加安全舒适，在游客等候沿线搭建遮阳篷，布置遮阳伞，设置休闲条凳，安装高压微雾降温设备；在沙尘天为游客免费发放防尘口罩、调运洒水车降尘；为老人小孩免费发放矿泉水；为残疾人免费提供轮椅并开通绿色通道；为游客免费提供行李寄存、参观引导、乘车服务、便民服务、失物招领、信息服务、电话咨询、景区广播等服务，通过一系列人性化和特色化服务提升游客体验舒适度和满意度。旅游旺季引导应急客流流向敦煌藏经洞陈列馆、敦煌石窟文物保护研究陈列中心和莫高窟美术馆等，进行深度参观。对出现的“黄牛”倒票行为频出新策，严厉打击，维护游客合法购票权益。将文物保护和游客安全作为重点，最大限度地满足游客参观需求，全面禁止 OTA 代售莫高窟门票及相关旅游产品，对逾期未下架的旅游企业停止莫高窟参观预约网的预约资格。通过旅游旺季央视直播，引导游客错峰参观，开启淡季福利惠赠活动，尽享敦煌 VIP 服务。

三、案例成效

敦煌莫高窟于 1979 年对外开放，当年接待游客不到 2 万人。而 2017 年莫高窟游客接待量达 168 万人次，单日游客达 1.8 万人次，创历史新纪录，2018 年莫高窟游客接待量将突破 200 万人次。从 20 世纪 50 年代莫高窟危崖、坍塌、壁画和窟檐处于坠毁的危险状态，到今天的日接待量上万人次，通过几代莫高人的不懈努力，探索出了一套依法保护、科学研究、高效管理、文化弘扬、国际合作、合理利用的文化遗产地运行管理模式，成为我国世界文化遗产地保护研究和旅游开发利用的成功典范。尤其自莫高窟开放新模式实施以来，旅游旺季进入窟区的游客量瞬间峰值由过去的 2300 人左右降至现在的 1200 人左右，为文物的安全提供了有力的保障。2010 年，在巴西召开的世界遗产委员会第 34 届会议上，其会议文件中提到“莫高窟以非凡的远见展示了有效的遗产地旅游管理方法以保护遗产地的价值，树立了一个极具意义的典范形象”。敦煌莫高窟的保护管理、旅游开发经验被作为典型案例，向世界各国遗产地分享。

四、案例启示

文化作为旅游之魂，在旅游资源、旅游景区和旅游产品的开发过程中对于文化和文物的保护传承一定要充分地重视，尤其是遗产类旅游产品、旅游景区和旅游品牌。莫高窟给其他旅游景区（尤其是文化遗产地景区）的启示可以概括为：

一是充分吸收国内外先进经验，自主创新成效显著。莫高窟作为世界文化遗产地，在文物保护方面，积极与国内外科研机构合作，在壁画修复技术、防风固沙技术、洞窟拍摄等领域多次获得科技成果奖、科技进步奖和国家发明奖等。在文物保护和利用上，开创了多个业界“首个”案例，研发了国内首台文物出土现场保护移动实验室、建立了首个基于风险理论的石窟监测预警体系、建成了国内首座多场耦合实验室；成了全球范围首个以球幕技术手法展示璀璨绚丽的莫高窟佛教艺术的旅游景区，首个以“预约 + 应急”参观模式对游客开放的旅游景点。

二是妥善化解保护与利用的矛盾，持续放大景区社会效益。在文物保护与旅游开发这对矛盾中寻找相对的平衡点，是多数文化景区需要破解的难题，莫高窟游客接待量逐年增加，但敦煌研究院始终坚持负责任的文化旅游，开展莫高窟游客需求和承载量研究，建成莫高窟数字展示中心，实现了总量控制、预约购票、数字展示、洞窟参观的旅游开放新模式，切实降低了游客参观浏览活动对石窟文物以及遗址区域生态环境造成的不利影响，提高了莫高窟的游客承载能力，丰富了游客的参观方式和内容，有效缓解了莫高窟保护与利用之间的矛盾，在不断摸索和探索中，为全国乃至世界提供了一个可推广的典范案例。

青海省

QINGHAISHENG

76
中国旅游好案例
A GOOD CASE
OF TOURISM IN CHINA

达玉部落

一、案例背景

随着大美青海品牌日益叫响，青海也日益成为高原生态旅游的重要目的地，特别是环青海湖，以其独一性成为青海旅游的核心资源地带。近年来，在环青海湖公路自行车赛带动下，环青海湖自行车旅游这个新业态在民间不断升温渐成气候。在此大背景下，达玉部落文体旅游产业发展有限公司瞄准这一商机，提出以环青海湖自行车旅游为主的创新型生态旅游形象品牌，提升旅游产品的品质，打造为青海文化体育旅游融合发展的知名品牌，引领环青海湖自行车骑行旅游的潮流，促进自行车旅游加快发展，成为大美青海旅游品牌的金名片。

二、案例做法

（一）建设环青海湖自行车旅游综合服务基地

维护原貌，充分利用现有场地，尽可能地减少活动对地貌的破坏，尊重以当地田园风光和原生态植被为代表的文脉特征。发展成为环青海湖自行车、自驾车服务基地，项目完整的文体休闲运动项目配套，发展成为一流的游客休闲自驾车、山地自行车娱乐基地，且有效促进了旅游体育产业的进一步发展。

景区通过向游客提供自驾车营地、山地自行车租赁、住宿、餐饮、娱乐、文化体验等体育休闲配套，完善配套能力，扩大了文体产业本身的影响，实现了文体产业功能的发挥。

（二）主题文化融入旅游开发

达玉部落将绿色环保、感悟藏民俗文化的主题植入环青海湖自行车旅游综合服务基地项目中，提倡一路骑行、一路旅行、一路修行的健康旅游休闲理念，在环湖过程中欣赏当地独有的景观，如：青海湖沙岛、金银滩草原、原子城、茶卡盐湖等；感悟当地独有的文化内涵，如：仓央嘉措传世的诗歌、西部歌王王洛宾的世界名曲《在那遥远的地方》、中国第一个核武器研制基地的浓厚历史氛围等。让每一位宾客在环湖的同时，也能看到青海湖美丽波澜的景观，感受当地藏家风情文化，从而达到修身、修行、修心的目的。

（三）延伸消费功能

达玉部落从自行车租赁开始，发展出一个大本营、四个驿站、环湖骑行等功能空间，其中包含住宿、餐饮、娱乐等多方面的服务。其中大本营为达玉部落，为环湖骑行的起点及终点。四个驿站为达玉驿站、爱心驿站、佛光驿站和功德驿站，分别位于环湖沿线，有西海镇、二郎剑景区、石乃亥、刚察。

由达玉部落举办的国际草原音乐节，将草原文化、民俗文化和音乐文化完美地渲染并呈现于大众面前，让音乐与户外运动结合，原生态环境与国际现代化共存，民俗与时尚融合，有力带动了海北州海晏县旅游经济的发展，为贫困农牧民设立了就业平台，帮助贫困农牧民增加了收入。

三、案例成效

为当地新增山地骑行自行车 3000 辆，增强了当地旅游服务设备能力，满足文体旅游需求，将有效地促进青海省旅游业的全面发展。体育旅游的发展获得经济上的收益，使体育旅游区的发展有了足够的资金支持，反过来又促进了体育旅游区及景区周围的环境改善，居民在体育旅游业发展中也获得了利益，同时，促使他们提高了环保意识，使体育旅游区和体育旅游业发展进入良性互动阶段。

四、案例启示

达玉部落给全国旅游的启示是要团结务实、求真高效。

达玉为藏语音译。达是箭，玉是四。达玉就是四支箭的意思。象征着团结互助、进发向上的精神。一方面，认真领悟出其他地区同类旅游项目发展的成功经验；另一方面，也要结合当地市场环境，认真把握旅游消费者的需求，客人的要求就是我们行动的最高指令。

高效预测客人的要求，把服务做到客人提出需求之前，在达到个性服务标准的基础之上，发挥个人智慧，让个性化服务能够永远保持活的灵魂，进而得到不断提高。

宁夏回族自治区

NINGXIAHUIZUZIZHIQU

沙坡头

一、案例背景

2016年，全国全域旅游推进大会在宁夏中卫市召开，宁夏成为继海南后的第二个全域旅游省，"南游海南，北游宁夏"及"中国有一个景区叫宁夏"的口号在全国打响。2017年7月，中国沙漠旅游联盟大会在宁夏中卫市召开，沙坡头被业界重视。

二、案例做法

（一）依托优质资源禀赋，打造中国沙漠旅游第一品牌

大凡名山大川，多为气场宝地；游客蜂拥而至的景区，必有优质的资源！

沙坡头位于宁夏中卫市城西，大漠、黄河、高山、绿洲互相依存，和谐共生；长城、古渡、丝绸古道、千年水车互相辉映，历久弥新；中原文化、华夏文明、农耕文化、游牧文化、丝路古韵互相交会，相辅相成，在这自然与人文的碰撞和历史与文化的融合之下，成就了如今沙坡头的完美和独特。沙坡头在崇尚自然、以爱为本的理念指导下，体现铁龙沙中走、沙漠抱绿洲、沙中泉水流、太极腰中绕四大神奇，展现治沙成果、王维观景、白马拉缰、长城蜿蜒、黄河水车五大景观，实现激情滑沙、飞黄腾达、大漠乘驼、沙海冲浪、皮筏漂流、沙漠探险六种玩法。

（二）文旅商高度融合，引领中国沙漠旅游新时尚

文旅的结合，曾使沙坡头更具魅力；而文旅的融合，又使沙坡头妙曼多姿；而文旅商的高度融合，则使沙坡头插上了腾飞的翅膀。

为把沙坡头的旅游资源转变为旅游产业，向世界展示独特的旅游文化，沙坡头提出了

以资源为舞台、以环境为背景、以文化为内涵、以设施为载体、以服务为支撑，为消费者创造独特的体验和经历的构想，包装特色旅游产品，为提升旅游新形象注入了发展新动力。

沙坡头建成了国际滑沙中心，赋予沙坡鸣钟新的生命。有天下黄河第一索之称的飞天索道，被业界人士称为飞黄腾达，不忘初心。沙漠天梯除了输送游客，还展现了“时光隧道”。黄河上的皮筏，让游客在体会“不用轻帆并短棹，浑脱飞渡只须臾”的同时，尽情享受漂流的刺激和乐趣。2014 年，沙坡头成立由央企控股，地方国企、民企参股的混合所有制企业，从老年儿童产品布局、主题沙雕群镶嵌等方面入手。在黄河民俗休闲、黄河漂流、沙漠探险、沙漠越野、沙漠冲浪、沙滩竞技、沙海观日、爸爸去哪儿亲子乐园提升等项目的基础上，展示沙漠天宫演艺、飞行岛项目体验、沙陀国寻秘、海市蜃楼亮相等绝技，从而使太阳酒店、星星酒店、星光之门因沙漠之城大放异彩。

（三）开发与保护并重，展示中国沙漠旅游新形象

沙坡头是国家高度重视的自然生态保护区，我们一直秉承着开发与保护并重的理念，让自然保护区成为真正的国家环保科普教育基地。现已成为联合国教科文组织人与生物圈和世界实验室研究点、国际沙漠化治理研究培训中心，首批国家 5A 级旅游景区。

按照崇尚自然，以爱为本的理念，将沙坡头打造成人间与天宫的胜地，所有旅游体验和度假项目都在沙漠之城的丝路驿站展现：时空隧道、星空体验、寰球遨游、5.0 版特色演艺、沙尘暴体验馆、文化互动秀、主题沙雕群、丝路文化展示中心、沙漠特色运动、国防军事体验，带给游客全新的体验和视觉盛宴。而下榻太阳酒店、月亮酒店、星星酒店，可晨观沙漠日出、暮赏沙漠落日。传统的游乐项目熠熠生辉，存量项目进一步提升，提质扩容的增量项目，充分加入了老人儿童产品，尤其西部最大的 3D 玻璃栈桥，吸引着一批批游客。

（四）诠释文化内涵，书写中国沙漠旅游新篇章

电影《红高粱》使西部影视城闻名遐迩。如果西部影视城是宁夏文化影视基地，那么沙坡头就是文化旅游胜地，与西部影视城相得益彰。

物化为形，文化为魂，一直是沙坡头人遵循的基本法则，如将体验性项目赋予吉祥文化的名字，同时赋予建筑物文化的内涵。不仅如此，出版散文、诗歌、小说、报告文学 58 部，特别是电视剧《风雨沙坡头》荣获首届中国文化旅游发展贡献奖——影响中国文

化旅游的电视剧唯一金奖，自此湖南卫视多次在沙坡头拍摄节目，其中有《爸爸去哪儿》两次返场拍摄。电视连续剧《我拿什么奉献给你》，更是提升了沙坡头的知名度。另外，在宁夏全区打造了第一支导游与演艺相结合的导游队伍，实现了文化与旅游结合、旅游与文化共荣。“从满意到感动”的理念深入人心，成为全国旅游标准化示范单位和全国旅游服务标杆单位。

三、案例成效

由于设施完善，观光项目、体验项目、娱乐项目、文化项目高度融合，年接待人数逐年猛增，旅游直接收入达到 3 亿元以上，拉动了相关产业发展。

四、案例启示

第一，拥有优质资源，要有感恩之心。

第二，开发差异产品，满足猎奇心理。

第三，规划合理线路，美景巧置其中。

第四，诠释文化内涵，做足文化蛋糕。

新疆维吾尔自治区

XINJIANGWEIWUERZIZHIQU

78
中国旅游好案例
A GOOD CASE OF TOURISM IN CHINA

国际大巴扎

一、案例背景

2002 年夏初，国际大巴扎景区正式开工奠基，次年的 6 月 26 日，正式竣工完成，一跃成为世界上规模最大的大巴扎，它集伊斯兰文化、建筑、民族商贸、餐饮、娱乐于一身，成为新疆旅游业产品的汇集地和展示中心。2003 年 8 月，举办了第一次节庆活动文化艺术节；2003 年 11 月，入选乌鲁木齐市新十景；2004 年 6 月 12 日，导入 SSP 管理体系；2018 年 4 月 13 日，入围神奇西北 100 景。建成至今，国家重要领导人、外国元首和国际友人、商界巨贾、知名媒体人等密集到访。结合成功举办的数届国际性的公益和商业活动，国际大巴扎景区声名鹊起，旅游产业也逐步走向成熟。它已经成为新疆商业与旅游繁荣的象征，成为乌鲁木齐地标之一，也成为新疆旅游业的一张新的亮丽名片，被世人标签为商业运作的经典案例。

二、案例做法

（一）从大战略中找定位

景区定位是景区策划的压舱石也是后期营销的基本出发点。毋庸置疑，国家大战略是所有产业的风向标，旅游产业也不例外。在世界多极化、经济全球化、文化多样化、社会信息潮流化的形势下，当前乃至今后相当长时期的国家战略是维护全球自由贸易体系和开放型世界经济的“一带一路”。在此大战略背景下，乌鲁木齐抓住“一带一路”旅游经济带来的大好契机，立足丝绸之路的关键节点寻找发展定位是连通东西，辐射中亚五国的重要门户，重现历史商业中心盛况。在此定位的基础上，升级原来的二道桥商圈，同时保持历史传统和民俗风俗。国际大巴扎重现古丝绸之路的繁华，集中体现浓郁西域民族特色和地域文化。

（二）从地域文化中找特色

景区特色是旅游景区经营的命脉。新疆国际大巴扎在独具特色的伊斯兰文化中寻找特色。以独特的伊斯兰建筑风格、精致的装饰设计、种类繁多的地域美食、喜闻乐见的民族歌舞等特色建设运营景区。游客进入国家大巴扎景区（免门票）立即就被这些特色吸引：大巴扎烤全羊、手抓肉、烤包子、抓饭等新疆风味小吃；民族服饰、地毯、皮具、乐器、珠宝和各类工艺品；形式多样的新疆民族歌舞表演；拥有 3000 个民族手工艺品商铺、3000 平方米的广场、可容纳 1000 人就餐的民族宴会厅、80 米高的观光塔、气势宏伟的清真寺。这些全方位体现浓郁西域民族风情和地域文化的景区特色，成了国内外游客了解新疆、体验新疆民族传统特色文化的首选目的地。

（三）从游客需求中找方向

游客需求是旅游产业供给侧改革的动力来源。长期以来，乌鲁木齐是新疆辐射全疆旅游的交通中转站，由于缺少能满足游客更高层次需求的旅游产品，游客进得来，留不住，乌鲁木齐并未真正成为游客的旅游目的地。当地政府意识到这一现状，将国际大巴扎的规划纳入乌鲁木齐市总体规划，并确定为建设一座融观光、餐饮、零售、民族商贸和艺术展示五大业态为一体的旅游观光景区。现在的大巴扎已经实现了游客的一站式休闲游乐体验：精彩的歌舞表演、独特的地域美食，大面积的购物中心和餐饮体验中心，从吃、购、游、娱等方面一站式服务本地居民和外地游客，从而形成消费集聚的热点区域。

三、案例成效

新疆国际大巴扎景区在新疆旅游产业中的地位非同一般。它已经大大超过伊斯坦布尔大巴扎的硬件设施、文化氛围，堪称“世界第一大巴扎”。

首先，国际大巴扎景区践行了国家“一带一路”战略，将新疆在国家改革开放前半场的地域劣势转化为改革后半场的地域优势。乌鲁木齐逐渐由游客的集散地成为进得来、留得住、玩得好的旅游目的地，正在成为新疆旅游产业发展的新动力。

其次，丰富了新疆的旅游产品结构。国际大巴扎发端于“购”的功能定位又拓展为“吃”“娱”的特色。不仅从供给侧满足了游客更高层次的旅游需求，而且完善了新疆的旅游产品结构。它集伊斯兰文化、建筑、民族商贸、娱乐、餐饮于一身的业态构成，能够让在乌鲁木齐的游客开始由“走马观花”过渡为“下马赏花”，由“到地一游”过渡为“到此享受”，促进了新疆旅游由观光旅游向体验旅游的升级。

最后，游客剧增，品牌知名度逐年提升。国际大巴扎景区的游客量已经由初期的日均 1 万 ~ 3 万人次剧增为目前的日均 10 万余人次。品牌知名度也已经从国内传播到国外，尤其是丝绸之路沿线国家。韩国、朝鲜、澳大利亚、英国、法国、匈牙利、阿富汗、哈萨克斯坦、吉尔吉斯等国的元首、政要、商旅纷纷到访大巴扎景区。它正在成为新疆之窗、中亚之窗和世界之窗。

四、案例启示

新疆国际大巴扎的设计、建设和运营紧跟国家发展战略，充分挖掘地方文化，全方位、多层次展示地域特色和民俗风情，将独具特色的文化体验化、立体化，从更高层次满足了游客需求。

另外，该项目很好地诠释了“民族的才是世界的”规律，立足于当地少数民族文化，拒绝贪大求洋，在尊重少数民族习俗及宗教文化的前提下，合理布局、多样化展示、深度体验设计的思路也值得类似景区学习借鉴。

八卦城

一、案例背景

八卦城整个城区总面积约 8 平方千米，是迄今为止世界上唯一一座建筑正规、规模最大、保存最完整的八卦城。八卦城所在的特克斯县地处天山北坡西部，特昭盆地东端，距伊宁市 119 千米，距新疆维吾尔自治区首府乌鲁木齐市 852 千米，坐落在中国古丝绸之路北道，自古为祖国西部边陲战略要地。

八卦城的后天八卦街道布局如迷宫般神秘，在特克斯县城的规划中，十分完整地体现了中国传统堪舆风水理论，如具有文化象征意义的朝山、案山、朱雀、玄武、青龙、白虎等勘察风水的语汇都有显现，被称为“有形的周易、凝固的易经”。2001 年八卦城荣膺上海大世界基尼斯之最，2007 年被国务院列入国家历史文化名城，2009 年被评为自治区旅游强县，2010 年荣获中国首批低碳旅游示范县称号，2013 年荣获全国最佳生态宜居旅游名县，在网络上被评为“中国风水第一城”。

二、案例做法

（一）实行精准定位，坚持顶层设计

特克斯八卦城在建设过程中始终秉承“天人合一”的开发理念，即“文化之和＋生态之和＝彰显自然生态与人文价值统一”的八卦城。不但要保持八卦城的原始风貌，不能破坏城市的八卦格局、深厚的易经文化底蕴和生态环境，而且要满足群众日益增长的生活需求，让生活在这座城市中的各族人民有强烈的幸福感和自豪感；同时要满足未来旅游产业发展的需求。

首先，特克斯县人民政府编制完成了《特克斯县国家历史文化名城保护规划》，而此时特克斯县的旅游产业发展速度也开始逐步加快，为此，特克斯县积极邀请国内知名的城市、园林、旅游策划公司前来考察和对八卦城进行规划设计，也许是八卦城受国际、国内易学界人士和国内城市建筑专家的关注过高，仅总体规划编制内容初次汇报就受到各界诸多专家质疑和否定，两年来，规划设计公司几经更迭，规划内容几经易稿，这部集古代《周易》文化和古朴西域乌孙草原文化于一身的《特克斯县总体规划》历经曲折终于得到了各界专家的最终认可，随之《八卦城旅游区控制、建设性详细规划》也编制完成。规划内容突出“一圆一方（八卦城为圆形、九宫城为方形）”的特色，保护八卦城建设新城，不再向外围拓展，作为旅游服务中心打造，在建筑风貌上突出传承和特色；九宫城定位为行政文化综合服务中心，在建筑风貌突出现代与和谐。规划在现有八卦城四环外围以环城绿带稳定现有八卦格局，严格控制八卦城建设规模。既保留了八卦城十分珍贵的规划、建筑、研究价值和历史社会考证价值，也充分体现了旅游价值。

2017 年，结合创建全国第二批全域旅游示范区和康养旅游先行先试区，又先后编制完成《全域旅游发展规划、重点项目概念方案及近期重点旅游节点修建性详细规划》和《特

克斯县康养产业策划及规划项目》等规划，形成了以国家历史文化名城八卦城和世界自然遗产喀拉峻为两大引擎，八卦城、喀拉峻、科桑溶洞国家森林公园为全域旅游核心产品，东部生态康养休闲度假和西部民俗科普研学旅游两个集聚区，特克斯沿路沿河为旅游发展轴线的高标准、科学合理的全域旅游空间布局。

至此，特克斯县八卦城全面拉开了打造“塞外江南·美丽特克斯”的帷幕，全面拉开了走向国内和国际视野的帷幕。

（二）保护与开发并举

围绕城市开发和生态保护，八卦城突出做好了七项工程：一是地下综合管网改造。将八卦城居民进行电采暖或进行集中供热改造，消除小锅炉对县城环境的污染，对空中所有电缆、通信线路和所有小的铁塔全部进行入地建设，消除了“空中蜘蛛网”，恢复了优美的城市天际线，为游客营造了良好的视觉和感官效果。二是城市外立面改造。对建筑外立面店招混杂，缺乏特色民族文化及风格不协调的建筑进行外立面整治和改造，城市的总色调得以全面统一，易经文化和乌孙文化得到充分展现。三是城市出入口提升改造。对城市出入口沿街总长 6 千米建筑外立面、门窗、围墙、道路、绿化、亮化进行改造。四是水系景观改造。规划新建三条水系（包含绿化、水渠、城市小品、文化廊、水池等），8 千米景观水系及 10 处景观节点。五是主题公园及停车场。实施八卦城停车场及两处主题公园工程。六是环境综合整治。对八卦城市政设施进行提升改造。建设内容包括人行道、道路硬化、绿化、休闲椅、地埋式垃圾箱、公厕等。七是亮化改造。对县城主要街道进行亮化改造，路灯改造中融入智慧城市理念，建设智能路灯杆，打造智能路灯网，整合监控摄像头、4G 微基站、多媒体信息屏、公共广播以及无线 Wi-Fi 等硬件功能。

（三）多渠道宣传引爆

首先，通过举办文化活动进行宣传，比如持续举办了五届天山文化旅游季、国际摄影节、国内国际易经文化研讨会、西部文学颁奖典礼等。其次，文体和民俗活动也常态化举办，比如举办阿肯阿依特斯大会、乌孙文化研讨会、太极拳比赛、全疆首届“彩跑”、自驾车越野赛、敖包节等。最后，还通过制作完成一批影视节目、歌舞等文化产品在央视及多家媒体频道播出，建成多个影视拍摄、摄影、绘画、书法等艺术创作基地。通过以节造势，打造旅游节庆品牌，八卦城在国内外的知名度得到迅速提升。

三、案例成效

八卦城虽然不是一个封闭式的景区，但作为一座旅游城市和特克斯县旅游产业的核心引擎，2017 年共接待国内外游客 136.4 万人次，同比增长 38%，实现旅游综合收入 94805 万元，同比增长 33%。

近年社会调查分析显示，提起特克斯县这个名字国内也许很多游客都很迷惑，但一说到八卦城都会有一种恍然大悟和兴奋的表情，很多受调查游客的第一句话都是“就是那个没有红绿灯的城市！”而且表现得极其向往。

八卦城目前正以其独特的魅力在快速地深入国内游客的心中。

四、案例启示

八卦城给全国旅游的启示是原生态的环境一定要持续保护，原生态的文化一定要深入传承。良好的生态环境是旅游产业得以持续发展的基础，传统的文化是旅游产业发展的核心。两者兼具才能真正做到望得见山、看得见水、记得住乡愁。

新疆生产建设兵团

XINJIANGSHENGCHANJIANSHEBINGTUAN

80
中国旅游好案例
A GOOD CASE
OF TOURISM IN CHINA

阿拉尔的旅游亮相

一、案例背景

2014年，习近平总书记提出新疆生产建设兵团向南发展的战略布局。阿拉尔是南疆的重要城市，在蒙语音译中为汇聚、汇流之意，维语则是绿岛之意，第一师阿拉尔市的旅游发展起步，在南疆旅游发展、兵团旅游发展以及南疆综合发展上，具有相当重大的作用和意义。阿拉尔市作为共和国最年轻的城市之一，具有特色的旅游资源，旅游产业发展潜力巨大，目前旅游产业发展仍处于非常初级的阶段。

《魅力中国城》是2017年中央电视台推出的极具人气的文化旅游节目，节目旨在从期待被世界熟知的城市中选拔出最具文化特色、最富生命活力的城市。

二、案例做法

（一）借助《魅力中国城》节目旅游亮相

处在旅游发展起步阶段的阿拉尔市，需要极具魅力和吸引力的宣传平台向外界展示自身的独特魅力和良好形象，进行旅游亮相,《魅力中国城》进入了阿拉尔的视野。

兵团和师市领导高度重视，阿拉尔把在《魅力中国城》节目上的旅游亮相作为旅游亮相的重要机会。市长杨秀理作为《魅力中国城》节目阿拉尔市的代表，与其他多数参赛城市代表相比级别更高；此外，阿拉尔市还邀请湖南电视台组成最强团队助阵阿拉尔在《魅力中国城》的亮相。

在节目上，杨秀理市长极富深情和激情的介绍，将阿拉尔的历史文化、自然资源、动人故事展现给评委以及现场观众和全国电视、网络媒体的受众，推出了阿拉尔“铁骨铮铮的城市”“你和我的城市”的形象，并且抓住低空飞行这一正在发展的项目，展示了阿拉尔的全域旅游特色。在阿拉尔的节目时间，三代军垦家庭、兵团生活、特色文化、359旅精神占据了极重的分量，同时，串联展示了自身自然生态和民族文化的旅游魅力，强烈地传达出一种相识恨晚的感觉。在与强劲对手江西上饶的PK中，阿拉尔扬长避短，充分利用自身旅游资源尤其是精神文化资源的感染力，在综合比拼中最终取得了胜利。

（二）运用新媒体跟进传播

《魅力中国城》给阿拉尔提供了让全国人民第一次认识、了解、喜欢这座城市的舞台，为延续和强化这一宣传效果，阿拉尔在央视《魅力中国城》旅游亮相之后，及时进行了以网络新媒体为特色的综合旅游营销和城市营销，打造网上魅力城市。

阿拉尔加强与媒体的配合，线上线下并行，打造新型旅游宣传模式，主动走出去，广泛利用各种机会宣传自身特色，在某个时间段内集中推出软文、广告、纪录片等多种形式的宣传内容，打通多元传播渠道，取得了较好的传播效果。

三、案例成效

2017年，中央电视台《魅力中国城》成为国内文化旅游节目中的佼佼者，而阿拉尔无疑是《魅力中国城》（第一季）中最大的黑马。2017年7月，阿拉尔一举成名天下知，让全国很多电视观众认识了这座魅力兵团新城。随着跟进传播的开展，阿拉尔的旅游热度持续保持，初步产生了城市品牌树立、游客引流突破的效果，为阿拉尔旅游的进一步发展奠定了基础。

四、案例启示

阿拉尔的旅游亮相，是“一夜成名”型的案例，带给全国的旅游发展以下启示：

第一，类似于央视《魅力中国城》这样的媒体平台、活动平台，是带动各地旅游营销和旅游产业综合发展的有力手段。

第二，阿拉尔在《魅力中国城》的亮相中，策略得当，将当今热血澎湃的民族主义浪潮所蕴藏的巨大价值有效地引入阿拉尔的旅游营销工作中，对全国各地具有深度借鉴意义。

第三，在当今全域旅游及自由行的时代，“先建设旅游产品，再开展旅游营销”的传统观念已经落伍。旅游产品、旅游产业发展比较初级的地方，要敢于营销先行，敢于强势亮相，带动游客走进来，倒逼旅游产品、旅游产业、旅游基础设施等各方面的建设和发展，这样做，符合现代旅游，取得了较好的效果。

责任编辑：郭海燕
责任印制：冯冬青
封面设计：中文天地

图书在版编目（CIP）数据

中国旅游好案例 / 张北英，魏小安主编 . -- 北京：中国旅游出版社，2019.6

ISBN 978-7-5032-6272-2

Ⅰ. ①中… Ⅱ. ①张… ②魏… Ⅲ. ①旅游业发展－案例－中国 Ⅳ. ① F592.3

中国版本图书馆 CIP 数据核字（2019）第 099680 号

书　　名：中国旅游好案例

作　　者：张北英　魏小安　主编
出版发行：中国旅游出版社
（北京建国门内大街甲 9 号　邮编：100005）
http://www.cttp.net.cn　E-mail:cttp@mct.gov.cn
营销中心电话：010-85166503
排　　版：北京中文天地文化艺术有限公司
印　　刷：北京明恒达印务有限公司
版　　次：2019 年 6 月第 1 版　2019 年 6 月第 1 次印刷
开　　本：787 毫米 ×1092 毫米　1/16
印　　张：18.5
字　　数：280 千
定　　价：68.00 元
I S B N　978-7-5032-6272-2